JN111142

つながりの子育て

〜子どもをまんなかにしたコミュニティづくりを、問いなおそう〜

菅野幸恵
土井三恵子

はじめに

大学生の娘が『つながっているのに孤独』※という本を持ち帰ってきました。ドキッとしました。ゼミで読み合わせをしている本で、ＳＮＳ（ソーシャル・ネットワーク・サービス）を深堀りし、読みすすめるうちに、みんなズーンと気が重くなっていくみたい、とのことでした。

いま若者たちは、スマホやＳＮＳの普及で、24時間「つながり続ける」人間関係に囲まれているのだそうです。あちこちで「つながろう」「シェアしよう」という言葉が聞かれる時代。ところが一方で「コミュニケーション力の低下傾向」や「地域社会の希薄化」という社会問題が取り扱われ、そんな社会が育児不安や孤立した育児を招いていると叫ばれています。

このような矛盾をかかえる今だからこそ、あえて『つながりの子育て』というタイトルを、考えました。

子育ては、ひとりだとまさに苦行です。でも、分かち合う仲間がひとりでもいれば、不思議と辛さは半分に、喜びは倍以上にふくれます。「こう育てたい」「ああ育てなきゃ」ではなく、人と人との関係性が、子どもを育てます。子どもはモノではない、意志と「自ら育つ力」を持った存在であり、子どもと子ども、子どもと大人、大人と大人たち、そして自然と人間たちの関係性が、育ちを大きく促します。そのことを知ると肩の力がふっと抜けて、親も子も見守られる安心感のもとで子育てを味わうことができる。そんな古きよき子育てを、新しいカタチでつくっている全国のとりくみや、生き生きと実践している人たちの声も知ってほしい。

そんな想いをこめて、菅野さんとともに、本書をお届けします。

土井　三恵子

※『つながっているのに孤独―人生を豊かにするはずのテクノロジーの正体』シェリー・タークル（ダイヤモンド社）

本書の使い方

●本書は、子どもやコミュニティに関心を持つ学生さんや社会人だけでなく、**子どもの遊び場、地域での子育て、自然の中での子育ての実践をしている（したい）方、子どもに関心のある方、保育者（をめざす）の方、子育て中のお父さんお母さん**にも、たくさんのヒントをお伝えできるかと思います。

●**具体的な子育てを知りたい方は、「実践編」（4章以降）からどうぞ。**序章・1章・2章・3章は、子育ち・子育ての課題についての「理論編」。4章以降は、写真もお見せしながらの具体的な「実践編」です。

●3章以降のコラムは実践者・当事者によるものです。そこから拾い読みしてくださっても構いません。

●取り上げた実践のSNS等も、巻末に掲載したQRコードを読み込むことで見られるようになっています。

●8章の「対談編」を読んでから、気になるところに飛んでもらうのもいいかもしれません。

目次

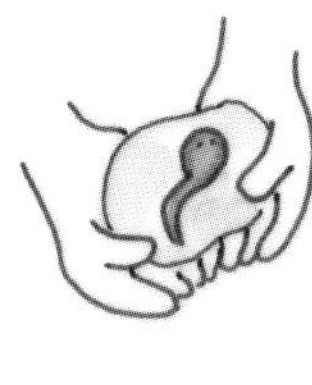

《実践編》

5章　地域のなかで育つ、育てる
——冒険遊び場（プレーパーク）の可能性　菅野幸恵……93

《理論編》

序章

子ども・コミュニティとその源流

菅野幸恵

ほどよいつながりのあるコミュニティ
自然の存在としての子ども
子育ち、子育ての課題解決のカギは〝農〟!?
ひととしての根っこが育つ乳幼児期
本書での「自然」のとらえかた

ほどよいつながりのあるコミュニティ

近年、「つながり」という言葉が多く語られるようになりました。阪神淡路大震災や東日本大震災、コロナ禍以降、人びとが自分の生活の足元を見直し、地方創生のために、地域おこしや、コミュニティ再生に力を入れる自治体も増えています。

コミュニティは日本語で言うと、共同体や地域社会のことです。コミュニティとは「何らかの帰属意識をもち、かつその構成メンバーの間に一定の連帯ないし相互扶助（支え合い）の意識が働いているような集団」[1]などとされます。似た言葉であるアソシエーション（組織）は、目的と理由を持って存在しています。たとえばオリンピックの組織委員会のように、存在すべき理由があるのです。それに対して、コミュニティは、理由なく存在し、持続していくものです。そこにいると自分の存在に納得できる、つまり自分の存在と切り離せないような集まり[2]が、コミュニティであると言えます。

かつての農村共同体は都市化のなかで地域や自然から切り離され、都市では「カイシャ」や「核家族」といった閉鎖性の強いコミュニティが築かれた[3]と言われます。農村共同体では生活に必要な生産をコミュニティのなかで行っていましたが、都市では生産と生活が切り離され、生産を誰かにお金を介して任せることになります。誰かがしてくれるのは楽だし便利です。ただカイシャや家族の利益が優先される社会では、人びとのつながりは薄れていき、個人の孤立を招くことになりました。

1『コミュニティを問い直す』広井良典（ちくま新書）11頁
2『共同体の基礎理論』内山節（農文協）82頁
3 広井　同掲書9頁

一方、かつての共同体は、人びとをしばるものでもあったのです。近代化をめざす流れにおいて、「共同体」は封建的で、人びとの自由を奪うものであり、解体すべき対象となりました。ところが、近代化の負の部分が見え始めると流れが変わっていきます。自然や労働などについて独自の思想を展開する哲学者の内山節（うちやまたかし）さんは、「人間と自然の関係を問い直そうという問題意識が生まれると、自然と人間が結びなおし、人間と人間が結びなおしていく社会のありかたを共同体としてとらえていくようになった」[4]と、指摘。つながりが強すぎてしがらみのようになってしまうコミュニティではなく、つながりがなさすぎるのでもなく「いいあんばいのつながり」[5]のあるコミュニティが求められているのだと思います。

また内山さんは、日本の共同体の特徴として、自治力の高さを挙げます[6]。武士が都市に移動した江戸時代、幕府は農村を支配しようとしましたが、農民は表向きは従いながらも、さまざまな方法（たとえば隠し田）を駆使して、自分たちの世界を守ろうとしていたそうです。誰かに任せっぱなしにするのではなく、自分たちのことは自分たちで考えていく。そんな姿勢が、これからのコミュニティを考えていくうえで重要です。

新たなコミュニティのあり方を考えていくときに、キーワードになるのが「子ども」です。「子どもと高齢者は地域への土着性が高い」[7]という指摘は大いにうなずけます。子どもや高齢者が活き活きとしている地域は、みんなが活き活きとできます。本書では、「昔はよかった」という素朴な回顧主義に陥らずに、さまざまな実践から新たなコミュニティのかたちを示していきたいと思っています。

---

4 内山　同掲書28頁
5『コミュニティデザインの時代』山崎亮（中公新書）11頁
6 内山　同掲書91頁
7 広井　同掲書19頁

自然の存在としての子ども

「子育ての場は、おとなの文化が子どもの自然に出会う境界だ」[8]と、子育ちや子育ての本質を問い続ける発達心理学者、浜田寿美男さんは述べています。子どもは自然の存在であり、自ずから育つ力をもっています。「7つまでは神のうち」ということわざは、神様に頼むほかない領域である自然の営みのなかに、子どもがいることを示しているでしょう。江戸時代の育児書では、たびたび子どもの育つ様子が植物にたとえられていたそうです。そのため日本の伝統的子育て観は、植物（農作物）を育てることのアナロジーでとらえられていたのではないかといわれます[9]。子どもは授かりもの。その育ちは周りがあれこれ手を加えてどうこうなるものではなく、熟す時がくるのをゆっくり待つほかない。このような子育て観は、地域の共同体（コミュニティ）のなかで共有されてきました。一方で、今の社会は、その共有も難しく、暮らしや目の前の子どもから切り離された形で届いた情報ばかりがあふれています。大量の情報は子どもたちの将来を人質にとり、育てる者をのみこもうとします。ひとつ情報に触れるとあれもやったほうが、これもやったほうがと気になって、どんどん足していくことになってしまうのです。そこでは、育つ子どもへの基本的信頼が失われて[10]います。

自然の存在である子どもを育てる営みには、不安はつきもの。周囲と育ち方が少しでも違うと、自分の育て方が悪いのかなと思ってしまいがちです。かつては子育ての責任は養育者だけが背負うものではなく、育てる者の不安を共同体のメンバーが受け止め和らげていました。で

8『〈子どもという自然〉と出会う』浜田寿美男（ミネルヴァ書房）6頁
9『子育ての社会史』横山浩司（勁草書房）186頁
10 横山　同掲書187頁

も今は、なにかあると養育者だけがその責任を問われるので、育てる者は周りの目を気にしてびくびくしながら子育てせざるをえなくなります。その結果、周囲の目を気にするあまり、子どもの自然を待てず子どもの行動を制限し、管理するという悪循環が生まれてしまうのです。

子育ち、子育ての課題解決のカギは〝農〟!?

私はここ10年ほど、自主保育や青空保育での子どもの育ちや、そこでの大人同士の関係性を追いかけてきました。四章で詳しく取り上げますが自主保育とは、就学前の乳幼児を親たちが交代で預かり合う保育活動のことです。

２０１０年に茨城大学で開催された「農と心理学」[11]のシンポジウムに参加したときのこと。お話を聞いているうちに「自主保育ってまさに〝農〟じゃん！」とビビッときて、気づけば企画者の石井宏典さん[12]に熱く語っていました。というのも、シンポジウムでは、農という営みを「移動と定住」「消費と生産」「人工と自然」という３つの軸から考え、現代人の生活は、「移動」「消費」「人工」へと傾斜してきたと指摘。多くの人が職を求め都市に向かい、生活に必要なものはサラリーから買い求め、人工的に管理された環境で暮らすようになったという話が展開されていたからです。

このような「農的営み」から「都市的生活」への変化によって、私たちは自然や地域から切り離されるようになりました。その結果、1章から3章で述べるように子育ちや子育てのかたちは大きく変わり、さまざまな課題が生まれます。子どもが育つ、子どもを育てる（つまると

11 日本質的心理学会第七回大会の企画のひとつ
12 社会心理学者。沖縄県本部町備瀬を中心としたフィールドワークを30年以上続けている。

写真序－１　大人も子どもも畑で

ころ人が生きる）営みは、元来「自然」のものです。ヒトの子育ての特徴は共同繁殖にあるといわれます。そのため母親、父親だけではなく、きょうだい、おじおば、祖父母などが子育てに関わってきました。子どもという自然に対してみんなで協力しながら関わってきたのです。そのあり方はまさに「農的」ではないでしょうか。

ちなみに自主保育は、自分の子であろうとなかろうと、みんなでわいわいがやがやしながら育てようとする「ゆるやかさ」と「濃い人間関係」のある営みです。このシンポジウムには、なんとなくアナーキーな匂いのするタイトルに惹かれて参加したのですが、この日をきっかけに、私は「農」と子育てを結びつけて考えるようになりました。

ここでいう「農」とは単純に農業という業種や[13]、自然志向の生活だけを指すものではなく、私たちの暮らしの足元を見つめ直す意味でも使っています。そもそも、農業とは、その地域の自然体形を上手く利用していく営み[14]のことです。その実現のために人間同士の助け合う関係がありました（たとえば結などの協同労働）。そのような人間関係を支えるために、暮らしの場である家は、生活の場であり、仕事場にもなり、近所の人が来れば接客の場になっていたのです。人びとが互いに助け合いながら自然と付き合っていくところに、農という営みの本質があるのではないかと思います。

現代の子育ちや子育てをめぐるさまざまな課題の根本のひとつは、子育ちや子育てが「自然」や「地域」から離れてしまったことにあるのではないかと考えます。そして、本書で取り上げる自主保育、青空保育、森のようちえん、冒険遊び場には、「子ども」「自然」「農」という3つのキーワードを実現し、現代の子育ちや子育てをめぐる課題を解決するためのヒントがある

13 むしろ効率を重視する大規模農業は「農的」ではないと思います。

14『農の営みから』内山節（農文協）36頁

写真序－2　田んぼで作業

のではないかと思うのです。

ひととしての根っこが育つ乳幼児期

最後に、本書では「子ども」をテーマにする時、主に就学前の子どもの育ち・育てに注目して述べていることをお伝えします。乳幼児期はひととしての根っこが育つ大事な時期です。根っことして育てたいのは、「わたしが好き」（自己肯定感）と「わたしは○○が好き」（のちの知的好奇心につながるもの）という感覚です。その育ちは、目に見えるものとしては表れにくいものですが、しっかりと根っこが張っていれば、ちょっとやそっとのことでは倒れない幹が育ちますし、たとえ倒れてもまた芽が生えてきます。自己肯定感は「○○ができる（できない）から」という条件付きではなく、自分の存在をまるごと受け止めてもらうことで育まれるもの。またしっかり遊びこむことでも「わたしが好き」「○○が好き」という感覚が育ちます。本書で取り上げる実践は、この根っこを育てる土のようなものです。そこで、発達心理学の視点も織り交ぜて、コミュニティに重要な要素である「子ども」が育つこと、またその「子ども」を育てることについて論考していきたいと思います。

本書での「自然」のとらえかた

●自然の意味を調べると、「人為が加わらない」ということが含まれる定義を目にします。環境社会学者の宮内泰介さんは、自然について考える際、人間と切り離された形で自然を考えるのではなく、自然と人間の関係はどうだったかをふまえる必要がある*と指摘。その例として、里山など日本列島の多様な植生が人間活動とのかかわりで成り立っていることが挙げられます。

●「自然」が「nature」の意味で使われるようになったのは、明治の終わりになってからだそうです。それまで、自然はジネンと読まれるのが一般的で、「おのずからそうなっている」とか「あるがまま」という意味で使われていました。それが「nature」の訳語となったのは、日本人にとって山川草木はおのずからそこにあるものとしてとらえられていたからではないでしょうか。

●本書では大体、山川海草木、動物など人間社会を取り巻く環境としての「シゼン」と、人間を含んだこの世にあるものを創り出した大きな働き、人間の意志によって防ぐことのできないものごとの成り行き「ジネン」の双方を含むものとして「自然」をとらえます。

*『歩く、見る、聞く　人びとの自然再生』宮内泰介（岩波新書）64頁

《理論編》1章

子育てはひとりではできない

菅野幸恵

アウェイ育児とは
コペルニクス的転回
子育てのつらさはどこから
子育て支援の主役はだれ?
子育ての私事化
ワンオペとイクメン

アウェイ育児とは

神奈川県川崎市の外遊びグループに参加している方たちを対象にお話をしたときのこと。ふと思い立って、その場にいた20名弱のお母さんたちに「この中で川崎が地元の方はいらっしゃいますか」と尋ねてみたところ、手を挙げた方はゼロ。全員が別の地域で生まれ育った方でした。そんな生まれ育った地域以外での子育てを「アウェイ育児」と名付け、地域でのつながりを十分に持てず孤立した子育てに悩む親の存在を指摘したのは、NPO法人子育てひろば全国連絡協議会が行った調査[1]です。地域子育て支援拠点[2]を利用している母親1、175人の回答をまとめたこの調査では、「自分の育った市区町村以外で子育てする母親」は7割超え。近所で子どもを預かってくれる人はいるかという問いには、自分の育った市区町村（ホーム）で子育てしている母親の7割近くが「いる」と答えているのに対して、自分の育った市区町村以外（アウェイ）で子育てをしている母親は「いない」が7割と対照的な回答でした〈図1―1、図1―2〉。

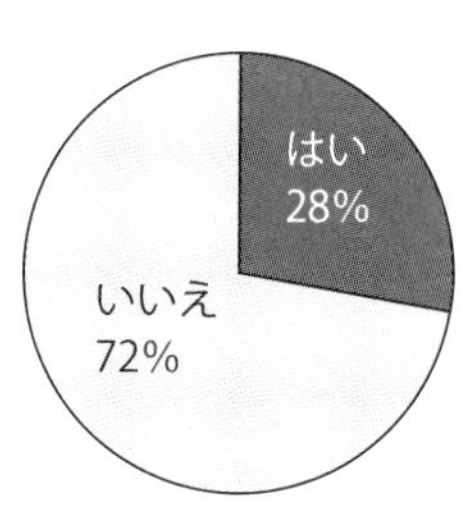

図1－1　あなたが育った市区町村で、現在育児をしていますか？（出典：NPO法人子育て広場全国連絡協議会『地域子育て支援事業に関するアンケート調査2015』）

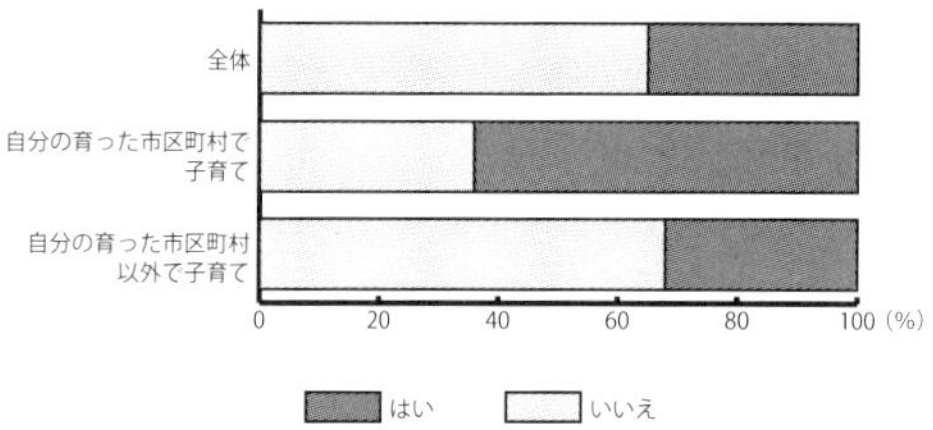

図1－2　近所で子どもを預かってくれる人はいますか？（出典：NPO法人子育て広場全国連絡協議会『地域子育て支援事業に関するアンケート調査2015』）

1『地域子育て支援事業に関するアンケート調査2015』NPO法人子育て広場全国連絡協議会

2 ①子育て中の親子の交流の場の提供と交流の促進②子育て等に関する相談、援助の実施③地域の子育て関連情報の提供④子育て及び子育て支援に関する講習等の実施。令和3年度は7、856か所で実施されています。親子と地域を結びつける架け橋のような存在として機能することが期待されている場所です。

この「アウェイ育児」は最近の現象ではありません。戦後、農的暮らしから都市的生活への移行を遂げていくなかで、日本の家族のありようは大きく変わりました。第一次産業が中心の頃は、自宅と職場である田畑は近い距離にあり、多世代が同居・近居する大家族が大半だったのです。しかし、その後多くの人が都市に移動し、サラリーマンとして働くようになったことで、郊外の自宅から都心の職場に通うようになり、核家族が増えていきます。それまで、自分の生まれ育ったホームで、地縁、血縁を中心に行われていた子育ては、見ず知らずの人ばかりのアウェイで行われるようになりました。

地縁、血縁を中心としたコミュニティにおける子育てには、子どもからお年寄りまでさまざまな世代の人が参加します。年長の子どもは年少の子どもの面倒をみたり、遊んだりすることによって子育ての周辺的な仕事を担っていました。青年期になると子育てに関わる言い伝えやタブーに触れるなど、責任の重い世話も担うようになり、その先に自分が親になるプロセスがあったのです〈図1―3〉。都市的な生活に移行していくなかで、少産少子化が進むと、自分の子どもをもつまで新生児を抱くどころか見たこともない状態で、親という責任の重い役割を担う人が増えます。もちろん、両親学級等で新生児大の人形を使って沐浴の練習をしたり、親になる心構えや子どもについての知識をレクチャーされたりする機会はありますが、首の座っていない赤ちゃんの抱きにくさや、新生児特有の泣き声に触れる経験がないまま親になることは、困難をもたらすでしょう。

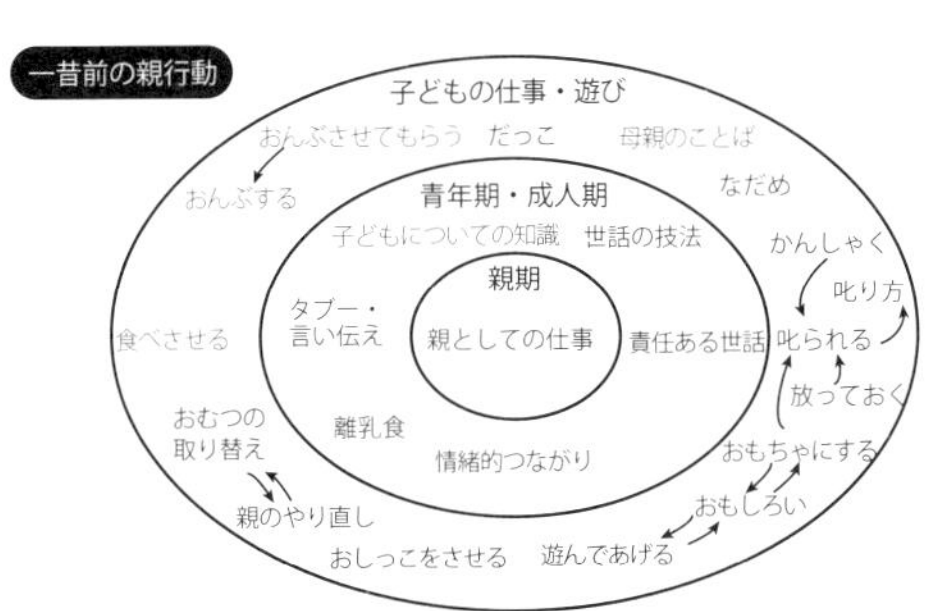

図1－3　ひと昔前の親行動（出典：氏家達夫「親業見習い中」『発達』73　ミネルヴァ書房　53頁）

コペルニクス的転回

「子供ができた瞬間、それまでの自我や世界観はバリバリと音を立ててひび割れを起こし、〈私〉はいったんスクラップされてリビルドされる」[3]探検家の角幡唯介（かくはたゆうすけ）さんが、第一子誕生の際に感じたことを言葉にした一節です。また、育てられる者から育てる者になっていくプロセスは〈コペルニクス的転回〉と言っても過言ではないほどの生き方の一大転換だ[4]という指摘も。地縁・血縁を中心としたコミュニティのなかで子育てが行われていた時代、前述したように育てられる者から育てる者への移行は、比較的ゆるやかになされていたはずです。角幡さんが感じた大転換は、都市化が進んだ結果もたらされたものであると言えるでしょう。都市的生活は便利さや効率が重視されます。子育てとは、効率とは正反対の営みです。便利で効率的な生活を享受したひとたちにとって、親になることは、それまでの生き方を180度変えるようなものかもしれません。

子育てのつらさはどこから

日本では、1970年代に「母子心中[5]」という社会現象を通して、子育て中の母親が抱える困難、負担、不安が注目を浴びるようになります。母子心中は大正や昭和初期にも見られましたが、当時の心中は貧困が主な原因でした。一方、70年代に頻発した心中の原因は育児に閉

3『探検家とペネロペちゃん』角幡唯介（幻冬舎文庫）53頁

4『育てる者から育てられる者へ』鯨岡峻（日本放送教会）39頁

5 心中の本来の意味は、この世で添い遂げられない2人があの世で一緒になろうと一緒に死を選ぶことです。その意味で親子心中は本来の心中ではなく、子どもの殺人＋親の自殺なのですが、日本では親子心中という扱われ方をします。

塞し、精神が不安定になる育児ノイローゼにあるとされ、今までとは違うタイプの心中であることが注目されたのです。当時はコインロッカーベイビー事件[6]などをきっかけに、母性の喪失が嘆かれた時代。そこで「育児もできないなんて母親失格」という侮蔑的な意味合いを込めて、育児ノイローゼという言葉が使われました。そのため、母親たちの閉塞感というものは、母親の育児に対する理解が不十分であったり、母親が人間的に未熟だったりすることで生じる、母親個人の資質の問題として片付けられていました[7]。

1980年代になると、ようやく多くの母親が不安や不満を抱えていることが指摘されます。育児不安の背景には、夫の育児不参加や、家族以外のサポートの少なさなどの要因がある。母親たちの感じる閉塞感は、個人の問題ではなく、社会的な問題であると考えられるようになったのです。

それに呼応するように、今でいう「子育て支援」の芽がまずは地域で生まれます。東京都江東区にある神愛(しんあい)保育園では、電話相談を通して地域で孤独に子育てしている母親の存在に気づき、母親たちが集う場所として園の一部を開放しました[8]。1993年のことです。神愛保育園のように地域で始まった子育て支援は、孤立した子育てに悩む母親の声を子育て現場の人たちがキャッチして始まったものです。対照的に、国の施策としての子育て支援は、少子化対策としてはじまりました。1994年に策定された「エンゼルプラン」は、主に出生率の低下を食い止めることを目的とした子育て支援策です。その後、1999年により幅広い支援を盛り込んだ「新エンゼルプラン」が実施されましたが、少子化の歯止めにはならず、2004年に「子ども・子育て応援プラン」が策定。このプランによって、地域子育て支援センターの設置

6 鉄道駅などに設置されているコインロッカーに新生児が遺棄される事件。日本では1973年前後に相次ぎました。

7 『あたりまえの親子関係に気づくエピソード65』菅野幸恵（新曜社）20—22頁

8 「保育園で井戸端会議を」中林節子『発達』72（ミネルヴァ書房）38—42頁

など地域における子育て支援体制が強化されるようになりました。

子育て支援の主役はだれ？

子育て支援というしくみは、支援する側とされる側という関係を作り出します。つまり、親などの養育者を支援が必要な「困っている人」と位置づけることにつながるのです。このようなサービスを提供する人と受ける人がいる図式は、養育者を受け身にしてしまうと指摘されています[9]。また、養育者側も「サービスしてもらうのが当然」という態度になり、子育て支援の充実とともに、自主的な活動が弱体化するという皮肉な状況も生み出しかねません。本来の子育て支援は、主体的に子育てするひとをサポートするものであるはずです[10]。もし育てる側の「私が考える」という姿勢を奪っているとしたら、本末転倒な話になってしまいます。

子育ての私事化

ヒトの子育ての特徴は、母親だけではなく血縁・非血縁の仲間とともに行うところにあると言われます[11]。しかし、アウェイ育児は、〝群れ〟で行われていた子育てを養育者だけで行う状況です。それは、今まで地域の人々によって担われていた子育ての責任が、養育者だけに丸投げされる事態にもつながります。かつては子どもが何か「いけないこと」をしていれば、親ではなくても「ダメでしょ」と声をかけるのが自然で、親は何をしているんだと非難されるこ

9「子育て支援による母親の心理的変化―母親を主体にした援助の検証」尾崎康子『家庭教育研究所紀要』25巻38―50頁

10 その点でニュージーランドで生まれた子育て支援「プレイセンター」は親の主体性を尊重する試みで興味深いです。

11「生態学からみる結婚と子育てと家族―共同繁殖で育まれる「共感する心」と「子育ての幸せ感」―」長谷川真理子『政策オピニオン』NO-13（一般社団法人平和政策研究所）

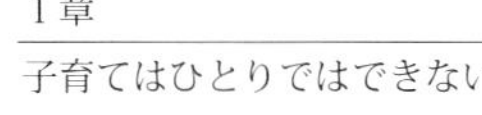

とはありませんでした。というのも、子どもの迷惑は、お互い様のこととして受容されていた[12]からです。一方で現在は、子どもが何か「いけないこと」をすると、親の責任だけが問われます。子育ては社会（公）ではなく、家族（私）の役割になるのです。混雑した電車で子どもが泣いて泣き止まないとき、車内には冷たい空気が流れます。その空気を感じて小さくなる親の姿を見ると、いたたまれなくなります。そんなプレッシャーがあると、「誰にも迷惑をかけないようにと我が子を見張る」という子育てをしてしまいかねません。

ＮＰＯ法人フリースペースたまりばの理事長である西野博之さんは、現代の子育ての問題は「過干渉[13]」と「ネグレクト」だと指摘[14]しています。自分の責任を追及されるのを恐れるあまりに過干渉になってしまう親と、自分の子どもなんだから自分の好きにしていいという親の両極端な状態が見られるのです。後者は、子どもがいけないことをしていても注意しないのは私の勝手だし、他の人にとやかくいわれたくないという心情から生まれるようです。これらの両極端な親の背景には、子育てが親だけに任されたことの負の側面が共通してあると思います。

近年では、「子どもの商品化」[15]という今の子育ての問題を指摘するセンセーショナルなことばも登場しました。子どもに手やお金をかけ、「私の作品」として世に出そうとしている親の姿を指していますが、それも私事化の表れと言えるでしょう。

あふれる情報のなかで、どうすればいいかわからなくなることもあるでしょう。いわゆる〝モンスターペアレント〟も、私事化が生み出した現代の問題です。モンスターペアレントと呼ばれる人たちは、孤立して社会とどうかかわっていけばいいか、苦しみもがいている人たちではないか[16]という指摘も。孤立した結果、自分の価値と社会の価値が切り離され、自分の価

12「子ども観の再生産のプロセスと子どもの居場所」柳父立一『子ども・若者と社会教育』日本社会教育学会編（東洋館出版社）１０１頁

13 過干渉とは、子どもは望んでいないことをやらせすぎることです。親が望んでいることをさせたり、子どもが自分でする気持ちになる前に、やらせてしまうなど、大人が子どもをコントロールすることです。一方過保護は子どもが望むことを叶えることとして区別します。

14 青山学院女子短期大学の授業（「いのちとケアの人間学」）にて。２０１８年11月12日。

15『やりすぎ教育』武田信子（ポプラ社）41頁

16「悪い子」とはどのような子どものことか」麻生武『発達』１２７（ミネルヴァ書房）８頁

値観を社会のほうに押し付けるという事態になっているのではないでしょうか。

ワンオペとイクメン

アウェイ育児と並んで現在の育児を表現する「ワンオペ」というワード。「ワンオペレーション」の略で、1人の従業員がすべての業務を担うことを意味します。もともとはファストフード店やコンビニエンスストアでの過酷な労働状況を指していましたが、育児についても使われるようになりました。ワンオペとは、夫婦のどちらか一方がひとりで子どもの世話を引き受けている状態を指します。どちらが担っているのか、図1―4を見てみましょう。6歳未満の子どものいる夫婦の家事育児時間を示したものです。圧倒的に妻（母親）の時間が長いことがわかります。国際的に見ても、日本の男性の家事育児時間の少なさが目立ちます。共働きかどうかによって違うのではないか?と思われるかもしれませんが、残念ながら、妻が有業でもこの状況は変わりません〈図1―5〉。

ワンオペもアウェイ育児同様、最近の現象ではなく、都市的生活への変化のなかで生まれたものです。高度経済成長に伴う経済力の向上は賃金の上昇をもたらし、夫の給与だけで家族が暮らせるようになったことによって、女性は結婚や出産を機に退職し、いわゆる専業主婦が一般的となりました。家庭に入った女性は、主に重工業が職場であった男性を支える役割を期待され、男性は長時間労働と住居の郊外化に伴う通

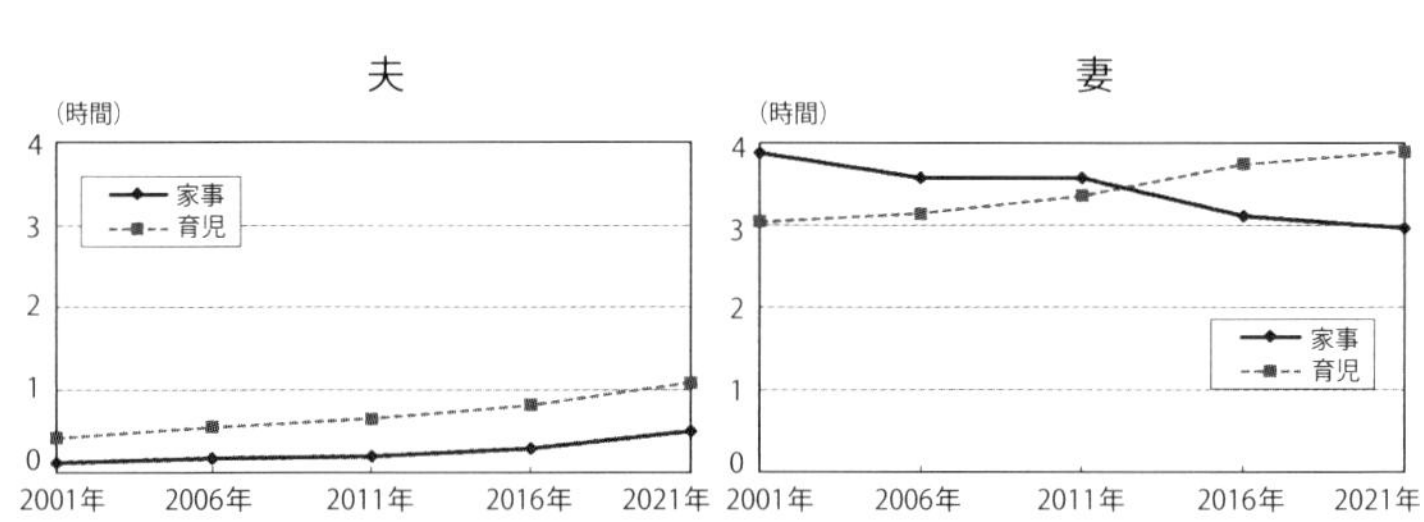

図1―4　6歳未満の子どもを持つ夫・妻の家事時間及び育児時間の推移（2001年～2021年）
（出典：令和3年社会生活基本調査（総務省統計局）
～https://www.stat.go.jp/data/shakai/2021/pdf/gaiyoua.pdf）

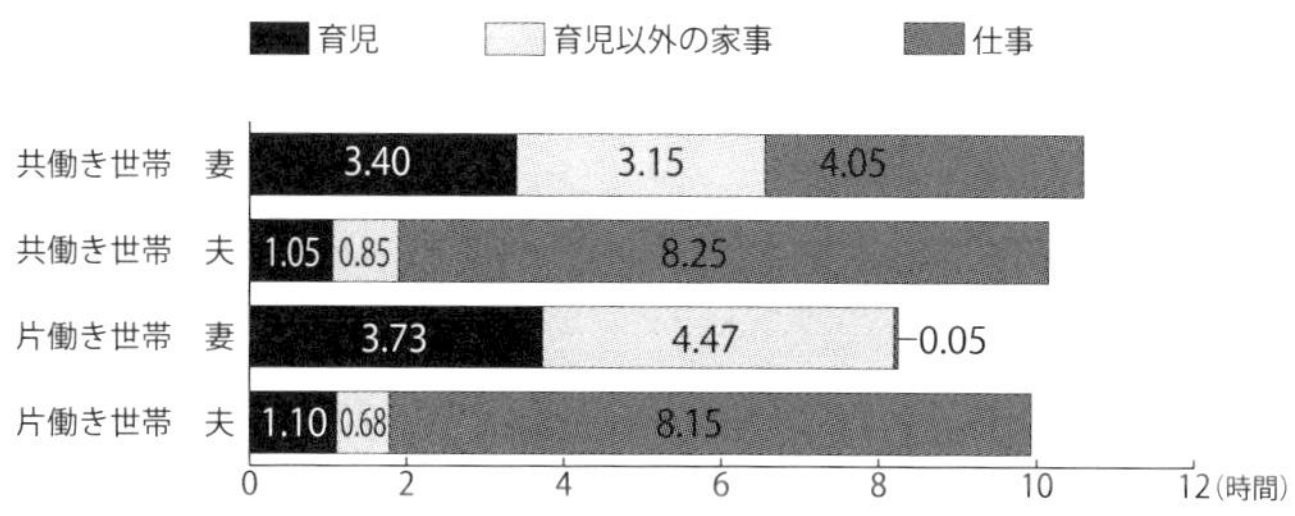

育児以外の家事＝家事、買い物、介護
仕事＝仕事、学業、通勤時間

図１－５　６歳未満の子供をもつ夫婦の育児・家事関連時間（共働きか否か）
（出典：令和３年社会生活基本調査（総務省統計局））

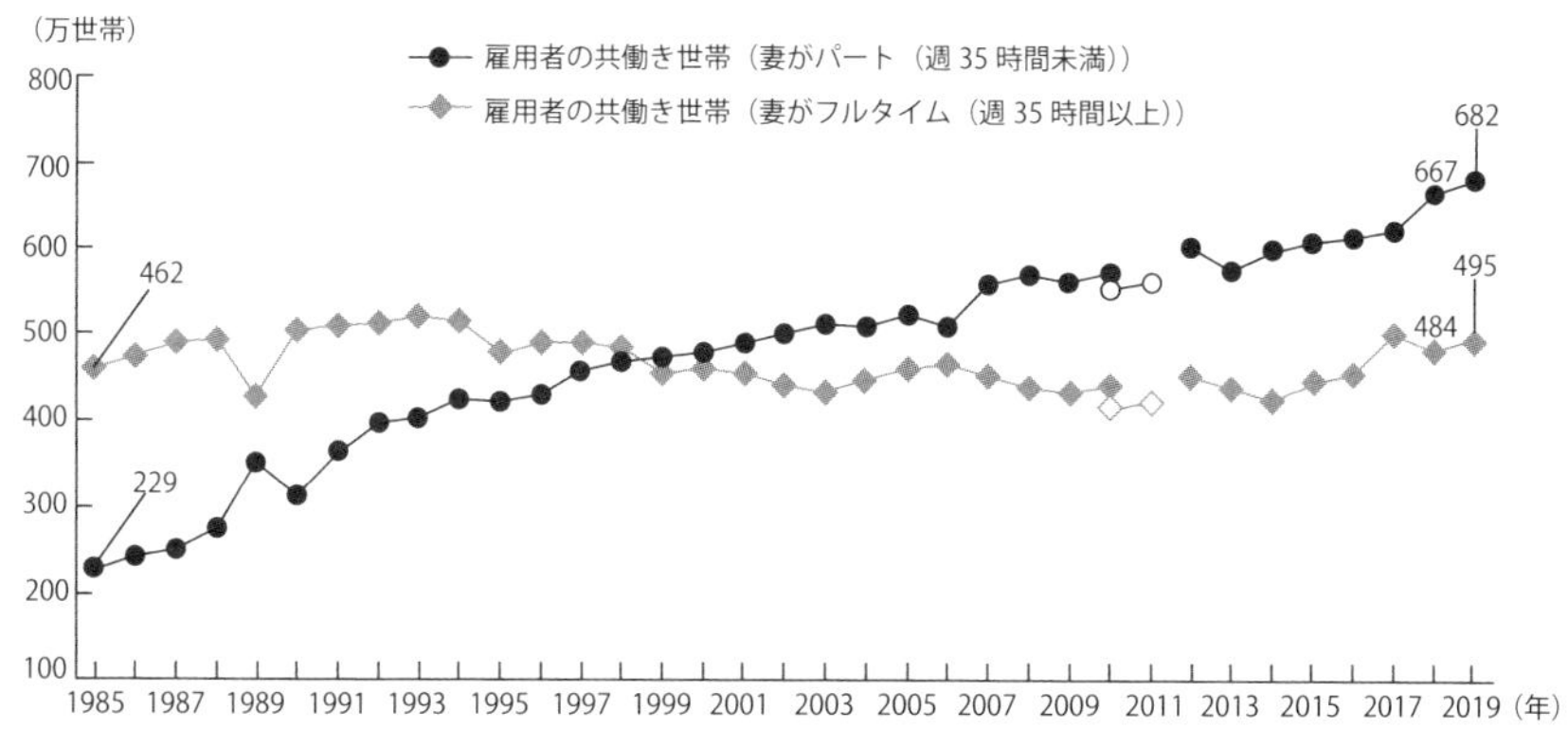

図１－６　妻の就業時間別共働き世帯数の推移
（出典：男女共同参画白書 令和２年版~https://www.gender.go.jp/about_danjo/whitepaper/r02/zentai/html/zuhyo/zuhyo01-00-12.htm）

勤時間の増加により家庭にいる時間が減少、女性に子育ての負担が偏るようになります。ただ、働く男性と無職の妻からなる専業主婦世帯が多かったのは1980年代で、1990年代後半には共働き世帯の数が逆転。共働きといっても、妻がフルタイムで働いている世帯の割合は横ばいで、パートタイムで働く妻が増えています〈図1―6〉。妻が働きに出たからといって男女の役割に変わりはなく、女性は仕事と家事育児を担ってきました。

　イクメンもこの状況から生まれたものです。イクメンとは「子育てする男性」の意味で、厚生労働省の「イクメンプロジェクト」が始まった2010年ころから広く使われるようになりました。この言葉の存在自体が、男性が育児に不参加であった、もしくは現在も参加していないことを示しています。2020年の男性の育児休業の取得率は12・65％。はじめて10％を超えましたが、女性の81・6％に比べるとまだまだ少ないと言わざるを得ません。休業期間を見てみると、女性は約9割が6か月以上取得しているのに対して、男性の約8割は1か月未満で、うち半数は5日未満。取らないよりはマシですが、取得率だけ上がればいいものでもなさそうです。男性の家事育児時間が増えない背景のひとつに、育児期の男性の労働時間の長さがあります。ベネッセ教育総合研究所が行った調査[17]では、乳幼児をもつ父親の約4割が21時以降に帰宅している実態が明らかになりました。さらに、20時以前に帰宅する父親と、21時以降に帰宅する父親の育児行動を比較してみると、「寝かしつけ」「お風呂に入る」「遊ぶ」「叱ったりほめたりする」といった日常的なかかわりに大きな差がみられました。働き方を見直すことがまず必要です。

17『乳幼児の父親についての調査』ベネッセ教育総合研究所 2014年

《理論編》2章

地域に遊び場がなくなった

菅野幸恵

子どもの危うさを許容できなくなった地域
子どものこころとからだに起こっている変化
危機的状況だからこそ遊びの機会を

外遊びをしなくなった⁉
遊び場はどう変わったか
遊び環境の変化が、遊びの意欲を低下させる
「お客様」になった子ども
社会がアソビを失った
多大化が生み出す安心安全の過剰、管理
子どもや社会への信頼の喪失

外遊びをしなくなった⁉

みなさんは子どものころ、どこで、だれと、どんな遊びをしていましたか。

２０２１年に行われた調査[1]では、週のうちどのくらい外遊びをしていたかを尋ねました。回想ではありますが、年齢が上がるほど頻繁に外遊びをしていたことがわかります〈図２―１〉。

また遊ぶ場所については、年齢が高いほど原っぱや川・池などの自然の場所が多いのに比べ、年齢が低い世代では公園や友だちの家が多いです。授業のなかで、似たようなことを学生に尋ねると、小学校に上がる前に遊んでいた場所として挙げられるのは、公園と家が突出して高くなります。誰と遊んでいたのかを尋ねると、同年齢の友だちという回答が最も多く、ついできょうだいです。

子どもたちの遊びに変化が生じていることが指摘されるようになったのは、都市化が進行した１９６０年代ころからでした。よく言われるのが三間の喪失。三間とは「空間」「時間」「仲間」のことです。遊びに必要な３つの間が失われているのではないかというのです。

外遊びの時間が減った分、子どもたちは何をしているのでしょうか。別の調査[2]では、年齢が上がるほど外遊びの時間が減少。３歳児の３割程度が、平日幼稚園や保育園以外で外遊びをしないことが報告されています。その代

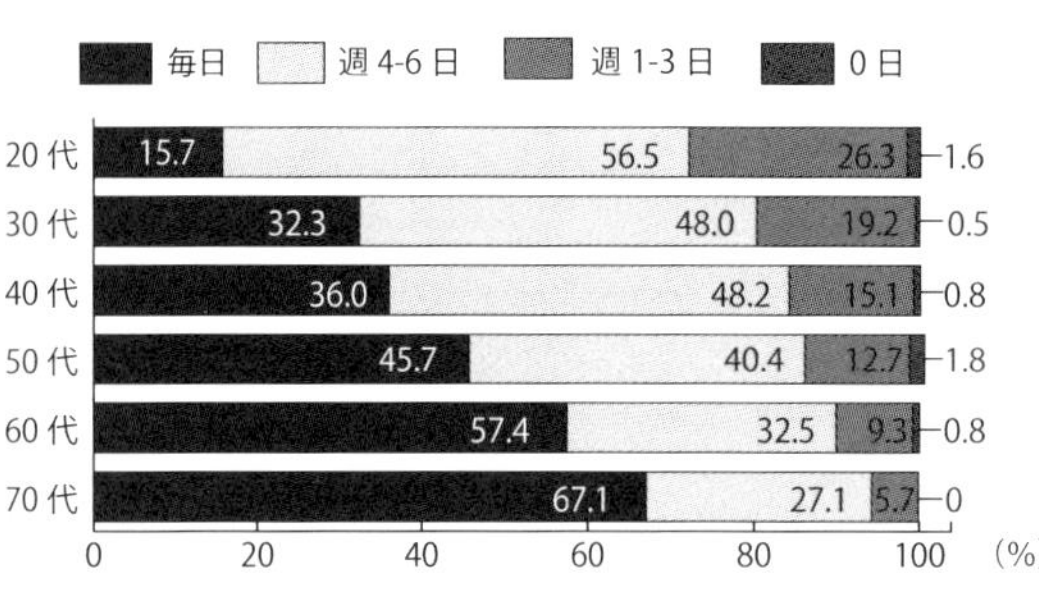

図２－１　週のうちどのくらい外遊びをしていたか
（出典：『子ども時代の遊びと地域との関わりに関する調査』2021年～https://sites.google.com/view/cosodachi/%E8%AA%BF%E6%9F%BBsurvey?authuser=0）

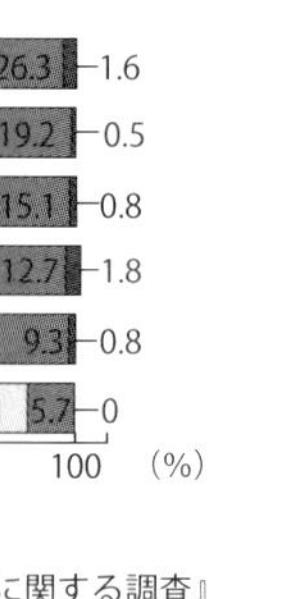

1 木下勇が中心となって２０２１年３月～６月にかけて『子ども時代の遊びと地域の関わりに関する調査』がオンラインにて行われた。回答者は18歳から70代までの２，２８７人。https://sites.google.com/view/cosodachi/%E8%AA%BF%E6%9F%BBsurvey?authuser=0

わりに増えているのが、テレビやDVDの視聴時間で、1歳児から1時間以上という回答が多くなります。スマートフォンの使用率については、1歳児でも30分以上の使用が1割超〈図2―2~図2―4〉。さらに、ある調査[3]では、4歳以降で習い事をしている子どもの数が多くなり、5、6歳になると約7割の子どもが習い事をしていることが明らかになりました。0歳代から習い事を始めるなど低年齢化も進んでいるようです。

遊び場はどう変わったか

先行研究[4]を参考に、戦後の子どもの遊びがどのように変化したのかを表2―1にまとめました。第1の変化は都市化が進んだ高度経済成長期と重なります。第2の変化は、1980年ころからです。第1の変化は主に数量的なものであり、第2の変化は質的な変化が大きい[5]と指摘されています。第3の変化はバブル経済崩壊以降です[6]。

高度経済成長期以前から、子どもの遊び場は原っぱ（空き地）や道路でした。原っぱや道路は子どもたちにとってたまり場であり、ガキ大将を中心とした異年齢の集団が、かくれんぼや鬼ごっこ、缶けり、ボール遊び、などに興じていたのです[7]。仲間集団での遊びのなかで、子どもは大人になるために必要な社会的能力を身につけていました。その集団は子ども同士という対等な関係をもちながら年長者と年少者という上下関係も含むものでした。こうして、年長の子どもから年少の子どもへ遊び文化が継承されていったのです。また小さい子どもは「みそっかす[8]」と呼ばれ、鬼ごっこで鬼を免除されるなど特別な配慮を受けていました。第1の変化

2 東京大学大学院教育学研究科附属発達保育実践政策学センター（Cedep）とベネッセ教育総合研究所が行った2016年から行われている縦断研究。2016年度に生まれた子どもを持つ保護者を対象に年1回調査を実施。全国の3,205世帯が参加（初年度）。

3 ベネッセ教育総合研究所『第5回幼児の生活アンケート』2016年

4 『子どもとあそび』仙田満（岩波書店）『子どもを育む環境 蝕む環境』仙田満（朝日新聞出版）『子どもの居場所と多世代交流空間』中井孝章（大阪公立大学共同出版会）

5 『子どもとあそび』175頁

6 第4の変化があるとしたらコロナ後が考えられますが、実際どのような影響があるのかはもう少し時間をおいてでないと考察できないと思います。

7 『子どもの居場所と多世代交流空間』中井孝章（大阪公立大学共同出版会）11頁

8 地域によって言い方が異なり

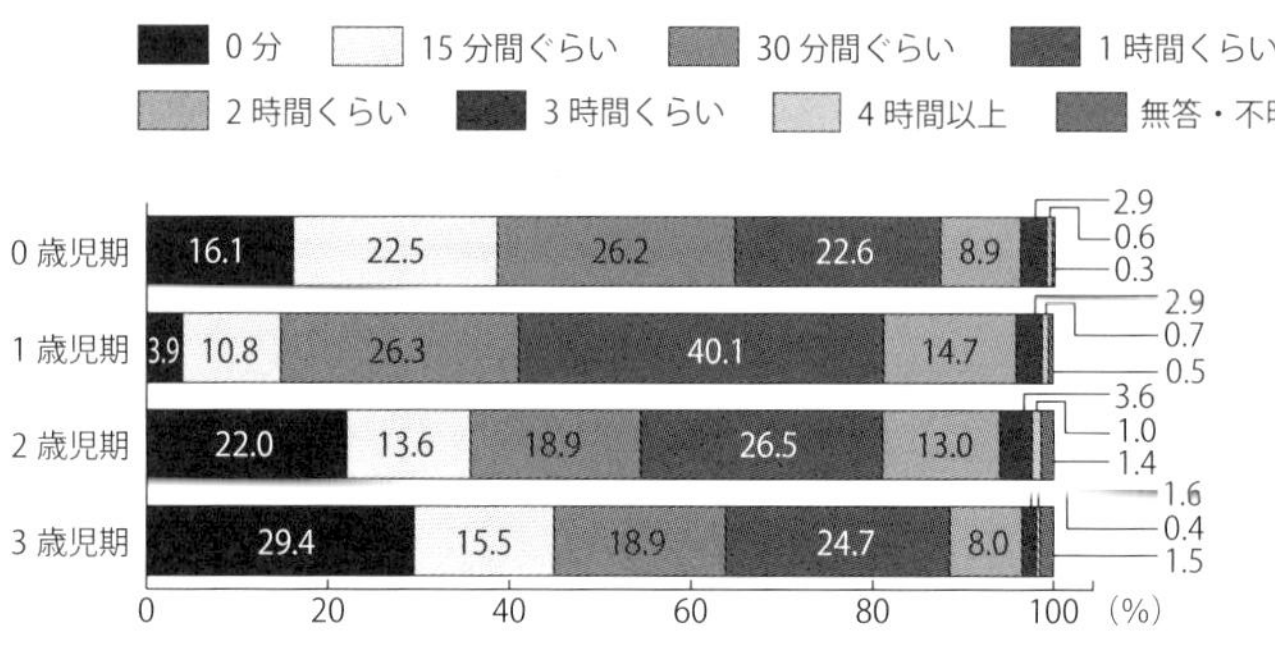

図2－2　幼児の外遊び時間
（出典：東京大学Cedep・ベネッセ教育総合研究所　共同研究『乳幼児の生活と育ちに関する調査』2017-2020年）

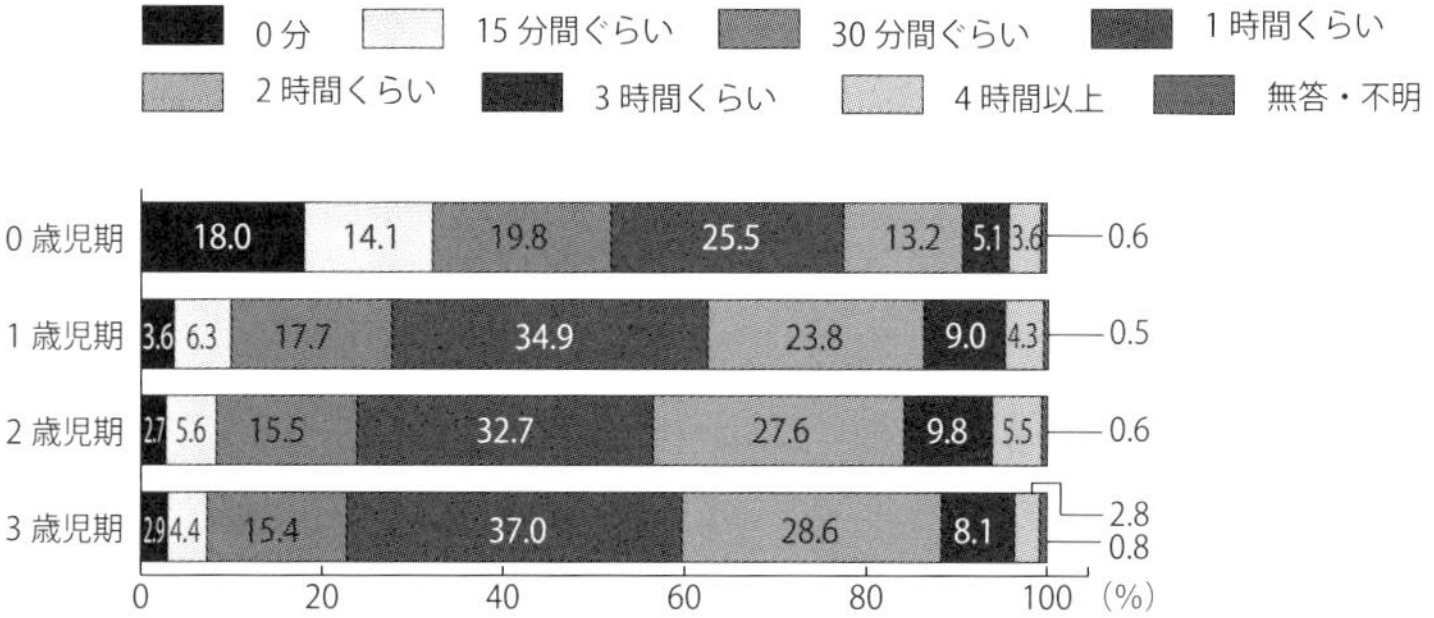

図2－3　幼児のテレビDVD視聴時間
（出典：東京大学Cedep・ベネッセ教育総合研究所　共同研究『乳幼児の生活と育ちに関する調査』2017-2020年）

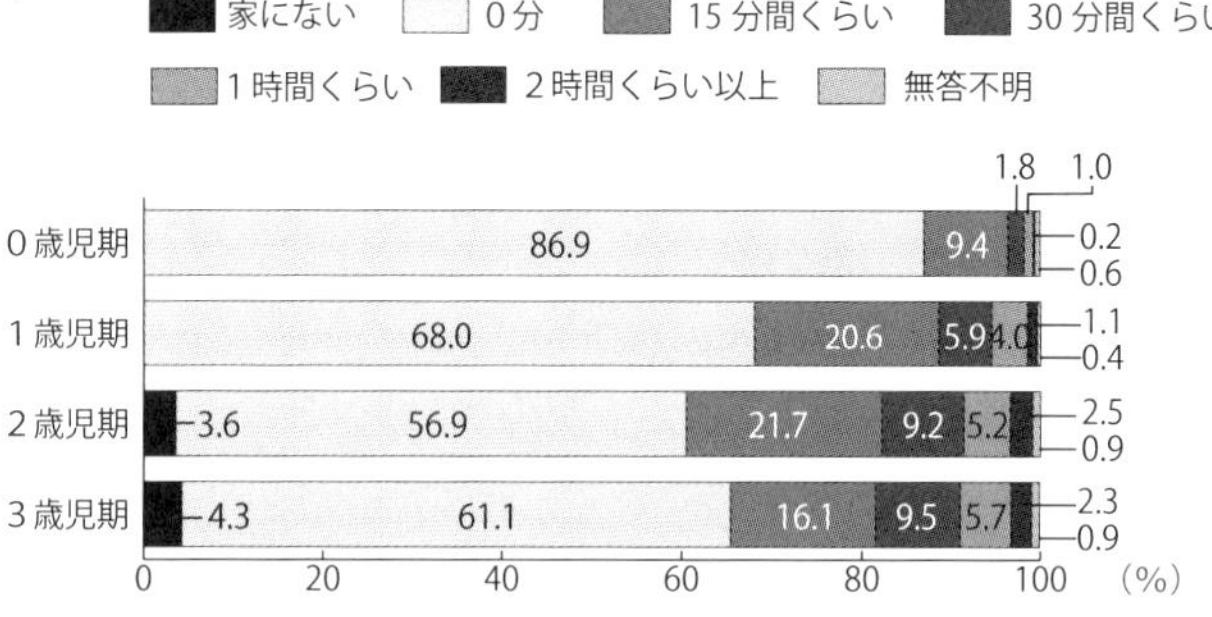

図2－4　幼児のスマートフォン使用時間
（出典：東京大学Cedep・ベネッセ教育総合研究所　共同研究『乳幼児の生活と育ちに関する調査』2017-2020年）

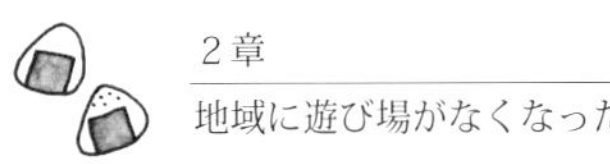

では、このような場が、まず縮小していきます。

１９８０年代になると、質的な変化がおきます。原っぱや道路から子どもたちは追いやられ、家のなかでテレビを観たり、ゲームをしたりすることが多くなりました。作家の赤坂真理さん[9]は、「高度経済成長期とは、人が私有を追求するために共有をなくしていった過程」であったと言います。子どもに即して言えば、遊び場を失った一方で、多くの子どもが個室を持ち、自分専用のゲームをもつようになった時代であると言えるでしょう。さらに赤坂さんは過渡期を象徴する漫画として『ドラえもん』[10]を取り上げ、ジャイアンは、ガキ大将になりたくてもなれなかった男の子だと指摘します。ガキ大将が存在していた時代、子どもたちは原っぱや道路で自由に遊ぶことができました。ガキ大将の役割は、遊びの現場を取り仕切ること。異年齢集団の仲間関係を調整したり、時には別の集団との交渉（ケンカ）を行ったりなどです。『ドラえもん』にも空き地が登場しますが、そこに集まる仲間は、みな同年齢で、敵対する集団もありません[11]。共通の目的と、それを実現する場所がなくなると、ガキ大将の存在意義が失われていきます[12]。そこにジャイアンがガキ大将になれなかった理由があるのではないでしょうか。

１９９０年代以降の第3の変化として押さえておくべきことは、インターネットの普及です。ゲームもオンライン化し、子どもの遊び場が現実世界から、仮想空間に移っていきました。もうひとつは、リーマンショック以降に始まり、コロナ禍で顕在化した、経済格差の問題です。日本の子どもの貧困率は１９８０年代から上昇し、ＯＥＣＤ加盟国のなかでも最悪の水準にあり、厚生労働省の調査[13]では、１３・５％の子どもが相対的貧困[14]状態にあると明らかになっています。７人に１人が貧困状態にあるのです。経済格差が子どもの遊びに与える影響は否定できません。

ます。ごまめ、おみそなど配慮というと聞こえはいいですが、年少の子どもがいてもおもしろく遊ぶために子どもたちが編み出したしくみというほうが適切かもしれません。ただ小さい子も同じ場を共有していたことは重要です。

9 『愛と暴力の戦後とその後』赤坂真理（講談社）98頁

10 1969年連載開始

11 興味深いことに、映画版ドラえもんのジャイアンはガキ大将的ふるまいをして、ときにそれがみんなをまとめたり、解決につながる力となります。それはみんなで成し遂げる共通の目的があるからではないかと思います。漫画やアニメでは、そのような目的がないため、ガキ大将的なふるまいをしても傍若無人に映ってしまいます。

12 赤坂さんは『ドラえもん』に登場する象徴的な場所として、土管のある空き地とのび太の勉強部屋を挙げます。共有と私有の両方を描いたことに過渡期を象徴する理由があります。

表２－１　遊びの変化

	第１の変化 1960-70	第２の変化 1980-1990	第３の変化 1990年 -
あそび空間	縮小。1955年ごろにくらべ75年ころには都市部で1/20，郊外部で1/10。 道が遊び場でなくなる	1975年に比べて1/2。小さく機能分化している。 公園が唯一の遊び空間に	さらに減少 子どもへの犯罪報道により、公園の利用率が低下 遊び場の管理化が進む
あそび時間	縮小化。1965年ころに内あそび時間が外あそび時間より長くなった（それまでは外あそび時間＞内あそび）	内あそびが外あそび時間の４倍に（1990年） あそび時間の分断化	内あそびと外あそび時間の差がさらに増大
あそび方法	テレビの影響大 ＊1953年テレビ放映開始 1965年90％の家庭にテレビ	ファミコン・テレビゲームの影響大 ＊1983年ファミリーコンピューター（ファミコン）発売	スマートフォン、インターネットの影響大
子ども部屋	個室化が進行	完全個室化	完全個室化
子どもの数	少子化傾向はそれほど顕著ではない	少子化が進行 都市部での児童数は1975年ころの1/2	少子化がさらに進行（合計特殊出生率は2005年に過去最低の1.25を記録した後、上昇傾向だったが、再び低下傾向）
親の世代	戦中・戦後世代	戦無世代	戦無世代
都市と田園	子どものあそび環境の悪化は、まだ都市部だけで、田舎では昔ながらのあそびがあった	子どものあそび環境の変化が地方小都市、田園地域までおよび、田舎の方が都市部よりも遊び環境が貧しくなった	左記の傾向が続く
経済	高度成長期	安定～バブル経済	バブル崩壊～リーマンショック・・によって格差拡大
住宅	和式の住宅が多い	洋式化	洋式化定着
あそび集団	ガキ大将集団から同学年同年齢集団に移行	集団の縮小、同学年同年齢化	同学年同年齢集団も解体へ

（出典：仙田満『子どもとあそび』（岩波書店）ｐ174の表をベースに、第３の変化を加筆）

遊び環境の変化が、遊びの意欲を低下させる

遊び環境の変化は、子どもにどのようなことをもたらすのでしょうか。建築家の立場から子どもの遊び環境の研究を続けている仙田満さんは、遊び環境の悪化の循環を図2―6に示しました。遊ぶ時間が減ると、複雑な遊びができなくなり、遊びの方法が単純化。熱中する機会が少なくなります。遊ぶ場所が少なくなると子どもが集まりにくくなり、遊びの集団が小さくなったり、なくなったりするのです。すると、年長の子どもから年少の子どもへ、遊び方を伝えることもできなくなります。この図で重要なのは、これらの結果、遊びの意欲が喪われるということです。

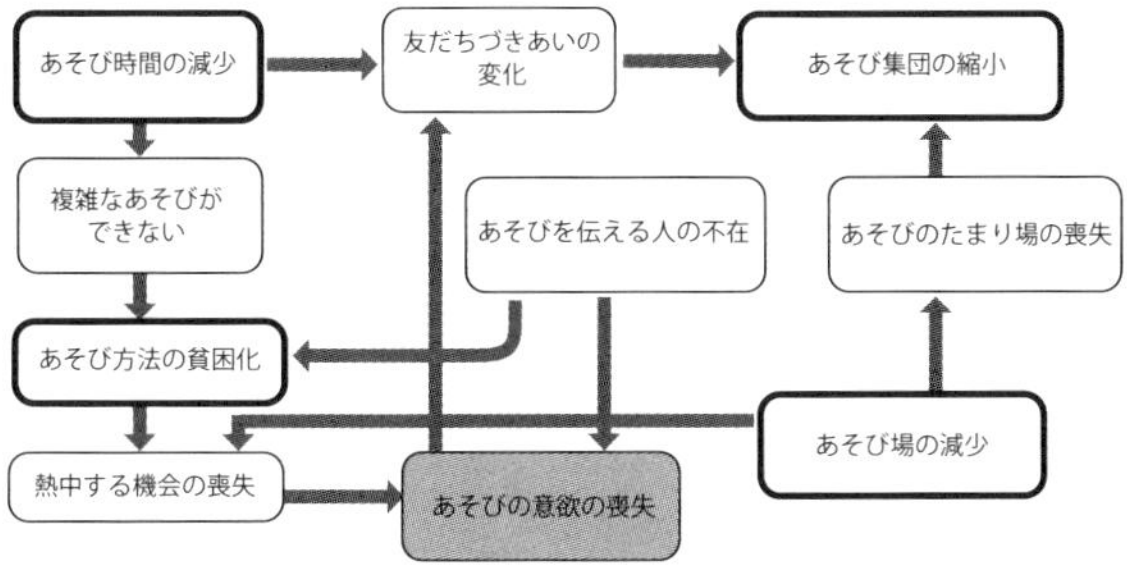

あそび時間の減少
友だちづきあいの変化
あそび集団の縮小
複雑なあそびができない
あそびを伝える人の不在
あそびのたまり場の喪失
あそび方法の貧困化
あそび場の減少
熱中する機会の喪失
あそびの意欲の喪失

図2－5　あそび環境の悪化の循環
(出典：仙田満『子どもとあそび―環境建築家の眼―』(岩波書店) 1992を改変)

「お客様」になった子ども

前出の浜田寿美男さんは、自身の子どものころの記憶は何より「働く」ことだった[15]と言います。1947年生まれの浜田さんの子ども時代は遊び環境が大きく変わる以前のこと。ただ

13 令和元年国民生活基礎調査

14 相対的貧困とは、その国や地域の水準の中で比較して、大多数よりも貧しい状態のことを指しています。厚生労働省の発表する相対的貧困率とは、世帯所得が全世帯の中央値の半分未満である人の比率を示しています。一方絶対的貧困とは、国・地域の生活レベルとは無関係に、生きるうえで必要最低限の生活水準が満たされていない状態を示します。

15 『心理学をめぐる私の時代史』浜田寿美男(ミネルヴァ書房) 2頁

遊びと仕事の境目ははっきりせず、薪割の合間にコマや弓をつくるなど、与えられた仕事をこなしながら、暇をみつけては遊んでいたそうです。浜田さんが特別なわけではなく、第一次産業が中心だった時代、子どもは重要な働き手のひとりでした。浜田さんは自分が働くことで、家族から「助かる」と言われたことは嬉しいことだったと話しています。働くのはきついことなのだけれど、親の「助け」になることで、自信がついたと言うのです。

内山節さん[16]は、フランスの山村で暮らす子どもたちの様子を紹介しています。その山村の子どもたちは、小学校に上がるころになると、誰もが自分の仕事をもっています。最初は鶏の世話を任され、大きくなるともう少し難しい仕事を任されます。仕事が終わると、後は遊びの時間。自分の仕事について語るとき、子どもたちは誇らしげだったそうです。子どもたちの誇りには、自分が必要な人間であるという実感があるのだ、と内山さんは指摘します。家族、ひいてはそのコミュニティの役に立っているという感覚が、子どもたちに自信をもたらすのです。

浜田さんや内山さんの例から、かつては子どもが家庭や地域の暮らしの一部を担う生活者であったということがわかります。産業構造の変化によって、子どもは働かなくてもよくなりましたが、家族やコミュニティの助けになるという生活者としての実感をもつ機会はなくなりました。その代わりに、子どもはお客様として扱われるように[17]。お客様と言えば聞こえはいいものの、それは子どもが「家庭や地域の人間関係や仕事から完全に締め出された」[18]ことを示すのです。

16『子どもたちの時間』内山節（農文協）

17『情報・消費社会と子ども』高橋勝（明治図書）12頁

18 高橋同掲書12頁

社会がアソビを失った

三間の喪失に象徴される遊び環境をめぐる変化が確かだとしても、その時代に生まれた子どもにとってはそれが当たり前です。三間の喪失以外に遊びに影響を与えているものはなんでしょうか。NPO法人ハンズオン埼玉理事の西川正さん[19]は、遊びの本質を「想定外のドキドキ」であるとし、今の社会では想定外を許容する気持ちの余裕が失われている[20]と指摘しています。それを象徴するのが「何かあったら困るので」という言葉。何かとは、重大事故と苦情です。責任の所在や損得勘定を気にしてしまう人びとが増えたことによって、禁止と自粛が悪循環。結果として子どもたちの遊び環境の貧困化につながってしまうのです。

西川さんは、その背景に「制度化」と「サービス産業化」があると言います。サービス産業化とは、住民がお客様化してしまうことです。保育所の先生たちと話していて、保育をサービスと考える親が増えていると聞くようになったのは、20年前くらいからです。お金を出しているのだからこれくらいしてもらって当たり前、保育を保育料の対価のように考えているのです。西川さんはその現象を「保育所の託児所化」と呼んでいます。「託児」とは、子どもたちを無傷で安全にお預かりする（管理する）こと、一方「保育」とは、子どもたちの安全を守りつつ、失敗やトラブルを糧にして子どもたちがやりたいことを実現していくプロセスをサポートしていくことです。ある保育所の園長は、毎朝子どもを預かるときに、傷があるかどうかチェックすると言っていました。それを聞いて私は、子どもはレンタカーではないのだからと、クラク

19（1967—）コミュニティワーカー、NPO法人ハンズオン埼玉理事。まちづくりや市民運動の支援に関わる。
20『あそびの生まれる場所』西川正（ころから）9頁

ラしてしまいました。

ところが一方で、別の保育所の園長は、保護者から問題が指摘されたとき、それを「はい、わかりました」とは引き取らず、「一緒に考えましょう」と保護者を巻き込んでいくと話します。なぜなら引き取ってしまうと保育所の問題になってしまいますが、一緒に考えれば私たちの問題となるからです。この保育所のあり方は、西川さんの指摘する制度化とは違った方向を目指しているのではないでしょうか。しかし、年々多くの保育所が前者のあり方になってしまっています。責任を追及されることを恐れ、保育所側はことなかれ主義に陥り、意思決定に参画しない保護者は、課題解決の当事者であるという意識をもちにくく、両者の溝は深まるばかり。公園などの禁止事項が増えるのも、同じ構造だと西川さんは指摘します。ボール遊びのボールが近隣の住宅の窓にあたる→住民が役所に苦情を入れる→役所が禁止するという構図です。住民が行政の責任を問うと、責められていると感じる役所が表向きは対応しながら、「住民はどうしようもない」と不信感を示す。この応酬が自粛と禁止を生み出すのです。

多大化が生み出す安心安全の過剰、管理

原っぱや道路で子どもたちが自由に遊べていた時代、大人と子どもの間にはほどよい距離感があったと思います。完全にほったらかしというわけではなく、「見ぬふりして見る」[21]大人の姿がありました。しかし、現在はそうではありません。子どもの遊びの環境づくりの第一人者である天野秀昭さんは、少子化は子どもから見れば「多大化」、大人がやたらに多すぎる現象

写真２－１　禁止事項の看板

21『おせっかい教育論』鷲田清一ら（140B）102－105頁

である[22]と言います[23]。多すぎる大人は子どものことを放っておいてくれません。また、2010年代に待機児童が社会問題化し、解消のため都市部では保育所の設置が相次ぎました。その時に起こったのが、保育所設立への反対運動です。反対理由のひとつが「子どもの声がうるさい」というものでした。設立40年になる保育園では、最近になって近隣からの苦情によって、園庭で遊ぶ時間を短くせざるを得なくなったといいます。朝日新聞のWEB調査[24]によれば、「子どもの声や物音をめぐり、トラブルになったり、気まずい思いをしたりしたことはありますか」という問いに「はい」と答えた人は76％。多くの人がトラブルを経験していることがわかります。

さらに、2000年以降は、子どもをターゲットにした犯罪[25]が続いたこともあって、子どもの安全への関心が高まりました。集団登下校や防犯ブザーの携帯、不審者情報の配信、監視カメラの設置などによって子どもたちの安全は強化。遊具で事故が起きると、似たような遊具はたちまち使用禁止になります。安心・安全という名のもとの管理と引き換えに、子どもたちの自由が奪われました。

子どもや社会への信頼の喪失

子どもを「見守る」と「見張る」という行為はどちらも子どもの安全を願ってのものですが、子どもを信頼しているか、社会を信頼しているかという点で違いがある[26]という指摘があります。子どももひとりでは対処できないと思うと「見張って」しまい、何かあったら自分が責めら

22『よみがえる子どもの輝く笑顔』天野秀昭（すばる舎）100頁

23 2022年4月段階で総人口に占める15歳未満の子どもの数は1，465万人（総人口に対する割合は11・7％）。

24 2015年 https://www.asahi.com/msta/iken/14.html/#mina

25 2001年大阪教育大付属池田小学校殺傷事件など。2010年以降子ども（13歳未満）が被害者となる犯罪は減少傾向にある。

26『ははがうまれる』宮地尚子（福音館書店）100―101頁

れると思うから過干渉になるのです。

幼児期から小学校低学年くらいの子どもに関わる人と話していると、「許可待ち」「指示待ち」する子どもが増えているとよく語られます。許可待ちとは「○○していいですか」と尋ねる行動で、指示待ちとは、大人がどうしたらいいか教えてくれるのを待っている行動です。こうした子どもの背景には、ここで指摘された大人の態度が関わっているのが容易に想像できます。

子どもの危うさを許容できなくなった地域

天野さんは子どもの遊びは「ＡＫＵ」だと言います[27]。ＡＫＵとは、Ａ＝危ない、Ｋ＝汚い、Ｕ＝うるさいの頭文字をとったものです。遊びには危険がつきもの。大人の目が届かない場所や、スリルのある遊びに惹かれます。汚れることを厭わないので、平気でどろんこになれます。汚れることよりもおもしろそう、やってみたいという気持ちが先なのです。感情や発声のコントロールは難しいので、感じたことそのままに声を出します。天野さんが伝える「ＡＫＵ」の根っこには、実は子どもへの深い愛があるのですが、今の大人には「悪」（よくないこと）に思えてしまうのかもしれません。社会教育が専門の柳父立一（やなぶりゅういち）さんは「子どもは危ないことをする存在である」という子ども観が地域のなかで共有されていた時代は、大人の目の行き届かない子どもの世界があり、そこで子どもたちは教わることのできない生きる力の基礎を育んでいた[28]、と話します。大人の目が行き届き過ぎている今は、子どもたちにどうやって生きる力を育めばいいのでしょう。

27『よみがえる子どもの輝く笑顔』天野秀昭（すばる舎）31頁
28 柳父 前掲書110頁

写真２－２　どろのなかを泳ぐ

写真２－３　こんな高さだって！

子どものこころとからだに起こっている変化

子どもの遊び環境に変化が起こったことと並行して、子どものこころとからだにも「異変」が生じています。科学的な観点から子どものからだに関する研究を続けている野井真吾さんによると、戦後の日本において子どものからだのおかしさが指摘されはじめたのは、1960年ころだそうです。たとえば、遠足で最後まで歩けない子どもの存在が指摘され、その原因として体力の低下や、子どもの気持ちの問題などが議論されました。1970年代には、からだのおかしさが一部の専門家だけではなく、多くの国民に共有されるようになります。子どものからだの実態調査に基づいて製作されたNHK特集「警告!!子どものからだは蝕まれている！」[29]は、大きな反響をもたらしました。1980年代になると、視力の低下や自律神経機能の問題が指摘され、からだのおかしさが多様化。1990年代には、それらに加え、前頭葉機能の不具合や、アレルギーといった問題が起きます[30]。また、学級崩壊、キレる、保健室登校、不登校、自殺といった行動特性の問題も顕在化。さらに、2000年代は生き物としての人間にとって重要な睡眠、身体活動、体温調整という問題、具体的には睡眠不足、身体活動の低下、低体温傾向が現れます。これらのからだの不調を救う可能性があるものとして、野井さんは「遊び」に注目しているのです。

たとえば、前頭葉機能を調べた調査[31]では、近年に小学生にみられる特徴的なこととして、2つのタイプが挙げられました。ひとつは幼児に特徴的ないつも「そわそわ」「キョロキョロ」

29 1978年放映。
30『子どもの〝からだと心〟クライシス』野井真吾（かもがわ出版）122―130頁
31 野井　前掲書30―40頁

しているタイプが、小学校以降もかなりの程度みられること。そしてもうひとつは、おとなしくて「よい子」とみられがちですが、自分の気持ちを上手に表現できないタイプが一定程度見られることです。野井さんは、幼稚園や小学校で取り入れられている自由な遊び活動が、前頭葉の発達を促している可能性があると指摘しています。興奮が必要な幼児期に、ドキドキワクワクできる活動をすることで、興奮を抑える機能が育ち、自分の気持ちを表現できるようになっていくというのです。逆に言うと、最近の子どもたちのからだの不調には、ドキドキワクワクする体験の少なさが関係していると考えられます。

教育学者の汐見稔幸さんは、「幼い頃に自分の情動からの行動基準で行動することが多ければ多いほど、自主性や自尊感情、そして好奇心などが育ちやすくなる」[32]といいます。逆に社会的な行動基準が早く子どもに入り込んでしまうと、それらが伸びにくくなってしまうそう。自主性や自尊感情、好奇心は、小学校以降の学びに必要不可欠なもの。「何かあったら困るので」と子どもの行動を制限してしまうと、それらが育たなくなってしまう可能性があります。むしろ「おもしろそう」「やってみたい」という自らの感情に基づいて「遊ぶ」ことが、子どものこころとからだの育ちには必要なのです。

危機的状況だからこそ遊びの機会を

２０２０年に始まった新型コロナウイルスの感染拡大は、子どもたちの生活にも大きな影響を与えました。日本に第一波が押し寄せ、最初の緊急事態宣言が出された２０２０年３―５月

32『本当は怖い小学一年生』汐見稔幸（ポプラ新書）47頁

は、全国の小中高、特別支援学校に休校要請が出されました。その間、公園の遊具が使用禁止になるなど、外遊びも制限されたのです〈写真2—4〉。ある調査[33]では、「コロナについての困りごと」はなにか、という質問（複数回答）に対し、小学校低学年児童の60％が「外で遊べないこと」と回答しています。ベネッセ教育総合研究所が行った調査[34]では、1歳から5歳の幼児がコロナ前に比べると友だちと外で遊ぶ時間が減り、テレビやスマートフォンを使うスクリーンタイムが増えていることがわかっています。その影響として、体力の低下や、就寝時間の遅れ、生活リズムの乱れなどが指摘されています。

次章で述べるように、遊びは子どもの育ちにとって欠かせない活動です。「遊びは子どもの主食です」これは、日本医師会と日本小児医会が共同で作成しているポスターに掲げられている言葉です。このような危機的状況だからこそ、遊ぶ機会を保証することが重要です。

図2－6　日本医師会・日本小児科医会ポスター

写真2－4
新型コロナウィルスの感染防止のために使用禁止になった都立公園の遊具（東京都杉並区）

33 国立成育医療研究センターが実施した。2020年4—5月に全国の7~17歳の子ども2,591人、0~17歳の子どもの保護者6,116人、計8,707人を対象に実施した。

34 2020年5月に全国の1歳から小学生を育てる母親2,266名を対象にして行われました。

《理論編》3章

子どもには遊びが必要だ

菅野幸恵

遊びは人生の予行演習
子どもは〝今〟を生きている
「やってみたい」からはじまる遊び
遊びを通して人生のおもしろさを知る
遊びを通して癒される
遊ぶことでつくられるからだ
外で遊ぶ
遊びは商品ではなく、子どもの権利

遊びは人生の予行演習

人間を定義する言葉はさまざまありますが、そのひとつに「ホモ・ルーデンス＝遊ぶ人」というものがあります[1]。ただ遊びは人間だけのものではありません。人間以外の哺乳類や鳥類にも遊びは見られます。哺乳類の場合、遊びは赤ちゃん期から子ども期に限定的に見られるようです[2・3]。子ども（期）と遊びは切っても切り離せません。子どもの生活のほとんどは遊びであり、子どもは遊びを通してさまざまなことを学びます。アフリカの狩猟採集民[4]バカ族の子どもの遊び行動を調べた研究[5]では、子どもたちが「やってみたい」という自らの衝動によって行った遊びが、結果的に大人たちの日常生活の再現になっていたと指摘されています。子どもたちは大人から取り立てて教えられなくても、おもしろいと思ったことをして遊んでいくうちに、大人たちが森に動植物を採りにいったり、わなをしかけたり、小屋をつくったりしている日々の暮らしを再現していたのです。そのことは彼らが大人になった後、生きるために本気でする仕事とつながっています。汐見さんは、「遊びは人生をシミュレートするものだ[6]」と言いますが、遊びを通して子どもはその後の人生で必要な経験や、ひとととのやり取りをペナルティなし[7]で予行演習している[8]のです。

1『ホモ・ルーデンス』ホイジンガ　高橋英夫訳（中公文庫）

2「遊び研究の〈むずかしさ〉と〈おもしろさ〉」島田将喜『遊びの人類学』亀井伸孝（昭和堂）24頁

3 ヒトを含むいくつかの哺乳類は大人になっても遊びます。

4 人類は、その歴史のほとんどは狩猟採集民として生きてきたと言われます。アメリカの発達心理学者グレイは、子どもが遊びを通して学ぶ姿は狩猟採集民的だとしています『遊びが学びに欠かせないわけ』（築地書館）。

5『森の小さな〈ハンター〉たち―狩猟採集民の子どもの民族誌』亀井伸孝（京都大学学術出版会）

6「なぜ子どもの自殺が「過去最悪」となっているのか…「遊びの喪失」がもたらす深刻な影響」プレジデントオンライン

7 全くペナルティがないわけではありません。いたずらが過ぎると怒られるし、じゃれあいが本気のケンカになれば痛い思いをするし、相

子どもは〝今〟を生きている

ただ、予行演習というのは、大人から見た遊びの位置づけかもしれません。当の子どもは、予行演習なんて思わずに、今おもしろいと思うことを精いっぱい楽しんでいます。子どもは今を生きる存在です。遊びに入り込むと、時間を忘れてのめり込みます。その集中力は見事なものです。大人は時計とカレンダーの時間で生きているので、「〇時だからご飯の支度しなきゃ」「明日は朝早いから今日は早く寝なきゃ」と未来に合わせて今の行動を調整します。子どもはそうではありません。この後の予定は気にせずに、今やりたいことに没頭します。電車が大好きな3歳の子どもは、高架橋から1時間、飽きずにずーっと行き来する電車を眺めていました。大人の方が根を上げてもう帰ろうよと言っても「まだ、だめ」と頑として動きません。好きなテレビ番組の話を持ち出すとようやっと気持ちが切り替わって、家に帰ることができました。

「やってみたい」からはじまる遊び

さて、ここでの遊びとはどのようなものでしょうか。日本初の職業プレーリーダーでもある天野さん[9]は「やってみたい」「やりたい」という動機が、遊びの本質である[10]と述べています。先生の主導する遊びを終えた子どもが、その遊びがひと段落した後に、「遊んできていい？」と聞くというのは、都市伝説のように語られるエピソードです。ここで重要なのは、先生の主

手が発した言葉で傷ついたりもします。でも子ども時代は失敗が許される状況であると言えます。大人の場合、狩りに失敗したら食べるものに困るし、自分の命が危うくなることもあり得るからです。

8『遊び、スイッチオン』スチュアート・ブラウン（バベルプレス）48頁

写真３－１　小屋？をつくる

9 1979年に開設された日本初のプレーパーク、初代プレーリーダー。詳しくは5章参照。

10『よみがえる子どもの輝く笑顔』天野秀昭（すばる舎）43頁

導する遊びは先生に**やらされている**ものであり、自分たちが**やりたい**と思って始めたものではなかったということ。遊びは、まずもって自発的な活動なのです。さらに、天野さんは、遊びの世界は理屈だけでは理解できないと指摘します。遊びは意識によるコントロールの及ばない「情動」の世界に属するからです。遊びに関わるのは楽しい、おもしろいといった快の感情。おもしろい（interesting）という感情は、人間に生まれつき備わっている感情[11]のひとつ。遊びを生み出す原動力となり、後の知的好奇心にもつながっていく感情が生まれつき備わっているなんて、ひとの育ちは奥深いなあと改めて思います。このようにしてみると、遊びは個人の主観的な状態であって、客観的にはとらえにくいものであると考えられます。遊びの定義の難しさが言われるのもそれゆえではないでしょうか。

また遊びは、その活動をすること自体に意味があり、プロセスが大事です。ある幼稚園で、園で収穫したキュウリを絵に描くという活動をしていたときのこと。ある子どもは描き上げたキュウリに窓や車輪を描き加え、キュウリが電車になっていきました。細長いキュウリが電車に見えてきたのですね。遊びを通して学ぶと述べましたが、子どもたちは学ぶために遊んでいるのではなく、夢中になってやりたいことをしているうちに、結果として学んでいることを強調しておきます。

さらに、限界に挑戦するためのリスク[12]も伴います。ただそのリスクが遊びをおもしろくもします。生まれつきの弱視だった倉本智明さん[13]は、小学校高学年になるまでは友だちと楽しく遊んでいたのですが、友だちが野球をし始めてからおもしろくなくなったと言います。なぜなら、友だちは倉本さんのために特別ルールをつくってくれたのですが、それは野球のリスク

写真３－２　じゃれる

写真３－３　達成感のある笑顔

11 快、不快、興味の３つの感情を生まれつき持っていると言われます。

12 リスクとハザードについては１１３頁参照

13『だれか、ふつうを教えてくれ！』倉本智明（理論社）

（たとえばフライがキャッチできるどうか）を感じられるものではなかったからだそうです。アウトになるかセーフになるか、ギリギリのところを競っているところに野球のおもしろさがあり、それらを味わえなければ、「やってみたい」気持ちも「おもしろい」感情も萎えてしまいます[14]。

遊びを通して人生のおもしろさを知る

天野さんは、「遊ぶ行為には自分で自分を育てる力が満ちあふれている」[15]とし、この力を「遊育（ゆういく）」と名付けています。では、具体的に何を育むのかについて見ていきましょう。まずこころの発達からみていきます。遊びによって育まれるものは、集中力、持続力、忍耐力、意欲、好奇心、主体性、自己肯定感、自己コントロール、社会性、協調性、思いやり、共感性、競争心など、「非認知能力」[16]と呼ばれるものを中心に実に多様です。いずれも目に見えるものではないし、自転車に乗れるようになるといったスキルとは異なり、教えられるものではありません。なかでも私が大事だと思うのは、世界のおもしろさを知り、他者と生きる主人公としての自分を育むことです。

自分が「やってみたい」と思ってはじめたことは、普段では考えられないエネルギーと集中力を生み出します。はじめはうまくいかなくても、工夫しながら何度も挑戦を重ね、ようやくできたときの喜びは、何事にも代えがたい特別なものです。そのことが、もっと挑んでみようという意欲に火をつけ、自分への信頼感や自信を育み、この世界は生きる価値があるところだ

14 遊びは仕事と対義語としてとらえられることがありますが、遊びに見られる熱中と没頭は、大人の仕事にも見られると言われます。主体的に取り組んで充実感や、楽しみを得られるなら仕事やおそらく勉強も遊びと本質的には似ているのではないかと思います。

写真３－４　向こうには何が？

15 天野秀昭　同掲書　52頁

16 ＩＱ（知能指数）に代表されるような測定して数値化できる認知能力（知的能力）ではなく、目標に向かって努力する力、他者とうまく関わる力、感情をコントロールする力の

と思うことにつながっていきます。与えられた（受動的な）生（いのち）を能動的に引き受けていくには、自分の生きる世界はおもしろいのだということを知ることが大事です。

　そのおもしろさを自分だけで見つけ出すのには限界があります。チンパンジーとヒトの遊びの比較研究をした明和政子さんは「交互交代的な社会的遊びこそが人間特有の遊びスタイルである」[17]と言います。交互交代的な遊びとは、生後9か月頃から見られる「チョウダイ」「ハイ、ドウゾ」といって、ボールやおもちゃなどの物を他者に手渡し、物の操作の役割を交代するような遊びのことです〈写真3―6〉。

　チンパンジーも他個体と遊びますが、相手に対して一方的に物を操作したり（たとえば木の枝を相手の口に差し込む）一緒に同じ物を操作したりするものに限られたそうです。そのうえで明和さんは、交互交代的な遊びをするためには、他者の心の状態を文脈に応じて柔軟かつ適切に読み取る力、つまり他者の立場にたつことが必要だと指摘します。人間の大人は、生まれたばかりの頃から、いやお腹にいる時から、こころをもつ存在として子ども（胎児）を扱います。よく赤ちゃんの手にガラガラを持たせ自分の手を重ね一緒に振ることで「あ、音がしたね。おもしろいね」といった遊びをしますよね。そのような働きかけを繰り返すことで、自分や他者のこころの状態を理解していくのです。そのことが共感や思いやりにつながります。もちろん大きくなると、子ども同士でお互いの「やりたい」がぶつかることもあるでしょう[18]。もちろん自分の思いをぶつけるだけでは、おもしろくありません。時には譲ったり譲られたりすることを通して、一緒に遊ぶことの喜びを味わっていくのです。

ことを言います。ノーベル経済学賞をとったヘックマンが着目したところから注目されるようになりました。

写真３－５　何かいるかな

17「人間らしい遊びとは」明和政子『遊びの人類学』亀井伸孝編著（昭和堂）157頁

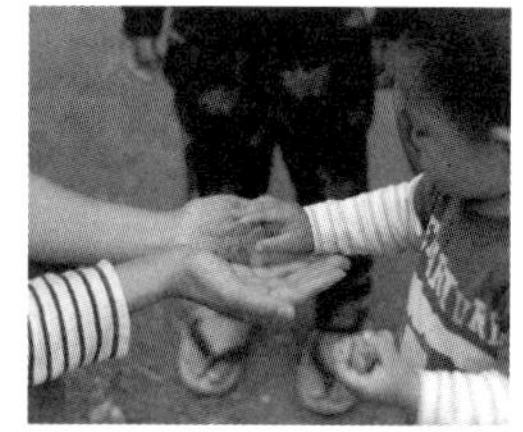

写真３－６　ちょうだいどうぞ

遊びを通して癒される

遊びは、困難な状況を乗り越え、癒してくれる力も持っています。阪神淡路大震災や、東日本大震災の後、被災地では地震ごっこや津波ごっこに興じる子どもたちの姿が報告されました。感情を言葉にすることがまだ難しい子どもにとって、遊びは自分のあらゆる気持ちを表す〝ことば〟[19]となります。第二次大戦中のヨーロッパで、多くのユダヤ人が運び込まれた強制収容所でも、子どもたちは収容所ごっこをしていたそうです。大人たちは驚きますが、目の前の大きな困難を遊びを通して乗り越えようとしているのです。

遊ぶことでつくられるからだ

次にからだの発達について見ていきましょう。幼児期のからだを動かす遊びは多様な動きを伴うことから、「タイミングよく動いたり、力の加減をコントロールしたりするなどの運動を調整する能力」が身に付くとともに、そのような遊びを繰り返す中で得られる成功体験が意欲や有能感を高め、「何事にも意欲的に取り組む態度を養う」[20]と指摘されています。

積極的に運動指導を取り入れている幼稚園・保育園と、自由に遊ばせている園の子どもの運動能力を比較した調査[21]では、自由に遊んでいる園の子どもの方が、運動能力が高いという驚くべき結果が出ています。その理由として運動指導を行う場合、説明を聞く時間・順番待ちの

18 ケンカについては4章71頁参照
19『子どもとつむぐ物語』小嶋リベカ（日本キリスト教団出版局）
20『幼児期運動指針ガイドブック』文部科学省 2012年
21「運動発達を阻害する運動指導」杉原隆『幼児の教育』16―21頁

時間が長くなりがちで、実際にからだを動かす時間は、自由に遊ぶほうが、長くなるからでしょう。また、動きの種類の豊富さにも差が出ています。定められた運動を繰り返すよりも、好き勝手に鬼ごっこ・木登り・鉄棒・ジャングルジム・砂場遊び・秘密基地づくりなどをしている方が、多くの種類の動きを経験できるのです。さらに「大人が決めたことをやらせる」よりも「子どもがやりたいことをやる」方が、意欲高く取り組めることも示されています。

外でからだを動かす遊びは、生活のリズムを整えることにも関係しています。夜眠くなるためには、眠りのホルモンであるメラトニンが分泌されることが必要です。メラトニンの分泌には、日中屋外でからだを動かすことが関わっています[22]。睡眠はからだのリズムを整えるだけではなく、成長ホルモンの分泌といった身体の成長や脳の成熟にも関係しています。

また、動物の脳の大きさと遊びの量には密接な関係があるそう。脳が大きい動物ほどよく遊び、小さいほど遊ばないのです[23]。ヒトの脳は乳幼児期に大きく発達します。重量でいえば6歳くらいまでにおとなの95％くらいの大きさになり、表面積も6歳で大人とほぼ同じくらいに成長[24]。ちなみに、脳の発達に関連すると言われるのが、遊びに欠かせない「好奇心」です。私たちの脳のなかでは、神経細胞がネットワークをつくって情報伝達を行っていますが、好奇心をくすぐられると、このつながりが強化されるのだとか[25]。ネットワークが強化されれば、情報伝達がスムーズにいくのでやる気や記憶力のよさ、頭の回転の速さにつながるというしくみです。また五感からの刺激も脳を活性化するそうです。とくに乳幼児は触覚が敏感で、皮膚からの刺激は脳の発達を促します。五感から得た情報が脳内に伝わり、意欲や幸福感を生み出す神経物質が分泌。その発達を促すのは、外部からの刺激と自らが動いて生じる内からの刺激

写真３－７　長い棒みつけた

22『新版　からだの"おかしさ"を科学する』野井真吾（かもがわ出版）74頁

23 スチュアート・ブラウン前掲書　46頁

24 重量や表面積が大人と同等になることが脳機能の完成というわけではありません。とりわけ人間にとって重要な前頭葉は10代に発達のピークを迎えると言われます。

25『アウトドア育脳のすすめ』瀧靖之（山と渓谷社）18－20頁

です。養育者をはじめとする大人や友だちとのかかわり、また自ら環境に働きかけていくことが、脳の発達において重要だといえます。

外で遊ぶ

大学の授業で学生に印象に残っている遊びのエピソードを書いてもらうと、そのほとんどが外遊びに関する記憶です。今私が教えている学生は２０００年以降に生まれた人たちで、すでに外遊びがしにくくなった世代ですが、それでも外遊びが記憶に残っているということは、情動が動かされるものだったからなのではないかと想像します。

外遊びと子どもの発達との関連について検討した論文で、共通してみられる結果として、自己肯定感の高さがあります。大野さんは、子どもが豊かに遊ぶことができる環境かどうかは、子ども自身の手で壊していいものがどのくらいあるかによって決まる[26]といいます。外遊びは、遊びの自由度を高める経験です。保育所に通う3歳児を対象にした調査[27]では、公園など園外に出ると子どもの活動量が増加するだけでなく、個人差が縮小し、普段は活動性が少ない幼児の活動量の増加が顕著であったことが明らかになっています。

外遊びといっても、公園や自然のなかなどさまざまですが、自分のやりたいことを自分にあったかたちで実現しやすい環境であると言えます。自分のやりたいことが実現されると、「今度はこうしてみようかな」という意欲が湧いてきて、自分にはいろいろなことができるのだという自信が生まれます。自己肯定感とは自分に対する肯定的なイメージの総称で、自分に対する

26 遊ばないと、心が死んでしまう　oyamanaのインタビュー 2015年11月 http://oyamana.com/interview/amano hideaki/

27 「保育所における園庭と園外での外遊びの活動状況」野中壽子ら『発育発達研究』2017年 2017巻74号 19―25頁

写真３－８　水も笑顔もはじける

自信も含まれます。これが外遊びと自己肯定感の関係の背景にあるものではないでしょうか。

遊びは商品ではなく、子どもの権利

遊びの重要性を強調すると、効果を期待した遊びの商品化が始まります。外遊びもしかりで、自主保育や森のようちえんの現場では、外遊びを習い事のように考えて見学にくる保護者の方がいて驚くことも。何度も繰り返しますが、遊びは子どものやってみたい、おもしろいという気持ちが出発点です。大人主導でやらせるものではありません。子どもに遊びを保証するということは、子どもが人生の主人公であることを保証するということでもあります。子どもの権利条約[29]の31条には遊ぶ権利について明記されています。以下に難しい条文を子どもたち自身が子どもにもわかるように翻訳したもの[30]から引用します。

第31条　遊び、遊ぶ、遊べ、遊んじゃえ!

1　ぼくら子どもは、ぐあいがわるいときや疲れたときは、もちろん休んでいい。勉強や仕事のあいまにだって、休みは必要だ。そしてヒマな時間もね。そういうときは、ぼくらの年に合った遊びをしたり、みんなでいろんな楽しいことをしたり、本を読んだり、絵をかいたり、なにかつくったり、スポーツをしたり、好きなようにしていいんだ。

2　ぼくらがそうやっていろんなことをするために、国はそれを大事にして応援してほしい。そのためのチャンスが、みんなに同じようにいきわたるように、とかさ。

写真３－９　川に入る？入らない？

写真３—10　森のなかのおうち

29　5章でくわしく取り上げます。

30『子どもによる子どものための「子どもの権利条約」』小口尚子・福岡鮎美（小学館）115—116頁

《実践編》4章

家族以外の人と育つ、育てる
──自主保育という子育ての営み

菅野幸恵

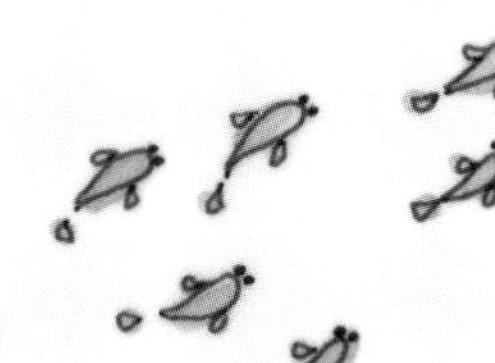
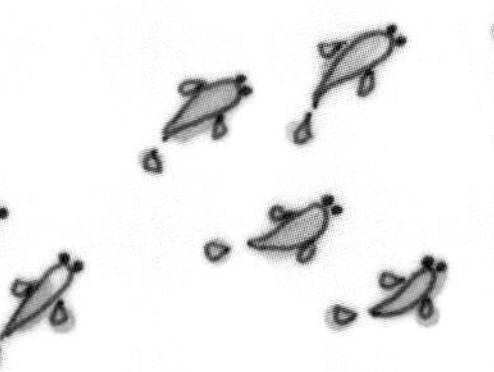

フィールドワークを続けるわけ

私は2010年ころから、本書で紹介する実践に興味をもってフィールドワークをしてきました。そのなかで、最初に出会ったのは、親たちの手で地域につくり出された自主保育です。そこから森のようちえんやプレーパーク、と関心が広がっていきました。なぜそのような実践に惹かれたのか。一言で言うと、そこにいる子どもや大人がキラキラしていたからです。「キラキラ」というと、お洒落なイメージを想像される方もいるかもしれませんが、そうではありません。子どもはすぐ泥だらけになるし、初めて来た私を「空きカン」[1]と呼んだり、ダンゴムシをプレゼントしてくれたり。荷物を置くシートや子どもと大人のリュックは、かなり年季がはいっているものもあります。子どもは根拠のない自信[2]に満ちあふれ、それを見守る大人もうれしそう。最初におとずれた里山自主保育[3]では、お父さんがガキ大将のように子どもを引き連れ、里山を闊歩していました。どの実践でも、子どもも大人も楽しそうで、活き活きとしていたのです。もちろん長く関わると、楽しいことばかりではない面も理解しましたが、その姿も含めていいなあと思って、ずっと関わり続けています。

多様な保育のかたち

自主保育の話をする前に、本書で取り上げる実践が、既存の保育や教育と並べるとどう位置

1 菅野の小さい頃からのあだ名が「かんちゃん」で自主保育に限らずフィールドでは「かん」と呼んでくださいとお願いしています。子どもは頼んでいないのに「かん」にいろんな言葉をつけて呼んでくれます。

2 根拠のない自信は、自己肯定感の中核をなすものです。「根拠のない」とは、「○○ができる」「○○が得意」といった条件によって成り立つ自信ではないということです。児童精神科医の佐々木正美さんが使われて広まった言葉です。「根拠のない自信」は、他者から自分の存在を、自分の中から出てくる思いを、丸ごと受け止めてもらうことで育まれます。その点では根拠があるとも言えます。

3 当時の「里山自主保育とっとこ」。現在は「里山探検隊とっとこ」として活動しています。

づけられるのかを確認していきます。表4―1に日本における幼児の居場所をまとめました。本書で紹介する自主保育や森のようちえんは、認可ではない団体に位置づけられます[4]。認可外保育施設とは、学校教育法に基づく学校にあてはまらず、児童福祉法に定める基準により認可されていない保育施設または実施主体のことを言います。認可外保育も都道府県への届出と国ないしは自治体の基準を守る必要があり、自治体の指導監督の下におかれます[5]。自治体によって認可保育所との負担差額金が支給されたり、活動人数に応じて助成金が出たりするところもありますが、助成のない自治体が大半です。「基準に縛られず自由な活動がしたい」とあえて認可を目指さない無認可の施設や団体もあり、自主保育の多くは無認可です。無認可と聞くと、アナーキーな感じがするかもしれませんが、違法なことをしているわけではありません。認可外保育は、認可保育では十分に対応できない多様なニーズに対応していることも多く、認可施設と優劣を競うものではないのです。

既存の保育では満たされないニーズ

認可されていない保育には、待機児童対策の受け皿というイメージがありますが、ほかにも求められていることがあります〈図4―1〉。ひとつは、認可施設では対応しきれないことへのニーズです。たとえばベビーホテルは、①夜8時以降の保育、②宿泊を伴う保育、③一時預かりの子どもが利用児童の半数以上、のいずれかを満たし、常時運営している施設のことですが、一般的な保育施設の多くは①や②には対応していません。そのため、深夜に働く養育者に

4 森のようちえんについては6章で詳述するように、認可に位置づけられるところもあります。

5 実際のところ、園舎をもたない野外保育中心の場合は、認可外保育施設の届け出ができない（届けても受理されない）自治体も多く、ハード面重視の基準が課題となっています。

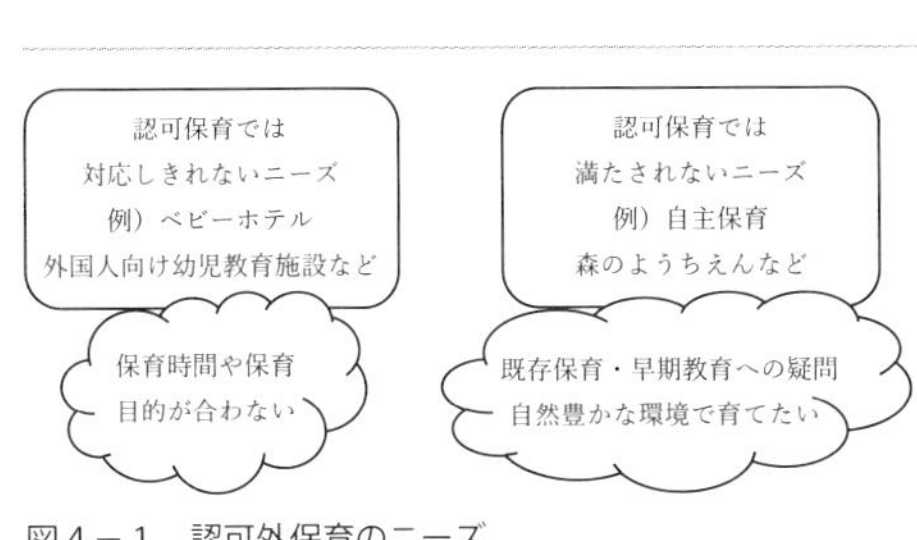

図4－1　認可外保育のニーズ

表４－１　多様な就学前の子どもの育ちの場

	施設名		内容	管轄
認可	保育所		児童福祉施設のひとつ。保育を必要とする子どものための保育を行う。	厚生労働省
	認定こども園		幼稚園と保育所の機能や特長をあわせ持つ施設。	厚生労働省 文部科学省 内閣府
	幼稚園（３歳以上）		満３歳から就学前の幼児の保育を行う学校。	文部科学省
	地域型保育	小規模保育（３歳未満） 家庭的保育（３歳未満） 事業内所内保育 居宅訪問型保育	保育所より少人数の多淫で、０から２歳の子どもを保育する事業	厚生労働省 内閣府
認証	保育所・保育室		自治体の定める基準を満たした保育施設	自治体
企業主導	企業主導型保育事業 企業主導型ベビーシッター		企業が従業員の働き方に応じて設置する保育施設、地域の企業が共同で設置・利用する保育施設	内閣府
認可外	保育施設（ベビーホテル、外国人向け幼児施設など） 共同保育所 幼児教室 森のようちえん		都道府県への届出と認可外保育を対象とした国または自治体の基準を守る必要あり。自治体の指導監督の下におかれる。	都道府県
無認可	青空保育 自主保育 森のようちえん			

（参考図書：クーヨンBOOKS13『探していたのはここ！行きたい保育園・行かせたい幼稚園』クレヨンハウス）

注：2023年１月時点のもの。2023年４月に子ども家庭庁が発足したことに伴い、保育所、認定こども園、地域型保育、企業主導型は子ども家庭庁の所管となった。

とっては、ないと困る施設です。また、外国人向け幼児施設もあり、たとえばブラジル人学校の幼稚園や保育所などが当てはまります。ブラジル人学校は在日ブラジル人のための施設です[6]。在日ブラジル人のなかには、日本の幼稚園や保育所に通っている子どももいますが、ブラジル人学校に通う子どももいます。いずれ母国に帰ることを考えている在日ブラジル人にとっては、日本の教育を受けるよりも母国の教育を受けることが子どもにとっていい、と考えてつくられました。ブラジル人学校の多くはブラジル政府の認可を受け、教育内容はブラジルの教育制度に準拠しています。

認可されていない保育に求められていることのもうひとつは、認可保育では満たされないニーズです。この背景には既存の幼児教育・保育への疑問があります。2章で紹介した保育所の託児所化は、その良い例です。大人の都合が優先され、管理しやすいように空間や時間が仕切られてしまうと、子どもの主体性や、やってみたいと思う気持ちが損なわれます[7]。

それに加えて、早期教育を幼児教育に求めることへの疑問もあるでしょう。外国語や、読み書き、計算、運動、音楽など、最近では0歳児から行われるものもあるようです。早期教育の目的は、知識や技術を学び特定のスキルを身につけること。子どもが本来もっている可能性を引き出そうとする幼児教育・保育とは、一線を画すものであるはずです。しかし、一部の幼稚園や保育所では、小学校の教育を先取りするような取り組みが行われています[8]。そのような疑問に加えて、自主保育をはじめた親たちは、遊び場が失われていく中で、外遊びを失った子どもの成長への危惧を感じていました。森のようちえんを選ぶ背景には、自然豊かな環境で子どもをのびのび育てたいという親のニーズがあるでしょう。

---

6 ブラジル人学校もいわゆるインターナショナルスクールのひとつですが、在日ブラジル人の急増に伴い文部科学省としてもブラジル人学校の支援を促進するようになりました。インターナショナルスクールは、法律で規定されているわけではありませんが、一般的には主に英語により授業が行われ、外国人の子どもを対象とする教育施設であると捉えられています。中には、学校教育法に規定する学校として認められたものがありますが、多くは各種学校として認められているようです。

7 当然ですが、認可された幼稚園や保育所のなかにも、子どもの主体性を重んじた保育を志しているところはたくさんあります。

8 先取りにそれほどの効果がないことも、示されています。内田伸子さんは、小学校の教育を先取りしたカリキュラムを取り入れている幼稚園や保育所と、子どもの自発的な遊びを重視する「子ども中心の保育」をしている幼稚園や保育所の子どもの読み書きや語彙力を比較していますが、ど読者のなかには、「自主保育や森のようちえんだって、親の都合が優先されているのでは?」と思う方もいるかもしれません。大きく異なるのは子ども主体の保育を実現しようとすると、親の都合や、もくろみを手放さざるを得なくなるということです。自然のなかで子どもを育てたいと思って、森のようちえんに入れてみたものの、子どもは濡れたり汚れたりが苦手という場合もあります。その際は、無理矢理水の中に入れたりせずに、子どもの気持ちが動くのをじっと待つことが必要になるのです。

さらに、養育者自身がお客様化されることへの抵抗感もあると思います。とりわけ自主保育で強いのは、「誰かに任せるのではなく自分たちの手で自分たちの子どもを育てていこう」という気持ちです。浜田寿美男さんは農的営みの特徴として「直接性」があることを指摘しました[9]が、子どもの育ちを自分の目で見たいという思いもあるのではないかと思います。

自主保育は都心で誕生

自主保育とは、就学前の乳幼児を親たちが交代で預かり合う保育活動のことです。その成り立ちには、「子どものため」「女性のため」という2つのルーツがあります[10]。東京・原宿で開業していた小児科医の毛利子来(もうりたねき)さん[11]は、病気でもないのに病気のような顔をしてやって来る子どもたちを診て、「この子たちに必要なのは病院や薬ではなくて、野外で過ごすことなのではないか」という思いから、近くにあった大学の大学生たちと一緒に子どもをリヤカーに乗せ、公園に連れて行って遊ばせるという「青空治療」をはじめました。1973年のことです。そ

の年齢でも一貫して「子ども中心の保育」をしている幼稚園や保育所の子どもの成績がよかったと報告しています。「早期教育の光と影」『教育心理学年報』59巻253—264頁

9 日本質的心理学会第8回大会自主企画シンポジウム『農と食と心理学(2)』

10『この街で育て—自主保育10年の歩み』せたがや 新しい保育を考える会

11 1929—2017。自らをたぬき先生と称し、子どもや障がいについて多数の著作があります。雑誌「小さい・おおきい・よわい・つよい」(ジャパンマシニスト社)の編集者代表を長くつとめました。

れがだんだんと形になり、青空自主保育グループ「おひさま会」がつくられました。この後取り上げる『原宿おひさまの会』は、この活動にルーツがあります。

もうひとつは、子育て中の「女性たちの解放」をめざした地域保育の全国ネットワーク「あんふぁんて」のメンバーであった矢郷恵子さんが、自身の出産を機に、在住する世田谷区の区報に「野外で子育てしてみませんか?」という呼びかけをして、始まったものです。1975年のことでした。当時、越してきたばかりだった矢郷さんの近くには、頼れる親も友人もいない状態。牛まれて半年の子どもを抱えて、まさにアウェイの状況下で、自分と同じような気持ちの人がいるのではないかと考え、区報に小さな声を上げたのです。すると、30組ほどの親子が集まって、自主保育が始まりました[12]。

自主保育の1日

自主保育の1日を原宿おひさまの会(以下原宿おひさま)を例に紹介しましょう。原宿おひさまは、2022年度時点で年少から年長の子ども、5人がレギュラーとして、年少未満(0―3歳)は「お豆」として活動しています。レギュラーとお豆が一緒に活動する場合もあれば、別々の場合もあり、メンバー構成によって変わります。レギュラーの親は交替で当番にあたり、預け合いをしています。お豆は基本的に親子参加です。

午前9時半、拠点である公園に集合します。集合場所に来るなり子どもはリュックを置いて遊び始めました。全員が揃ったら「〝おはよう〟するよー」という大人の声掛けで、いったん

12『天然生活』2008年12月号76―79頁

写真4－1　リュックを背負って

写真4－2　おはようするよー

遊びは中断して輪になります。その日のリーダー[13]が、子ども一人ひとりの名前を呼びます。健康状態を共有（風邪気味で鼻が出ている、朝ウンチをしていないから活動中出るかもなど…）して、当番の親のみ残り、他の親は帰りの集合時間を確認していったん解散です。

子どもと当番はその日の活動拠点となるところまで移動して、リュックなどの荷物を置きます。その後まず体操[14]をして、マラソンと称して公園内を走ります。年長の子どもはほぼダッシュなのではないかという速さであっという間に駆けていきますが、小さい子や気分が乗らない子はほとんど歩き、もしくは何度も立ち止まりながら時間をかけてゴールします。マラソンの後は、自由遊び。大人が声かけせずとも思い思いの遊びが始まりました。公園には子ども用の遊具は一切ありませんが、そこにあるものを使って実にいろんな遊びを展開していきます。ある日の様子を見てみましょう。

年少のヨウタ[15]が落ちていたひも[16]を見つけたようで、お豆のサトコと引っ張りあって遊んでいます。そこに年長のシンタロウ、キョウジ、年中のミツキがからんできて、シンタロウの仕切りで綱引きのような遊びが始まります。突然ヨウタが泣きだしました。そばには気まずそうなミツキ。どうやら強引にヨウタからひもを取り上げようとしたようです。このときはケンカには発展しませんでしたが、ケンカが起こっても基本的に大人は手や口を出さず見守ります。互いの思いをぶつけあうことで相手の気持ちを理解し、自分の気持ちの伝え方を学べると考えているからです[17]。この日はヨウタの母[18]が当番でしたが、そばに近寄ったりはしません。ヨウタはしばらくその場で泣いたあと、誰かが虫を見つけたことを嗅ぎ付けそちらに合流しました。公園内はどこで遊んでもいいのですが、ひとりで勝手にどこかに行くことは禁じられていま

13 その日子どもを預かって保育に入る大人を当番といい、原宿おひさまの場合、そのうちの一人がその日のリーダーとなります。リーダーはタイムキーパーの役目をもち、報告のために1日の様子を簡単に記録しています。

14 一人ひとりの子どもが好きな動きを指定して、みんなでからだを動かします。アキレス腱伸ばしといった一般的なものもあれば、子ども自身が創り出したユニークな体操もたくさんあります。くるくる回転しながら動くヘリコプター体操、カエルの格好をしてジャンプするカエルのジャンプなど。

15 子どもの名前はすべて仮名です。

16 いろんなものを見つけます。現金を拾うこともありました。

17 浜田寿美男さんはケンカはコミュニケーションのひとつだと言います。幼児期は、嫌なことがあっても後腐れなくケロッとすることが発達段階的な特徴であると言えます。そんな幼児期に思い切り気持ち

す。場所を変えたい場合は、誰かを誘って2人以上で当番がついて行くことがルール。トイレには大人が付き添います。トイレや着替えに付き添うのは、自分の親以外の大人です。

自主保育は基本野外の活動なので、動的な遊びばかりと思われがちですが、折り紙をしたり絵を描いたりすることもあります。当番のリュックのなかには工作セット（折り紙、ペン、はさみ、テープなど）が入っています。自然のものを使った造形遊びが展開されることも多いです。ある時は土と葉っぱ、木の実を使って、それは美しい和菓子をつくった子どもがいました。大きめの葉に花びらを散らして端からくるくると巻いて、輪切りにすると美しい切り口が現れます〈写真4―4〉。子どもの育ちの場として自主保育を選ぼうとするとき、造形活動の機会がないのではないかと心配する家族の方がいると聞くことがありますが、自然の美しさに触れているだけで十分に芸術的な感性は磨かれます。

お昼の時間が近づいて来たので、リーダーが声をかけると、「えーまだおなか減ってない」「今つくっているのが終わってから」との声。少し待ってお昼となりました。あまりに遊びが盛り上がっているときには、止めるのがもったいなくて声をかけるのをしばらく控えることもあります。

さぁ、お弁当を食べる時間です。原宿おひさまの場合、11時半ごろを目安にみんなでお弁当を食べます。会によっては自分の食べたいときに好きなところで食べていいところもあり、活動開始後すぐにお弁当を食べ始める場合も。また、時間は決まっていないけれど、みんなで食べることは決まっている会では、お腹が減った子が他の子に食べようと提案し、みんなの同意が得られたらお昼を食べます。

をぶつけあうことで、気持ちの折り合いのつけ方を身につけていきます。

18 本書では特に自主保育に参加する母親を、あえて「母」としています。それぞれが自立的でありつつ、共同子育てをしている人たちというリスペクトを込めています。

写真4－3　今日はおりがみ

写真4－4　切ってみたら…

食べ終えた子どもから、遊びに戻ります。さっさと食べてしまう子もいれば、なかなか食が進まず、ひとりでシートに残って食べている子も。遊びたい気持ちが先走って、お弁当箱を片付けるのを忘れて遊び出し、空っぽのお弁当箱がシートの上にひろがりっぱなしのこともあります。でも、大人が片付けることはしません。年少だとお弁当を包むハンカチを上手く結べないことがあるのですが、大人は手を貸さず自分でできるよう声をかけるだけです。

お昼のあとミツキとシンタロウが、追いかけっこをしています。追いかけっこというより、ミツキがシンタロウに追いかけられているという方がいいかもしれません。追いついたシンタロウに叩かれたミツキが「もーやだー」と怒ったように泣きます。

自主保育は子どもの数が少ないこともあって、異年齢で活動することがほとんどです。歩き始める前の赤ちゃんにはみんなやさしいのですが[19]、一緒に遊べるようになって来ると容赦ありません。特に新しく入ってくる子に対してはイニシエーションのように、厳しい試練が待っています。ある母は卒会文集[20]で子どもたちの関係をサル山にたとえて説明していました。春に年長が抜けて、年少が入って来ます。それまで遊びをリードしていたボスがいなくなり、それぞれのポジションは決まっていません。そこで子どもたちはポジション獲得のため、とくに新しく入って来たものに対して突き飛ばしたり、乗っかったり、物を取り上げたりして力を誇示します。力を誇示することで、相対的に自分が強いポジションにつけるのです。そのようなポジション争いのようなもののなかで新しいボスが決定し、いったんは落ち着きます。ただ、それで集団が安定するわけではありません。ボスのタイプによっては、リードするのを忘れたり、自らその地位を降りたりする場合も。その時の子どものタイプにもよるので、毎年必ずと

写真４－５　○○ある人手あげて

写真４－６　お弁当を包むハンカチは恒例の誕生日プレゼント

19　歩いてもまだ言葉がおぼつかない子どもにもやさしいです。歩く・話すが、対等な仲間としての基準になっているように感じます。

20　多くの会で卒会（会を卒業す

いうわけではありませんが、年長が抜けるたびに、何らかの形で関係の再構築が行われます。ボスにやられたことと同じことをそっくりそのままやる子もいて、やられていた子がやる側になるという循環もあるのです。本物のサル山と大きく違うのは、子どもたちにとってはこれも「遊び」[21]であるということ。見学に来た方がこんな様子を見るとびっくりするし、自分の子がやったり、やられたりするのを見るのはメンバーになった後もしんどいことでもありますが、大人が下手に介入するとこじれますし、関係が落ち着けば自ずとおさまります。

午後になると遊びがまとまってきます。たとえば午前中にごっこ遊びが始まっても、みんなが提案する設定が、どうも噛み合いません。遊びのイメージが共有できず、お互いやっていることがバラバラ。盛り上がらないままお弁当の時間になってしまうことがあります。それなのに、お弁当の後に遊びを再開すると、お互いの提案が噛み合って遊びがどんどん展開していくのです。ある日はキョウジのお誕生日という設定にして、シンタロウとミツキがケーキに見立てたレンガを積み上げ、間にはロウソク代わりの木の棒を立てます。完成後キョウジを呼んでハッピーバースデーを歌い、キョウジがロウソクを消しました。1つの遊びが盛り上がるまでには、時間がかかるものだなあと改めて思います。活動が午前中だけで終わっていたら、あるいは場所を移動していたら、午後の盛り上がりはなかったでしょう。

14時少し前になったら、みんなでトイレに行き、迎えの時間です。さよならの歌を歌って終了ですが、大人にとってはここからが大事な時間。報告といって、リーダーが非当番の親にその日の様子を伝えます。この時間を楽しみにしている親も少なくありません。自分がいないときに自分の子どもがどう過ごしているのかだけではなく、他の子どもの様子もおもしろそうに

ること）時に文集を出しています。主には卒会する子どもや親向けのメッセージで、卒会する親もメッセージを寄せています。

写真4－7　卒会文集

写真4－8　卒会文集

21 子どもの遊びは本気なので見ている方はやはりハラハラします。

写真4－9　ぶつかることもある

聞いています。気になること、モヤモヤしていることなども共有。その間、子どもはリーダー以外の当番に、絵本を読んでもらいます[22]。報告が終わったら解散です。といってもすぐには帰らない子どもも多く、夕方まで遊んでいることもあります。自分の家ではなく、他の子どもの家に「帰る」子どももいます[23]。

自主保育はどんな場所で活動しているか

自主保育は園庭園舎をもたず、原宿おひさまのような都市公園、児童公園、冒険遊び場（プレーパーク）、河川敷、地域によっては海などで活動しています。多少の雨ならかっぱを着て外で活動したり、雨が強いと児童館に行くこともあります。台風などの悪天候の場合はお休みです。原宿おひさまの活動拠点の公園は、赤ちゃんからお年寄りまでいろんな人が過ごしています。大きな都市公園ならではなのか、うまい具合に棲み分けているので、日常的な交流があるわけではありません。しかし、時には紙飛行機をつくってくれるおじさんがいたり、捕まえた生き物を見せに来てくれるお兄さんがいたり。もちろん、子どもにフレンドリーな人ばかりではありません。散歩中の犬に近づくと飼い主の方に嫌がられたり、水遊びに興じているとお叱りを受けたりすることも。おもしろいのが同年代の子どもたちとのかかわりです。時折、遠足や外遊び活動と思しき幼稚園や保育所の子どもたちと遭遇することがあります。他の集団の子どもが近づくと、「来るなー」「触っちゃダメ」と叫ぶ子もいれば、他の子がしていることを興味深く見ている子も。向こうの子たちもおひさまの子たちがしていることをジーっと見て、

写真4－10　小さい子にやさしく

22 絵本への集中力もなかなかです。絵本を読むのは、報告の内容を子どもに聞かれないためでもあります。

写真4－11　報告中は絵本の時間

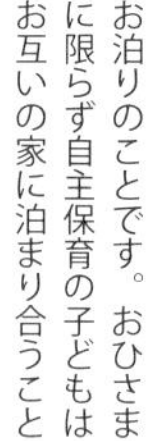
23 お泊りのことです。おひさまに限らず自主保育の子どもはお互いの家に泊まり合うこと

真似をしようとして先生に止められているのを見かけます。

少人数で大丈夫？

子どもの人数は会によってさまざまですが、幼稚園や保育所に比べたら圧倒的に少人数です。子どもの数が少ないことを心配される方もいますが、そもそも就学前の子どもが同定できる集団のサイズは限られています[24]。私がみた自主保育の最少人数は2人でしたが、2人でも十分に社会性は身に付くと感じました。大人数の集団だと気の合わない子どもとは遊ばずにすみますが、少人数だとそうはいきません。自分のやりたいことを実現するために相手のしたいことを理解し、交渉していく必要があるからです。ある研究者はこのことを「コミュニケーションしきる」と表現しました[25]。自主保育出身の子は誰とでも仲良くなれると言われますが、コミュニケーションしきったからこそなのではないかと思います。

運動会はするの？

会によっては保育者がいるところもあります[26]が、先生と呼ばれる大人はいません。幼稚園や保育所のように決められたカリキュラムはなく、活動内容はその時のメンバーの話し合いによって決まります。季節ごとの行事も会によって多彩です。原宿おひさまの場合は、運動会のほかに七夕、秋祭り、豆まきなどがあります。泊りがけの活動としては海合宿、親子合宿を開

が多いです。子どもによっては自分の家に友だちが来るのはいいけど、自分は泊りには行かない子もいます。お泊りにはいろんな意味があると思います。よその家のご飯を食べることで多様な味を知ることも、多様な価値観に触れることになります。勢いよく「泊まる」と言っても、いざ夜寝る段になるとホームシックになってしまう子どももいます。それを乗り越えることも自立につながるのではないかと思います。

写真4－12　多少の雨ならかっぱを着れば

24 3歳児だと10人以上を認識するのは難しいです。
25 第8回多様な学び実践研究フォーラムにて
26 原宿おひさまも保育協力者が

催。ただ行事も毎年やっているからするのではなく、その都度するかどうかを含めて考えていきます。そうすることで、その時々の子どもの個性に合わせた活動内容にできるのです。会費も会によってさまざま。保育者がいるかどうかによっても変わります。

続いて、原宿おひさまに限らず、自主保育で大事にされていることについて見ていきましょう。

自分のことは自分でする

自分の荷物は自分で持つ。着替えも、汚れたもの[27]をしまうところまで自分でします。年齢に応じて最低限の手助けはしますが、基本はひとりで行い、大人は助けてくれません。やりたいこと、いやなことがあったら、自分で言わないと誰も自分の気持ちを代弁してくれないのです。原宿おひさまの日常の紹介で、トイレや着替えの付き添いは自分の親以外の大人がする[28]と書きましたが、これも自立をうながします。自分の親がいるのに甘えられない状況は子どもにとって結構しんどいはず。それでも、だんだん自分で気持ちを立て直すことができるようになっていきます[29]。原宿おひさまの場合は、活動中に自分の親を「ママ」とか「お母さん」ではなく「○○

いたことがあります。保育協力者からみた自主保育について以下にまとめています。「子どもの育ちをとなりで見守る」菅野幸恵・米山晶『質的心理学研究』（新曜社）15巻26―46頁

写真４－13　秋祭り

写真４－14　せんべい食い競争

写真４－15　つなひき

27 おもらしのときはおとなが洗ってからしまいます。

28 会によって異なります。

29 親にとっても自分の子が泣いているときに慰められないのはしんどいはずです。一方で自分の子ではない方が余裕をもって見守ることができるということもあります。

さん」と名字やあだ名で呼ぶのが決まりです[30]。これも形式上であっても親子ではなくひとりの人間同士として向き合うという意味で、子どもの自立につながっているでしょう。

遊びに集中できる環境をつくる「見守り」

見守りという言葉がひとり歩きすると、何もしないことだと誤解されることがあるのですが、何もしない放任ではありません。ケンカは基本的に見守りますが、止めることもあります。止めるタイミングを決めている会もあります[31]が、基本路線を確認できれば、あとはそれぞれのタイミングで止めることが多いです。ある自主保育を訪ねたとき、ひとりの子どもの顔がひっかき傷だらけだったので、「どうしたの?」と聞いたら、「昨日○○(同学年の子)と取っ組み合いのケンカした」と笑って教えてくれました。見れば相手も傷だらけです。幼児期のケンカは発達段階的に後腐れがなく、ケンカしても終わればケロッとして遊んでいることも。ケンカは譲れない気持ちのぶつかりあいです。後腐れがない幼児期のうちに、思い切りぶつかることで相手の気持ちを理解し、自分の気持ちをどう表現するかを体得していきます。

見守りで重要なのは、子どもには気づけない危険[32]を子どもから遠ざけておくこと[33]。子どもが遊びに集中できる環境を守ることも、大人の大事な役割です。

30 原宿おひさまでも時代によって異なります。

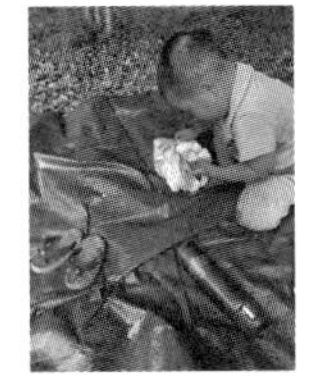
写真4－16　ひとりで着替え

31 たとえば一方が戦意を喪失していたら止める、物を使う、首から上の攻撃はなしなど。このタイミングも、トップダウンに決めるものではなく、そのときのメンバーで話し合い、変更することもあります。

32 ガラス片などを片付けたり、子どものあそびに支障があることを事前に察知して対処したりなど

33 リスクとハザードについては、113頁で詳しく説明します。

写真4－17　なんでー

コラム1
自主保育で大人も育つ、ということ

半田真有（元原宿おひさまの会メンバー）

おひさまに通い始めたころ、当番の母達に「見守りのコツって何ですか？」と尋ねたことがあります。子どもを見守りつつ遊びの邪魔にならない距離感や、絶妙なタイミングでの声がけに感動し、なにか秘訣があるはず！と思ったからです。でも返ってきた言葉は「なんとなく？」や「うーん、考えたことなかった」で、とどめは「見てればわかるよー」でした。わかりやすいマニュアルのようなものを求めていた私は、肩すかしをくらったような、納得いかない気分でした。

子どもを見ていればわかる。やっとわかったのは自分が当番をするようになってからです。子どもたちは違う個性を持っているし、同じ子でも状況が変われば気分が変わることもあります。しかも子どもたちは全く容赦なし。今日うまくいったことが次の日はうまくいかない、またその逆も日常茶飯事で、結局その瞬間の子どもたちと、試行錯誤しながら関わり続けていくしかない、ということが身に沁みました。でもおひさまの母たちは、そんな子どもたちに手を焼くどころか、むしろ楽しんでいるツワモノばかり。失敗もたいていみんなで笑い飛ばしていました。

正解を求めることを手放し、今目の前にいる子どもを感じて関わることは、ときにしんどく、やっちゃったなー、と反省することも多々ありました。でもまたやり直せばいいと信じられる懐の深さがおひさまにはあったし、それは自由につながることだと思います。私が当番だったある日、Aは午前中ずっと折り紙で人形を作っていました。人形が完成 し、ちょうどお弁当の時間になったので、「ご飯だから片付けしよう」と声をかけると、Aは「いや！まだこの子とあそんでない！」と言い出しました。え？今から？私は少し迷ったものの、「遊ぶのは、お弁当食べてからにしようよ。」と促しました。でもAは「いまあそびたいの！」と譲りません。結局他の子どもたちが手洗いの為トイレに向かうのを見て、しぶしぶAは人形を手にみんなを追いかけていきました。

子どもたちが手を洗い終えても、トイレから出てこないAが心配になり覗いてみると、Aは袖口で涙を拭っているようです。私に気付いたAは「あげる」と人形を突き出してきました。「遊ばないの？」と私が驚いて訊ねると、「もういらない」とキッパリ。

子どもには“今”しかないということを痛感し、“今”に寄り添う関わりの大切さをAに教えてもらった、忘れられない出来事です。

おひさまをやりきった子どもたちは「ちょっとやそっとじゃ倒れない、よい根っこができました」と証されて卒会していきます。大人も、子どもへのまなざしや在り方を常に問われ、それに応えることの積み重ねで、子育ての根っこを育んでいくのだと思います。

娘が卒会しても子育ての問題はいろいろと尽きませんが、まあなんとかなる！とおおらかでいられるのは、おひさまで培った根っこが、今の私を支えてくれているからに違いありません。

〝大きな家族〟のようにみんなで育てる

自主保育は一人ひとりの大人が責任を持つ自主運営です。会を運営していくうえで必要な役割分担（会計、広報など）は決めていますが、代表をあえてつくらない会もあります。互いの信頼関係を築くために重要なのが、ミーティングです。ミーティングの持ち方は、会によってさまざまです[34]。ある母は、自主保育をはじめたころ、このミーティングが苦痛で仕方がなかったと語っていました。スプーンやフォークを持ってきていいことにするかどうか話し合っていたとき、どっちでもいいと思ったのでそう答えたら、「なんでどっちでもいいのか」と問われて困ったそうです。だからミーティングのたびに頭が痛くなっていたとか。でもミーティングがあるからこそ、お互いのことを知れたので、とてもよかったとも語っていました。ある母は「ケンカを止めた理由をきくと、自分との違いがはっきりする。相手と同じ基準にならなくても、この人はここまで見守れるけど、自分はここまでという違いを知っていることで安心して預けられるようになった」と話します。信頼関係をつくるには相手がいい人がどうかというより、よく知っているかが大事[35]です。別の母は、「預かる責任」と「預ける責任」の話をしてくれました。預け合いを始めた当初は他の子どもを預かることにとても緊張していたけれど、預ける側にも責任があることに気づいたそう。自主保育では何かあったとき（たとえば病院に行く必要があるけがをしたなど）には、だれかひとりを責めることはありません。お互いに預ける責任を自覚しているからです。このような濃いミーティングをしていると〝ママ友〟とは異な

34 原宿おひさまの場合は、全体会議と来年度会議があります。全体会議では今月の活動をふりかえり来月の活動予定を決め、来年度会議では来年度の活動について話し合います。

35 「プロジェクトを準備する」岡本依子『親と子の発達心理学』岡本依子・菅野幸恵編著（新曜社）24頁

る大人同士の人間関係ができます。

自主保育の母たちを見ていると、学校で同じクラスになっても同じグループにはなるとは限らないだろうなという印象を持ちます。それだけ多様な人の集まりなのです。学生を連れていくと、「この子のお母さんは誰なのかがわからない」というのですが、それはみんなでみんなの子どもを見ている、責任を持っているからだと思います。赤ちゃんのいる親が当番に入るときのために、赤ちゃん当番[36]を設けている会もありますし、赤ちゃん連れで来た場合、トイレに行ったり片付けたりといったちょっとした時間に、他の親が赤ちゃんを見ているという場面は日常的にあることです。ある家に新しい子どもが生まれるときは、産後しばらくは送り迎えやお弁当づくりが難しいだろうと、他の母が交代で担うこともあります。それも普段の助け合いの延長で、持ちつ持たれつの関係があるからでしょう。私は自主保育を〝大きな家族〟のようだと表現するのですが、それもひとりではなくみんなで育てている意識から来るものだと思います。

36 原宿おひさまの場合は子連れで当番に入ることが多いですが、非当番の親が赤ちゃんを一日（活動中）自宅に連れて帰ったり、活動場所から離れたところで預かったりする会もあります。

写真４－18　日向でミーティング

写真４－19　みんなで子育て

コラム２
母ちゃんの背中

大西由紀野（自主保育BBだん）

私にとって自主保育は『子どものため』ではありません。

我が子と共に仲間と過ごす毎日の中で、私が少しずつ親になっていくこと。子どもたちが、何を押し付けられることもなく、彼らの生まれ持ってきた力だけですくすく伸びてゆくのを見せてもらうことで、私が私の育ってきた時間に再び想いを巡らせ、ああ幼い私はあの時、本当はこう言いたかったのだとか、本当はこう思っていたんだったとかを、何十年の時を経てひとつひとつ紐解いてゆくこと。その時間を持てたおかげで、わが子が小学生になるころにやっと、いろいろ我慢して本心を隠し、頑張ってきた幼い自分を成仏させてあげられて、私もようやく大人に、親になれたような気がしています。自主保育でなかったら、ありとあらゆるいろんなものを子どもに押し付け、背負わせ、それで私は立派に親の役割を果たしているのだ、と思っていたかもしれません（嗚呼コワイ）。

では、自主保育をしたことで『子どものため』になったことがあるとしたら、それはなんでしょう。ひとつだけ思いあたるのは、「彼らは母ちゃんの背中を見て過ごしてきた」ということでしょうか。

我が子たちは、母ちゃんには仲間がいることを知っています。みんなの考えが一致しなかったら、時間をかけてお互いに納得できるところまでとことん話し合いをしていること。自分の気持ちを隠す必要がなく、一緒に笑って一緒に泣いて、悩みも喜びも共有できる人たちに母ちゃんは囲まれていること。そうやって毎日を過ごしてきた母ちゃんを見てきた彼らは、家族以外にも信じていい人がいる、自分を愛してくれる人がいる、親じゃないけど頼っていい大人がいることを、知っています。自分が大人になることや、親になるかもしれないことも、母ちゃんを見てたらなんだか楽しそうだなって、思ってくれたらいいな。

親子の間の風通しをよくする

もう少し専門的な観点からも自主保育について考えてみましょう。母親以外による子育てのことを「アロマザリング」と言います[37]。アロマザリングはさまざまな種類の動物に見られますが、とりわけチンパンジーをはじめとする霊長類によく見られるようです。ただヒト以外の霊長類のアロマザリングは、ヒトと比べると内容や頻度が限られており[38]、アロマザリングの多様さがヒトの子育ての特徴であるとも言えるでしょう。ヒトの場合は、父親や祖父母だけではなく、保育所や幼稚園、子ども園の保育者など家族以外の人も関わることが多いです。

アロマザリングは、親子の間に風通しのよさを生み出します[39]。世話をするアロマザーは母親の代替ではなく、子どもにとっては独自な意味を持つ大人であるとされます。母親以外の多様な大人と出会い、かかわりをもつことで、子どもは多様な価値観に出会うのです。ある子どもは、自分の母親が当番ではない日、これまで登ったことのない高い木に登ってみたいとその日の当番に掛け合いました。当番の親は子どもに登れる自信があるのか確かめ、チャレンジを認めます。子どもは無事登りきり、その後「お母さんが当番だったら絶対やらなかった」と言ったそうです。自分の母親がいないことだけではなく、この人だったら、きっと見守ってくれるだろうと考えたのでしょう。自分の親がいないときの方がいろいろなことにチャレンジできるというのは、自主保育の親たちには共有されている事実です。

37『ヒトの子育ての進化と文化』根ケ山光一・柏木惠子編著（有斐閣）

38「霊長類のアロマザリング」明和政子『ヒトの子育ての進化と文化』根ケ山光一・柏木惠子編著（有斐閣）

39「アロマザリングからみた保育園と守姉」根ケ山光一『心理学ワールド』62―65頁

写真４－20　他の母親に甘える

さまざまな自主保育のかたち

自主保育は、東京都渋谷区と世田谷区という都市部で始まった保育活動です。首都圏に限って調べた際（2019年時点）、自主保育を掲げる団体は約30団体ありました。自主保育が始まったきっかけは、都市部ならではの問題と向き合うためでしたが、決して首都圏だけのものとは限りません。他県では自主保育からスタートし、現在は森のようちえんとして活動している団体もあります。そこで、原宿おひさま以外の自主保育についても触れていきましょう。

海・山をフィールドにした鎌倉の自主保育

神奈川県鎌倉市には7つの自主保育団体があります。その元祖が「青空自主保育なかよし会（以下なかよし会）」です。青空自主保育とは青空の下、自然の中で子育てをすることを指す「青空保育」と「自主保育」の2つを合わせた言葉です。なかよし会は1985年に保育者の相川明子さんがはじめられました。その保育の様子は『さぁ　のはらへいこう』[40]という映画にもなっています。その他の6つの団体は、何らかの形でなかよし会にかかわっています。そのなかのひとつ、青空自主保育でんでんむし（以下でんでんむし）を紹介しましょう。

でんでんむしは、2002年に4人の母たちが動いたことからスタートしました。母たちだけで試行錯誤しながら進めていたところに、なかよし会で自身の子どもを育てた経験のある保

40 桐野直子監督、2011年。その他相川さんの著書『土の匂いの子』（コモンズ）でもなかよし会の様子が紹介されています。

写真4－21　海でもマイペース

写真4－22　波が来た

育者の馬場由利枝さん（P79コラム）にめぐり合い、活動が本格化します。

その後、同じくなかよし会で子どもを育てた2名の保育者が参画。2022年4月現在は、2歳から就学前までの25名が「小川組」「里組」「山組」の3クラスに分かれて活動していました。活動は保育者のお任せではなく、親も当番に交代で入り、会の運営を担うスタイル。保育者と親がともに「子ども一人ひとりがその子らしくいられるところ」を目指して歩んできました。

でんでんむしの活動拠点は、広町緑地[41]という都市緑地。夏は海でも活動します。鎌倉ならではの里山と海があるフィールドのなかで、子どもたちの遊びをダイナミックに展開。週1回は、3クラス合同の畑活動があります。誰の親でもない保育者がいると、子どもを見る目がもうひとつ増えることにもつながります。それは、子どもにとっても親にとっても重要です。また、会が目指す姿を親だけでなく保育者も共有することで、メンバーが変わっても大事にしたいことが確実に受け継がれていくという良さもあるのではないでしょうか。

写真4－23　今日はどこに行こうか

41 鎌倉市の南西部・腰越地域に位置する都市林（主として動植物の生息地または生育地である樹林地等の保護を目的とする都市公園）。谷戸と尾根が織りなす美しい景観の緑地内には、田んぼや小川があり、オタマジャクシやドジョウ、ヤゴ、ホタルの幼虫もいます。この地では1970年ころ、住宅開発が進められようとしましたが、市民の反対運動が鎌倉市を動かし、市が買い取りました。その後市民のボランティアグループによって里山の風景が再生されています。

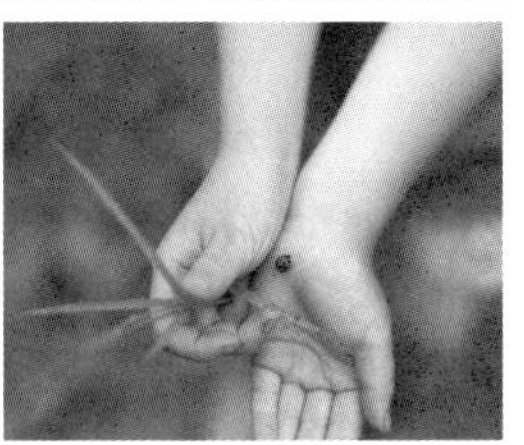

写真4－24　ほら見て

写真4－25　待って一

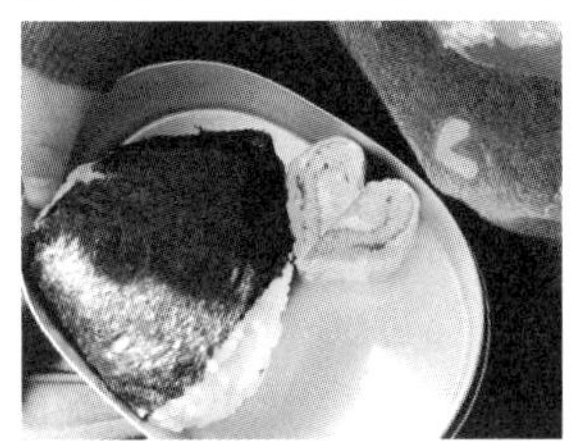

写真4－26　お弁当はおむすびとおかずひとつで。

コラム3
自主保育の醍醐味

馬場中利枝
（青空自主保育でんでんむしで20年保育者を務めた。
2023年４月より湘南・海のようちえんスイミーズ代表）

ある暑い夏、子どもたちが収穫したキュウリを、湧き水で冷やしていました。「キュウリ切りたい！」「わたしも！」包丁を用意するとかわるがわる切り始めます。パラパラと塩をふり、ギュギュと揉んだらでき上がりです。食べたい子が一列に並びました。なんと！そこに野菜大大大嫌いのゲンが並んでいます。野菜を見るのも嫌。野菜の話をすると逃げて行ってしまうゲンがです。「すごい！キュウリ食べたんだ！？」と言うと「食べてみたけど、べーしちゃった」と恥ずかしそうに言います。「でもチャレンジしたんだから偉いよ！」と言うとてれくさそうです。その様子を見ていた子どもたちも、話を聞いた母たちもビックリしていました。

ゲンの成長はその後も続きます。

畑で収穫した小さなジャガイモがまだあるので、子ども会議(*)で聞いてみました。ビックリすることに、ゲンがいの一番に手をあげました。「フライドポテトにする！」みんなは大賛成。「マックみたいに長いのが良いよ ね！」とイメージが膨らみます。しかし、ピンポン玉くらいのジャガイモを長いフライドポテトにできるのだろうか？と私は悩んでしまいました。小さく切ることで手を切るこどもが続出するのではないかと心配になったのです。しかし、思い出して見れば、お泊まり会のカレー作りでとても細かく切っていた子どもたちがいました。けっこう得意かも！と思い、「どう切れば良い？」と聞くと、ハックが絵に描いて説明します。「まず両方の端を切って、横に切って、、」なるほど！とみんなは頷きます。みんなは本気です。そして１学期の最終日に作って食べることになりました。

当日は朝から包丁で黙々とジャガイモを切る子どもたち。凄い集中力です。細長く揃ってはいませんが、予想通り小さく切るのが上手です。母たちに託すと、美味しくなるからと二度揚げをしてくれました。美味しい！美味しい！と何度もおかわりする子どもたちの顔は、自信と喜びでキラキラしています。ゲンもちょっとだけ食べました。そして最後に子どもたちのお手製梅ジュースで乾杯。最高に幸せな瞬間です。野菜大大大嫌いなゲンが「作りたい」と言った姿にみんなの心が動きました。そしてみんなで作りたのしい、おいしい、うれしいがあふれます。そんな子どもの姿に感動できる母たちがいます。これこそ自主保育の醍醐味だと思いました。

＊子ども会議について
きっかけは、10年程前、お泊まり会に必要な持ち物について、子どもたちと一緒に確認し合った事でした。普段は自然の中で自由に遊ぶ子どもたちですが、このように発言の場を設けるとその子なりの考えを持っていることがわかりました。普段とは異なる意外な一面が見られ、とても新鮮でした。現在は、提案が有ると子ども会議を開き話し合っています。

コラム４
まあるいわっか

吉田奈々（２人の子どもを青空自主保育でんでんむしで育てた）

息子の最終学年。クラスで「子ども会議」という試みが始まりました。

子ども会議の中で「みんなで海でまんまるの月と星が見たい」という声が上がりました。普段は里山を拠点に活動していますが、蜂の活動期は海がメインの活動場所として日々過ごしています。

親と保育者の会議で、いつの満月が良いか、満月の日程、その日の日没時刻を調べ、保育者はどこから月が上がってくるか方角を調べ、また子ども会議で子どもへ伝えます。親から出た子どもたちへの質問は「夜だからきょうだいも一緒に来ていいの？」と「月を見るなら、お団子を作るのはどう？」でした。子どもたちからのOKをもらうと、親たちはお団子のレシピをシェアし、持ち物を分担し合います。

満月当日。日中の活動の締めに、各自持ち寄った道具と材料でお団子を丸めました。普段であれば、活動終了後はそれぞれ遊びたい時間までそのまま過ごしていることが多いですが、今日はまた集まるので皆一度帰宅。家に帰っても、息子は「今日はまだ終わってないんだよね」とワクワクしているようです。

日没後、海へ再集合！小学生のきょうだいたちも集まり、いつもより大きな輪になりました。

日中の活動中に子どもたちが摘んできた秋のお花を飾り、素敵なお盆にお団子が供えられます。お団子が砂浜に埋まらないように親たちも必死で守りました。お団子がみんなのお腹に収められた頃、朧げで大きな色の濃い月が子どもたちを照らしています。見上げた大人たちは自然とみんな笑顔になりました。当の企画者の子どもたちは、真っ暗闇の花一（いち）匁（もんめ）を楽しんでいました。

子どもから出た想いを実現化するために、保育者が言語化するサポートをし、親がそれを形にするためのバックアップをする。この一連の作業が流れるようにできることも、最終学年までの活動の積み重ねと、自分たちも保育を作っていくという親の当事者意識、自主保育の活動の自由度の高さだと思います。

自主保育のコミュニティにおいて、真ん中にいるのは子どもたちです。いろんな種をもつ子どもたちを尊重してくれる保育者が子どもたちを包み、そこを外側から親たちが支えている。決してピラミッドの関係ではなく、丸い輪のような関係性であると思っています。そのあたたかな関係性のなかで時間を過ごす子どもたちは、ふかふかに耕された心に深い根を張ることができたでしょう。その時間を一番近くの外側から共有できたことが、私の子育ての土壌となりました。

手づくりケーキ

同じ志をもつ仲間とつながる川崎の自主保育、ちいくれん

神奈川県川崎市も自主保育が盛んな地域です。1980年に市内最初の自主保育が立ち上がったのち、北部を中心にいくつものグループができました。1990年にはグループ同士の交流と情報交換を目的とした「地域で子育てを考えよう連絡会」(ちいくれん)が発足。定例会とニュースレターの発行をはじめました。ちいくれんには2022年現在、7つの自主保育グループと7つの外遊びグループが属しています。合同で運動会やお泊り会を行ったり、学年別の合同保育をしたりと、幅広い交流が特徴です。川崎市では、自主保育が就学前の子どもの居場所であり、子育ての場として認められており、地域子育て自主グループ支援事業補助金という支援制度も活用できます[42]。

しんぽれん

地域を超えた自主保育のネットワークもあります。新しい保育を考える会(しんぽれん)です。しんぽれんは、1980年に発足。主に月1回の定例会とニュースレターの発行を担っています。一時期は20を超える団体が加盟し、川崎や千葉から参加する団体もありました。2022年現在は、東京都世田谷区を中心とした5つの団体が活動しています。

42 要件を満たしたグループに、年額20000円、3―5歳1人につき年額2000円の補助(上限80000円)が出ます。東京都世田谷区の自主保育団体助成では、1団体につき15万円と1人につき15000円の補助が出ます。自主保育への助成を行っている自治体は多くありません。金額ではなく、行政がその存在を認めていることが重要です。

自主保育で育った子どもたち

授業で自主保育の話をすると、学生から「自主保育で育った子どもたちはどう感じているのか知りたい」というコメントが必ずあります。そこで、本書を執筆するこの機会に子どもの声を聞いてみようと思い立ち、自主保育を卒会した子どもと親を対象にしたアンケート調査[43]を実施しました。かつて自主保育に通った180名の子ども（現在の年齢は8歳から47歳まで）と173名の親から回答をいただいています。以下「」内は自由記述の回答内容、（）はアンケート回答時の年齢です。

まず、自主保育のことをおぼえているかどうかですが、「よくおぼえている」「すこしおぼえている」を合わせると、98・9％でした。次に自主保育に行ってよかったことを尋ねると「自分にとっては自主保育が普通だったからわからない」というもっともな回答もありましたが、ほとんどがよかったことを挙げています（表4―2）。最も多く挙げられていたのは「自然とのふれあい」でした。自然豊かな鎌倉の自主保育に限らず、渋谷や世田谷の自主保育出身者も自然とのふれあいを挙げる人が多かったです。森のようちえんと異なり、自主保育は「自然」を前面に出しているわけではありませんが、野外での活動が多いことから虫や爬虫類、植物が遊びの環境として身近にあったということでしょう。

続いて、「友だちとの出会い」。単に友だちができたというだけではなく、異年齢のかかわりや卒会後も続く関係が挙げられており、友だちつきあいの幅と深さが伺えます。「ケンカした

43 アンケートはGoogleformで作成し、渋谷、世田谷、川崎、鎌倉の現役自主保育の方を通じて周知をお願いしました。子どもは自分でアンケートに答えられる年齢として小3以上とし、親は子どもを1人でも卒会させた親としました。実施期間は2022年9月から10月です。ここでは結果のすべてを紹介することは難しいので、noteなどでも紹介していきたいと思います。

写真4－27　虫見っけ

写真4－28　おみせやさん

けど、みんなで楽しく遊んだ（9歳）」という回答が示すように、深い関係ができるのもケンカなど本音のつきあいをしていたからでしょう。「ケンカなどをしたから、相手の気持ちを考えることや、コミュニケーションの力がついた（12歳）」「友達とケンカをすることも多くその度に大泣きしていたが、保護者が無理やり止めに来ることはなかったので、自分たちで解決する能力を習得できた（14歳）」といった、濃い関係でのつきあいが自らの成長につながったとする回答もありました。

「自由」という言葉も多く見られます。「自分のしたい事をとにかく自由に出来るから、自主的に何をするか考えて、遊んでいた（21歳）」。つまり、思う存分「子どもの実力を発揮できる場所だった（12歳）」ということでしょう。16歳の高校生はこんな言葉を寄せてくれました。「自分で考えて自分で決めることが小さな頃から当たり前でした。自主保育はいつでも、何をしてもいい。何にもしなくてもいい。そんな環境です。自分が何をしたいかを尊重し

表4－2　自主保育についてのアンケート結果：
Q自主保育に行ってよかったと思うことはありますか？あるとしたらどんなことですか？多かった回答。

内容	回答例（　）内は現在の年齢	言及数
自然とのふれあい	山や海の事をたくさん知れて楽しかった（8） 生き物や植物とふれあえて、知らなかったことがたくさん分かった（10） 虫やとかげなどいろいろ触れて、別に好きではないけれどよく知ってる（12）	46
友だちつきあい	友達がいっぱいできた（8） たくさんの年齢を超えた友達が出来た（10） 同級生がいなくても違う学年と同じ立場で遊んだり喧嘩したりできた（15） 今でも仲良く遊べる友達ができてよかった 大きくなっても仲良い友達ができた（28）	36
自由だった	好きなことができたこと。いつお弁当を食べてもよかったこと（10） 自由に遊べるから、のびのび出来た（12） 時間に縛られないでのびのび遊べた（14） 自分のしたい事をとにかく自由に出来た（21）	30
幼稚園や保育所との比較	普通の保育園と違って山をいっぱい歩けたこと（16） 保育園みたいにたくさんの決まり事や強制的な勉強などがなくて良かった（19） 地域のコミュニティや活動範囲が、幼稚園や保育園に行っていた人よりも広かった（23）	20
体力・運動神経	体力がついた気がする（11）	19

てくれます。そのおかげで創造力が豊かになりました。やりたいと思った時の行動力も身についたと思います」。周囲から漏れ聞く幼稚園や保育所との比較や、体力がついた、運動神経がよくなったという体力面を挙げる回答もみられます。表には載せませんでしたが、「友達の親と一緒に遊ぶというのも他では経験できないこと（16歳）」のように、自分の親以外の大人とのかかわりを挙げた声も少なからずありました。

「学校」に入った後の子どもたち

小学校に入って困ったことはあったか。この質問も、授業で必ず出る質問のひとつです。「自由にしていたら小学校に入ってから困るのでは？」という、自由が当たり前ではなかった人たちの感想から来るものだと思います。困ったことが「あった」としたのは半数の子どもでした（50・3％）。表4―3を見てみると、多かったのは「友だちがいなかった」というものです。そもそもの絶対数が少ないため、同じ自主保育から同じ小学校に上がる子どもは自分だけ、ということも少なくありません。新しい環境で知り合いもいなければ不安になるのも当たり前です。「入学の時点で友だちがひとりもいなかった。ただ、すぐ友だちができたから、そこまで困りはしなかった（33歳）」というように不安な状況は長くは続きません。しかも、次の方のように、そのような状況にワクワクするケースもあるので[44]、周囲が必要以上にやきもきする必要はないと思います。「他の友だちは同じ保育園、同じ幼稚園の友だちがクラスにいましたが、私はクラス全員がはじめましてだったので、ワクワク半分不安半分だったのを覚えています

写真4－29　風がくる

写真4－30　同じポーズしてみる

44「困ったことはなかった」と答えた人のなかにはそのような人もいるのではないかと推察します。

（24歳）」

次に多かったのは、「学習面」についての回答です。これは自主保育に限らず、遊び中心の保育をしている幼稚園や保育所でも、同様の傾向があると思います。ただ、読み書きやそろばんといった教えられるものは小学校に入ってからで十分間に合うでしょう。むしろ幼児期は、自然や人とのかかわりなどを通して育まれる生きる力や、教えられない知恵を自ら身につけるほうが重要です。

「自主保育を説明するのに困った、面倒くさかった」というのは、大人の対応で何とかなるものだと思います。子どもからすると自主保育が当たり前なのですから。「小学校に入った後、周りの子と幼稚園の話になった時に、はじめて自分が行っていた所がみんなとは少し違うところなのだということを知った（20歳）」という回答もありました。ある人は「小学生や中学生の頃は、普通では無いことに恥ずかしさを感じていた記憶があります。ただ同時に特別感みたいな事も感じていました（41歳）」と述べています。知り合いのある子どもは「自主保育って何？」と聞かれるのが面倒で、「自分で調べて！」と答えていたそうです。

友だちつきあいや、文化の違いは、社会で生きていく際には必

表4－3　小学校に入って困ったこと

内容	回答例（　）内は現在の年齢	言及数
友だち（知り合い）がいなかったこと	同じ自主保育の友だちが、同じ小学校に全然いないこと（8） みんなは大きい保育園や幼稚園から来ていて友達が最初からいたが、同じ学校に上がった人が少なかったので、友達が最初はいなかったこと（14）	23
学習面	字が書けなかった（12） 計算ができなかったこと（12）	17
“自主保育”を説明すること	「幼稚園どこ？」と聞かれたときに困った。「自主保育」と答えて皆不思議そうだった（14） 幼稚園保育園どこだったという話になると面倒くさかった（17）	12
友だちつきあい	小学校に上がってから、周りとの温度差や空気感が全く違って、クラスメイトとの距離感が全く掴めず苦労したこと（22）	10
価値観、文化の違い	木登り禁止だったり危ないことダメだったり草を食べたらダメだったり（16）	10

ず直面すること。そもそも「学校」という場所は、幼児期をどこで過ごそうとほとんどの子どもにとってそれまで過ごしていた場所と、多くの点で異なっています[45]。学校という新しい文化になじむのに、時間がかかるのは当たり前です[46]。小学校に入ったら否応でも「周りと同じように」という圧力がかかりますから、むしろそれまでの間はそんな圧力と無縁で自分を育ててほしいと思います。

今の自分をつくってくれた

最後に、自主保育を経験して大人になった人の声を紹介します。「集団や空気に合わせるということを第一としない感性が身に付いた。もちろんそれは誰かに迷惑をかけていいという訳ではないけど、1日に何をするのか決められていない。ある種自分たちで考えて遊ばないと楽しめない環境のおかげで、自分で考えて行動に移すということを無意識に行えるようになっていると思う。世間の普通を刷り込まれなかったことはとても良かった（27歳）」「自主保育で基本的な人間形成がされたと言っても過言ではないと思います。友だちと毎日遊びを通して学んだり、泊まりに行ったり、ケンカしたり、ご飯作ったり、とにかく衣食住を一緒に体験しました。そして、周りには自分の親以外の大人もいて、遊んだり怒られたり、親同士が仲良くしているのをみたり。幼少期から、勉強机を並べてではなく、自然の中で、自然体で、身を持って体験しながら一緒に学び、喜び、怒られ、いろいろな気持ちになりながら毎日過ごした経験が、今の自分を作っているのだと思ってます（34歳）」「主体性を最大限に尊重されて育ったと思い

---

45 日本の小学校の場合、一般的にクラスでは自分の席が与えられ、授業の間はその席に座って教師の話を聞かなければなりません。時間割によって1日の時間が区切られ、チャイムの合図をもとに、行動を切り替えることが求められます。

46 小学校新入学児が「学習に集中できない、教員の話が聞けず、授業が成立しない等」の状態は「小1プロブレム」として認識されていますが、幼児期の遊び体験の少なさが要因のひとつとしてあると言われています。文部科学省は幼保小のスムーズな接続を目指して「幼児教育スタートプラン」というものを打ち出していますが、就学前教育に小学校教育を前倒ししても問題は解消しないのではないかと危惧しています。

ます。『危ない』『汚れる』と止められたことはなく、自分のやりたい遊びを思いっきり遊べた。『幼少期に、こういう遊びをしたかった』という後悔は全くない。また、性別や年齢の壁も一切なく、平等に遊べた。男の子が立っておしっこしてたら、女の子もやってみたり。そういう自然な遊びの中で、男女の違いなども知れたと思う（39歳）」。

親も一緒に育つ

次に、親たちの声を紹介します。まず「自主保育をどのように知ったのか」についてです。昔からの友人、ママ友、近所の人から聞いたなどの「人づて」と、役所や公園などに貼られたり置かれていたりした「チラシ・ポスター」が半数以上を占めます〈表4—4〉。次に多かったのが、「公園などで遭遇した」というもの。「たまたま行った公園で子どもと遊んでいたら声をかけられた」という回答もあれば、「公園に行ったとき目の力の強い子供たちの集団を見かけ、どこの子どもたちなのだろう、あのように我が子も育てたいと思い、調べた」という回答もありました。インターネットや本・雑誌からという回答は一定数あるものの、子育て支援センターや児童館、保健センターのスタッフから聞いたなど、身近な人・場所からの情報で知ったという人が多いようです。その他に入れてしまいましたが、「自身が自主保育育ち」という2世代自主保育の方もおられました。

続いて「子どもを自主保育で育ててよかったと思うこと」について紹介します。多いものを挙げてみると「（自分にも子どもにも）仲間ができた」「自分の子どもだけでなく他の子どもの

写真4－31　芝生でゴロゴロ

育ちが見られた」「子どものことをよく理解できた」「子育てが楽になった」「自分自身の成長につながった」などです。「仲間」については、「子どもを見守り合う中で、家族ぐるみの生涯の友人ができたこと」というように、子どもにも親にも卒会後も長く続く関係性ができたことがわかります。他の子どもの育ちをみられたことを挙げた回答も多かったです。「我が子だけでなく、いろんな個性の子どもたちと深く関わりながら、他の親たちと成長を喜びながら子育てすることができた」という声もありました。

仲間と子どもを育てると、自分の子どもを見る目も変わってきます。「〝我が子〟という親の視点だけでなく、他の大人の視点で〝ひとりの子ども〟として見てもらえたことで様々な気づきがあった」という声は、客観的に子どもを見る視点が身に付いた証拠でしょう。ただその気づきはいいところばかりではありません。「うちの子に限ってというよりは、うちの子ならやるかもと思えるようになったり、我が子の良い所も嫌な所も見れた」という声もありました。ひとりで子どもを育てているのではなく、みんなで育てているという感覚があるからこそ、冷静に我が子のことも見られるようになるのです。いろんな子どものいろんな側面をみることで「子どもとはどんな生き物かを自分の目で知れた」と思えるのでしょう。そうやって子どもを育てていると「楽になる」と感じられ、「やり遂げた自信が自分を支えている」などと、親自身の成長の実感にもつながるのだと思います。

表４－４　自主保育をどのように知ったか

人づて	46
ちらし・ポスター	43
公園などで遭遇	19
本・雑誌	15
インターネット	10
子育て支援センター、市民館	10
プレーパーク	8

地域につながり続ける

自主保育を卒会した母のなかには、地域での外遊び活動や、子育て支援、五章で紹介する冒険遊び場に関わる人も少なくありません。今回のアンケートでも、卒会後に子どもや地域に関わるボランティアや仕事をしたことがあるかを尋ねましたところ、8割以上が「ある」[47]と答えています。活動内容は読み聞かせボランティア、子育て支援活動、学童保育や児童館、フリースクールなど多岐にわたります〈表4―5〉。最も多かったのは冒険遊び場（プレーパーク）です。五章で紹介する東京都渋谷区の「渋谷はるのおがわプレーパーク」も自主保育出身の母たちによってつくられました。その他にもフリースクールや、地域活性化のためのNPO法人を立ち上げたなど、新しい活動を始めたという方もいましたし、複数の活動を挙げている方も多く、地域でエネルギッシュに活動されていることが伺えます。

東京都世田谷区で自主保育をはじめたコミュニティ・デザイナーの矢郷恵子さんも、そのひとりです[48]。羽根木公園で活動していたところ、子どもたちの動きが活発になると、管理者とのトラブルが出始めて、対応を考えていた矢先に冒険遊び場「羽根木プレーパーク」に出会います。活動してみるとプレーパークのよさを実感し活動拠点とするようになり、羽根木プレーパークには、その後世話人として運営に携わ

47 そのうちPTAのみを除いても8割以上が何らかの地域活動をされていました。

48 以下『冒険遊び場がやってきた』羽根木プレーパークの会編（晶文社）167―172頁、天然生活 2月号（発売日2008年12月20日）を参考に記述

表4－5　卒会後に関わった地域活動（複数回答）

活動	人数
プレーパーク	25
読み聞かせ活動	14
子育て支援センター	14
ファミリーサポート	11
保育所	10
自然体験活動	9
フリースクール	5
放課後見守り	5
学童	4

PTA（9）は除いた。

るようになりました。そのなかで矢郷さんは、地域で生活する人々の生の声を反映することがいい街づくりにつながるのではという思いから、主婦の自転車事情を調べ『ママチャリ街を行く』と銘打ったニュースレターを自転車メーカーに送ることをはじめます。そのうちに、メーカーから、女性向けの自転車開発に協力してほしいという依頼がくるまでに認知度がアップ。その後有限会社「毎日の生活研究所」を設立し、企業や行政との地域開発や女性起業家のネットワークづくりや、乳幼児のための外遊び事業などを展開するようになりました[49]。

ちなみに、預け合いが基本の自主保育は、フルタイムの仕事を持っている場合には参加が難しいのが現状[50]です。授業で紹介するとその点に関する質問が必ずあります。働いている親を排除しているのではないかというのです。自主保育で子どもを育てている親のなかには、「子どもと一緒にいられるのは今しかないから」とあえて仕事を辞めた人もいます。今は「女性の活躍」という名のもとに、子どもを預けて働くことが推奨されているかのような社会の雰囲気[51]がありますが、働きたい人、子どもと一緒にいたい人それぞれが社会のプレッシャーを感じずに自分の生きたい道を選べるようになればいいのではないでしょうか。また働き方もいろいろです。矢郷さんはインタビューのなかで、消費社会への違和感から、会社を立ち上げたと語っていました[52]。自主保育を終えた親たちのさまざまな活動も、サービスを提供する側とお客さん側という図式の〝消費社会〟的価値観とは反対の価値観に根づいているのではないかと思います。

49 母たちの声を『なんでこんなに遠慮しなきゃならないの』（新読書社）にまとめています。

50 自主保育によって異なりますが、パートタイムやフリーランスで仕事をしている人はいます。

51 少し前は小さい子どもを預けて働くことはよくないという風潮があったのは忘れられたかのようです。女性が振り回されているように思えてなりません。

52 『天然生活』２０１８年12月号76—79頁

子どもと親それぞれにとっての自主保育

改めて自主保育による「子育ち」と「子育て」について考えてみます。子どもにとって自主保育で育つことは、どんな意味があるのでしょうか。アンケートでは、自然と触れ合いながら、友だちとの濃い関係を築き、自由に遊ぶことができる場であることが見えてきました。ここではさらに、いろんな大人に出会えることを加えておきます。大人を○○ちゃんのママ、とか、○○ちゃんのお母さん、ではなくて、○○さんと名前で呼ぶことは、人間同士の付き合いになります。自分をひとりの人として見てくれるし、大人のこともそう見ることができます。普段学生と関わっていると、親と先生以外の大人に出会ってきていない人達がとても多いと感じます。親以外の人に怒られたことがないのです。学生にきくと、『そんなことがあるんですか？親以外の人に怒られるなんて事、ありえない！』と言う人がいて、こちらが驚きます[53]。

先に紹介したエピソードのように、お母さんはダメって言うけど、○○さんはイイと言う。だから、「お母さんがしてくれないことは、この人にしてもらおう！」というように子どもが大人を選ぶことができる。世の中は白黒はっきりつかないことが多いですよね。だからこそ多様な価値観に幼児期から出会うことで、そのような社会を生き抜くしなやかなこころが育つのではないでしょうか。また幼少期を一緒に過ごした大人との関係は卒会後も続きます。ある子どもは小学校に入って友だち関係でうまくいかなくなったとき、自主保育時代に一緒に過ごしていたある親に手紙を書いたそうです。自分の親には話せないというのではなく、「自分の悩

53 3章で紹介した木下らの調査では、外で遊んでいて、近所の人から怒られた経験があるかを尋ねています。30代以上では半数以上が「あった」としていますが、20代では「なかった」が半数以上を占めています。

みについて、あの人だったらどう答えてくれるかな？」と考えたのではないかと思います。

では、親にとってはどうでしょうか。アンケートにも見られたように、何よりも一緒に子どもを育てる仲間ができるのが大きいですが、自分の子を他の人の視点で見られるよさも見逃せません。自分では気づきにくい我が子の個性や成長を知る喜びもあるでしょう。そのことで親子の関係が密になり過ぎず、ほどよい距離感ができるので、子どもの自立や親の子離れに役立っていると思います。

みんなで子どもの育ちを見守る自主保育のスタイルは、当番に入ったりミーティングを重ねたりするので、体力的にも精神的にも大変なことも多いです。アンケートにも「しんどかったけど、やってよかった」という声が複数ありました。それでも子育ての喜びや苦しさを分かち合い、時に助け合いながら、活動を継続していくことで、親自身が鍛えられ、それが子育ての礎となります。自主保育の説明会や見学に来た人に対し、自主保育の親たちは「やってみないとわからない」と話すことがあるのですが、それは「やってきた」という自負から出る言葉なのではないかと思います[54]。

54 自主保育で子どもを育てた母、育った子どもの声をまとめた動画があります。製作は『さとにきたらええやん』『ゆめパのじかん』を撮られた重江良樹監督です。『先生も園舎も時間割もない　それでも自主保育が選ばれる理由』左記のＱＲコードから。

《実践編》5章

地域のなかで育つ、育てる
―冒険遊び場（プレーパーク）の可能性

菅野幸恵

禁止事項のない公園？

写真5―1を見てください。2章で紹介した禁止事項が書き並べられている公園の看板とは、ずいぶん違うことがわかるでしょう。この看板があるのがプレーパーク、冒険遊び場[1]です。一歩足を踏み入れると、一般的な公園とはだいぶ違うことがわかります。地面は土がむき出しで、でこぼこしていますね。児童公園にあるような遊具は見当たらず、手作り感あふれる小屋のような建造物が目に入ります。地面に水を撒いて泥水たまりをつくり、バシャバシャと水飛沫をあげたり、お風呂のようにつかったりしている子、ノコギリで板をギコギコ切ったりクギを打って何やらつくっている子もいます。お昼近くになると焚火がはじまり、ラーメンをつくる匂いが漂ってきました。この公園には禁止事項はありません。看板にあるように「自分の責任で自由に遊ぶ」公園です[2]。特定非営利活動法人日本冒険遊び場づくり協会（以下冒険遊び場づくり協会）は冒険遊び場を次のように定義しています。

冒険遊び場は、すべての子どもが自由に遊ぶことを保障する場所であり、子どもは遊ぶことで自ら育つという認識のもと、子どもと地域と共につくり続けていく、屋外の遊び場である[3]。

「子どもにとって遊びは生きることそのもの」という考え方のもと、子どもが自由に遊ぶ、つまり子どもの「やってみたい」に気の済むまでチャレンジすることのできる場所を保証しています。自由に遊ぶためには「事故は自分の責任」という考えが基本です。通常の公園で禁止事項が多くなるのは、何かあると公園の管理責任者の責任が問われるからですが、ここではそ

1 両者はあまり区別しないで用いられていますが、冒険遊び場がより包括的な名称です。プレーパークは公共の場である公園のなかにつくられた冒険遊び場です。

2 多くの冒険遊び場に掲げられている「自分の責任で自由に遊ぶ」ことをうたった看板は、羽根木プレーパークで起こった骨折事故がきっかけでつくられました。看板設置の目的は行政への苦情軽減対策、支援者の獲得がありましたが、一番大きく長期的なものとしては責任転嫁風潮の蔓延を食い止めることにありました。看板は大人に向けられたメッセージなのです。

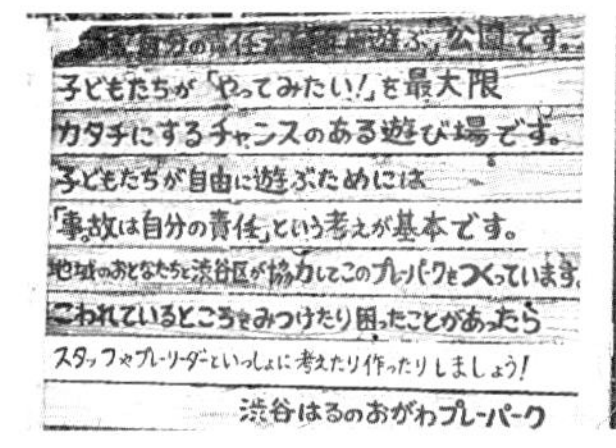

写真5－1　ここは自分の責任で自由に遊ぶ公園です

の責任を誰かひとりに押し付けるのではなく、互いに持ち合おうという考え方があります。

そして、冒険遊び場のもうひとつの大きな特徴は、住民主体による地域のつながりで営まれているということ。たとえ公設であったとしても、その多くがＮＰＯ法人や地域団体などの民間が運営しています。天野秀昭さんは、「地域住民の運営だからこそ、禁止事項を廃することができる」[4]と言っています。

冒険遊び場のはじまり

さて、冒険遊び場はどのようにしてできたのでしょうか。世界で最初の冒険遊び場は、第二次世界大戦のさなか、１９４３年にデンマークのコペンハーゲン市郊外につくられた「エンドラップ廃材遊び場」です。この遊び場を計画したのは、デンマークの造園家であるソーレンセン。彼は整備された遊び場よりも、大人からすると危ないと思うようなガラクタのころがっている空き地や資材置き場に注目しました。そこでは子どもたちがイキイキと遊んでいることに気づいて、廃材を集め、それらを自由に使える遊び場を作ることを提案します。

冒険遊び場が世界に広がるきっかけをつくったのは、イギリスの造園家アレン卿夫人[5]です。第二次世界大戦後の１９４５年にエンドラップ廃材遊び場を訪れたアレン卿夫人は、この取り組みに大いに共感し、イギリスに戻ってから熱心にその必要性を訴え、１９４８年にロンドンで冒険遊び場が誕生しました。イギリスで住民を巻き込んだ展開を見せた冒険遊び場は、その後ヨーロッパを中心に世界へ広がっていきます[6]。

写真５－２　はるのおがわプレーパーク

3 https://bouken-asobiba.org/play/about.html

4 りんごの木夏季セミナー（２０１３年）講演「あそびはほんとうに〝必要〟なの？」

写真５－３　どろんこ楽しい！

5 造園家・福祉活動家（１８９７—１９７６）

日本の冒険遊び場のはじまり[7]

日本に冒険遊び場を紹介したのは、建築家で都市計画が専門の大村虔一、大村璋子夫妻です。自分たちの子どもが外で遊ばないことへの違和感から子どもの遊び環境に疑問をもった夫妻は、アレン卿夫人が書いた本に出会います。本の中にあったイギリスの冒険遊び場を中心とした子どもの遊び場を支える地域の取り組みが紹介されている内容に「日本の子どもたちにも必要だ」と直感的に思い、その本を翻訳。1973年に『都市の遊び場』（鹿島出版会）として出版します。その後ヨーロッパに視察に出かけた夫妻は、冒険遊び場の様子をスライドに収め、帰国後自宅のあった東京都世田谷区を中心に上映会を開催。子どもたちが泥んこになり、小屋を建てたりする姿は、屋内中心の我が子の遊びの実態に疑問をもっていた地域住民を刺激し、「自分たちでもつくってみよう」という輪が生まれました。そこから「遊ぼう会」という住民組織がつくられ、「子ども天国」という活動につながります。「子ども天国」は世田谷区経堂で1975年と76年に夏休み限定で開催されました。その後「遊ぼう会」のメンバーは、期間限定ではなく通年で開催できる遊び場づくりを検討します。それが形になったのが、「桜丘冒険遊び場」で、1977年7月から1978年9月まで開催されました。「子ども天国」と「桜丘冒険遊び場」は、「遊ぼう会」が運営。遊ぼう会は従来の住民運動とは異なる、自由参加で主体的な活動を目指しており、遊び心あふれる組織の名前にもそのスピリットが現れています〈図5—1〉。住宅街の中にあった桜丘冒険遊び場には、生き生きと遊ぶ子どもたちの姿が見ら

6 1961年にはヨーロッパで子どもの遊び場づくりを進めていた人たちを中心に「子どもの遊ぶ権利」の実現を目指してIPA（International Playground Association）が設立されました。その後UNESCO、ECOSOC、UNICEFに諮問組織として認定されています。

7 羽根木プレーパークができるまでの経緯は以下の文献を参考にまとめました。当時の運営の方法や行政と住民との協働の難しさなども詳細に記述されています。『冒険遊び場づくり物語』NPO法人プレーパークせたがや（やなぎ堂）、『協働—それは誰かの力になるために行うこと』天野秀昭『都市公園』194号『遊びの力』大村璋子編著（萌文堂）『冒険遊び場がやってきた』羽根木プレーパークの会編（晶文社）
なお、日本で最初の冒険遊び場は1974年8—10月に佐賀県唐津市の青年会議所が行った「冒険村」だと言われます。

れる一方で、苦情も寄せられました。ちなみに「子ども天国」にも苦情は寄せられていましたが、夏休みだけの期間限定ということもあり、単発的な苦情に対処することで切り抜けていました。ただ、継続的な開催となると、苦情の積み重ねに運営側の気持ちも落ち込んでいきます。そして、自分たちだけで運営していくことは難しいと遊び場を閉じることになるのです。

やむなく幕を閉じた冒険遊び場ですが、１９７９年に新たな展開を見せます。国連が定めた「国際児童年」であったこの年、世田谷区は記念事業に頭を悩ませていました。そこに「遊ぼう会」が名乗りを上げ、当時の区職員の尽力もあって、国際児童年の記念事業のひとつとして、羽根木公園の一角で「羽根木プレーパーク」が開設されることに。子ども天国や桜丘冒険遊び場の場合は、区は場所を貸すだけで、運営は住民が独自に行っていました。対して、羽根木プレーパークは、公設の冒険遊び場を住民が運営するという独自のスタイル。当時、全国的にも例の少ない行政と住民の協働事業としてはじまったのです。

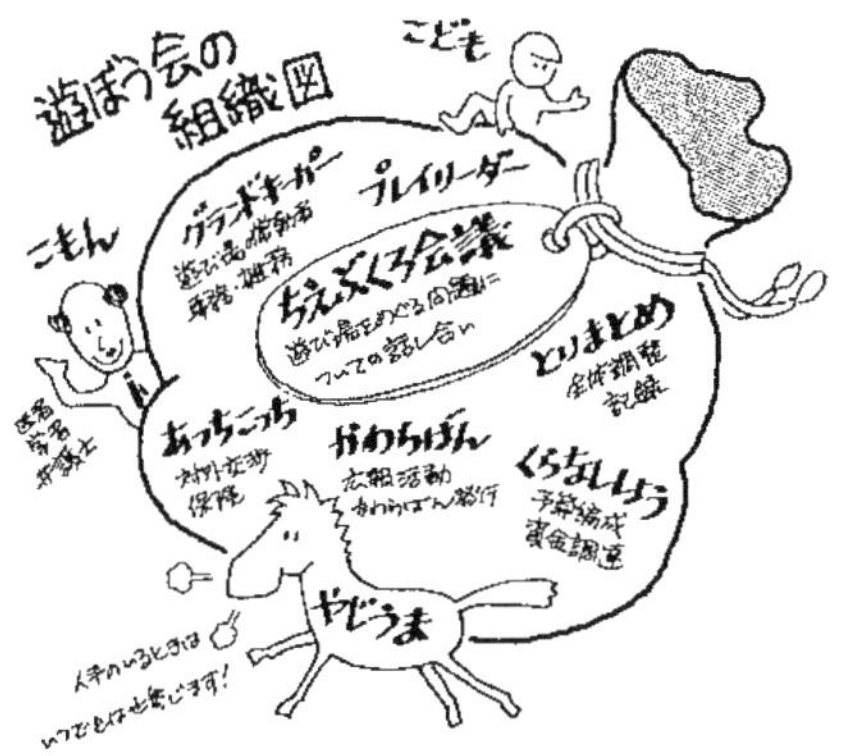

図５－１　遊ぼう会の組織図
（出典：『冒険遊び場がやってきた』羽根木プレーパークの会編（晶文社）p34）

常設プレーパークの誕生

「羽根木プレーパーク」は、国際児童年の記念事業だったため、当初は1年限りの予定でした。しかし、その盛況ぶりに区は方針を転換し、次年度も続けることになります。初年度は長期休みと土日の開園をボランティアが支えていましたが、毎日開園するためには常駐する人が必要です。そこで、若者を長期ボランティアとして派遣するプログラムを活用して、ひとりの若者が羽根木プレーパークの常駐者となります。後に日本で初めてのプレーリーダーとなる天野秀昭さんです。天野さんの派遣は1年限りでしたが、続けたいという天野さんの意向と続けてほしいという利用者の思いから、住民が署名[8]を集め、区の非常勤職員として天野さんが採用されることになります。その後世田谷区には、1982年に世田谷プレーパークが誕生。現在、駒沢はらっぱプレーパーク、烏山プレーパークと合わせて4つのプレーパークがあります。2005年には4つのプレーパークによって「NPO法人プレーパークせたがや」が設立され、世田谷区から直接業務委託を受けて運営しています。

その後冒険遊び場づくりは全国にひろがっていきましたが、その多くは地域住民の自主的な活動でした。しかし、2000年代から、冒険遊び場づくり活動に取り組みはじめる行政が見られるようになります。2003年には、冒険遊び場をつくりたいという市民や、自治体を支援する中間支援組織「特定非営利活動法人日本冒険遊び場づくり協会（以下冒険遊び場づくり協会）」が発足。日本全国の冒険遊び場づくりを支援しています。

8　12日間で5，000名もの署名があつまり、そのうち2，000名は子どものものだったそうです。

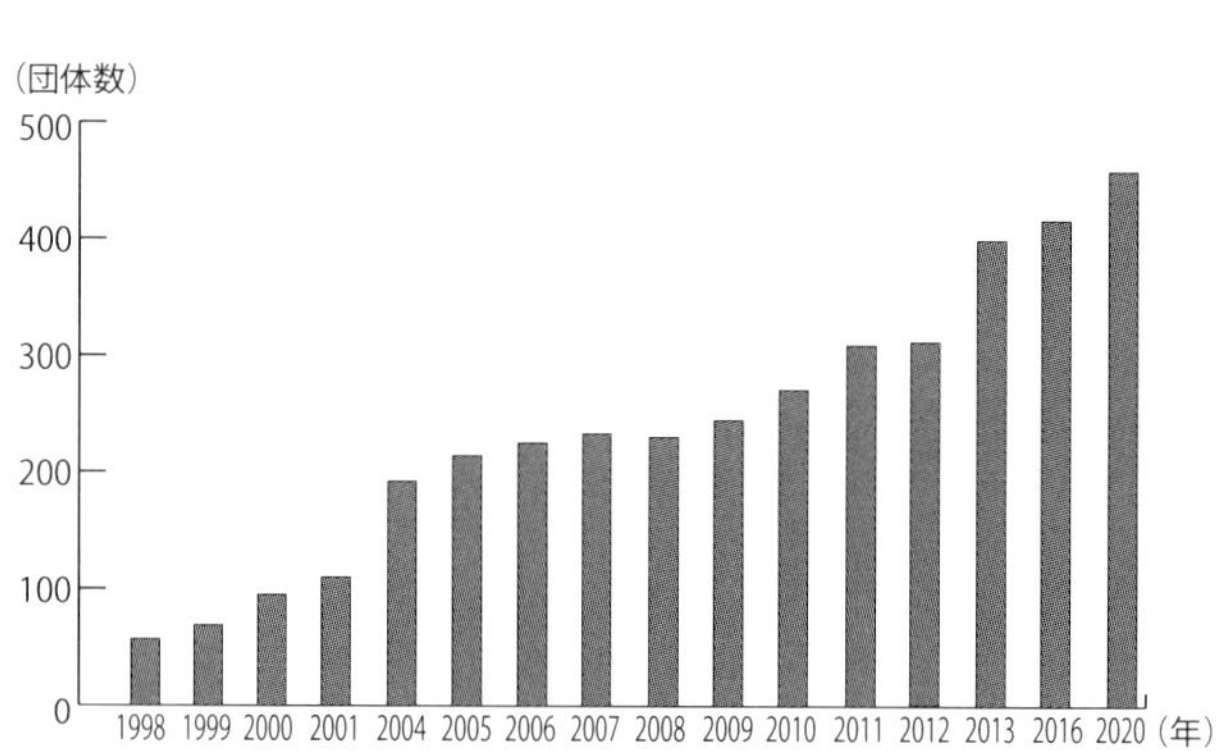

図5－2　冒険遊び場づくり活動団体数の推移
（出典：冒険遊び場づくり協会HPより作図）

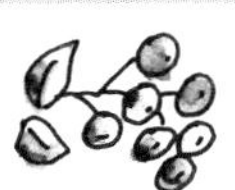

冒険遊び場の実際

日本における冒険遊び場の実態を、冒険遊び場づくり協会が２０２０年に実施した実態調査[9]から見ていきましょう。まず所在地ですが、半数以上が関東にあります（50・２%。次いで関西が12・４%）。次いで開催頻度については、常設（週３日以上開催している団体）が15・６%、最も多いのは月数回（43・8%）です。過去2回の調査（２０１３年、２０１６年）と比べると、常設の割合に大きな変化はありません。活動場所は常設、非常設ともに都市公園の一部など、公共の場所で活動している団体が多いようです。行政とのかかわりを常設、非常設に分けてみると常設の場合、行政直轄2・6%、指定管理15・4%、委託[10]38・5%で、非常設の場合、行政直轄1・4%、指定管理5・7%、委託12・4%。そして、協力関係にないという回答が12・4%となっています。常設と非常設の違いを一覧表にしました〈表5―2〉。運営団体が法人格を得ているかどうかは、常設では8割近くが法人格をとっていますが、非常設では3分の1程度。また、運営に関わる人数も常設の方が多いです。常設のほとんどにはプレーリーダー[11]がいますが、非常設の場合は半数程度となっています。常設は行政とのかかわりをもちながら、比較的安定した運営を行っていることが伺えます。今回の調査対象となった団体のうち、14・1%にあたる40団体は活動休止中[12]で、安定して運営することのむずかしさがわかります。

---

9 第8回冒険遊び場づくり活動団体活動実態調査。２０２０年12月から２０２１年１月にかけて、全国の冒険遊び場、プレーパークと称して活動を行っている団体を対象にして行われました。４５８団体に配布し、回答があったのは２９０でした。https://bouken-asobiba.org/know/index.html2022.10.8閲覧

10 指定管理と業務委託の違いについて。指定管理者制度は、施設の管理権限を委任する制度で、施設ごとに議会の議決を経て指定管理者を決定します。業務委託は業務の一部を委託する制度で、入札により委託先を決定します。業務委託では、決められた業務を仕様通りにしか行えないのに対し、指定管理ではある程度仕様は決まっているものの、独自の工夫をして管理運営ができます。

11 冒険遊び場になくてはならない存在。詳しくは後述。

地域に冒険遊び場ができるきっかけ

世田谷の例にあるように、運営を住民が担うという方法は、日本の冒険遊び場づくりの特徴であると言われます。ただ先の調査でみたように、安定した運営のためには行政とのかかわりも重要です。では、行政が遊び場づくりにかかわるきっかけにはどんなものがあるのか見ていきましょう。冒険遊び場づくり協会[13]によると、3つあります。

① 自治体が、地域住民グループが実施している冒険遊び場づくりの意義や実績を評価して、冒険遊び場の設置や運営を条例や行政計画に位置付けて事業化する場合。管理運営は地域住民グループに委託されます。先述した世田谷区のプレーパークはこれにあたります。

表5－2　冒険遊び場の実態（開催日数による比較）

	常設（週3日以上）	非常設（週2日以下）
実数	15.6%（39団体）	84.4%（210団体）
運営団体の法人格あり	76.9%	30.5%
行政とのかかわり （直轄＋指定管理＋委託）	56.5%	19.4%
プレーリーダーあり	94.9%	61%
運営メンバーの数（11名以上）	57.4%	26.7%
プレーリーダー以外の有給スタッフがいるか	56.4%	21%

（出典：第8回冒険遊び場づくり活動団体活動実態調査より作成）

12 中止の理由は新型コロナウイルス感染症によるものと、後継者不足など運営側の事情によるものが半々でした。

13『はじめよう！パートナーシップで冒険遊び場づくり』特定非営利活動法人日本冒険遊び場づくり協会

② 地域住民が冒険遊び場づくりを行政に提案し、事業化を進める場合。自治体が推進組織とプログラムをつくり、住民が参加する検討会や運営準備会などを経て、冒険遊び場の運営に必要な人や機会などを準備します。

鎌倉市の「NPO法人かまくら冒険遊び場やまもり」を紹介しましょう。4章でお伝えしたように、自主保育活動が盛んな鎌倉市には、身近な自然の中で子育てを楽しみたい人を支援する団体や、園舎を持たず野外で活動する「青空自主保育」などがあります。そこで、鎌倉市社会福祉協議会が、それらのグループに呼びかけ、1999年に「かまくら子育て支援グループ懇談会」(以下、懇談会)を結成。子育て真っ最中の親子と子育て支援団体がネットワークを組み、子育てしやすいまちづくりを考える中で、「冒険遊び場の常設」を目標に掲げました。

2004年から2014年度年までは鎌倉市の委託事業、2015年度から2018年まで鎌倉市の補助金事業として、こども支援課と協働で「1日冒険遊び場」を市内各所で展開。活発な活動は市民にも根付いてきました。2019年に、鎌倉市は「鎌倉市冒険遊び場協働運営事業」として、閉鎖される子ども会館の施設と裏山を活用した常設の冒険遊び場を開設。その運営団体が「NPO法人かまくら冒険遊び場やまもり」であり、懇談会と青空自主保育で子どもを育ててきた母たちによって結成されました。現在、鎌倉市と協働し、「鎌倉の自然の中で子どもたちを遊ばせたい、遊びが子どもの居場所のひとつになってほしい」との思いで活動しています。

③ 行政が中心となって進める場合です。兵庫県では、1995年の阪神淡路大震災をきっかけに、外遊びの重要性が認識されるようになりました。その後、2002年の被災者復

---

14 やまもりHP https://yamamorikamakura.wixsite.com/yamamori/blank

15 由来は文部省唱歌「春の小川」にあります。作詞の高野辰之氏は代々木山谷に暮らしていました。当時そこには河骨川という小川が流れており、その光景を歌にしたと言われています。はるプレのある公園の裏側に歌碑があります。

興支援会議で、冒険遊び場づくりが提案され、2003年から県の事業として「子どもの冒険ひろば事業（以下、ひろば）」がスタート。この事業は、兵庫県がひろばを開催する地域のNPO法人や団体に運営費を補助する形で行われています。当初、10か所でスタートしたひろばは2022年現在、36の団体が運営するまでに広がりました。

ここで①のもう一例として、東京都渋谷区の「はるのおがわプレーパーク[15]」を取り上げます。

地域の母たちがつくったプレーパーク[16]

渋谷はるのおがわプレーパーク（以下はるプレ）のルーツは、4章で取り上げた原宿おひさまの会にあります。我が子を自主保育から卒会させた母たちが、「子どもたちの育つ地域・環境を、もっと風通しよく自由にするにはどうしたらいいだろう」と悩み始めたことがきっかけで、動き出しました。そこで、渋谷区に冒険遊び場をつくることを目標として、1996年に「渋谷の遊び場を考える会」（以下渋あそ）を結成。プレーパークの視察や勉強会などの活動をしていました。

そのなかで、渋谷区の子どもの居場所づくりの活動[17]とつながります。その後、渋あそメンバーが、2000年に地域に開かれた施設を目指して西原地域に誕生する、高齢者向けケア施設[18]の準備委員会に参加。施設の庭にあった災害用のかまどをオープンスペースとして活用したいと要請します。かまどの使用が認められると「かまどでおやつづくり」を企画。おやつづくりを担う「せせらぎファンイン」を新たに立ち上げます。こうして仲間が増えたことがきっかけで、渋あそとせせらぎファンインが力を合わせ、実験的に冒険遊び場を開園する流れに。

16 以下を参考にして記述しています。『2004年度渋谷はるのおがわプレーパーク活動記録』『三年目のはるプレ2006年度の記録』、noteシブヤ遊び場物語

17 渋谷ファンイン。中高生がのんびり、ゆったりおしゃべりできる場所を地域につくりたいという思いからつくられました。文部省が全国展開していた「全国子どもプラン」のひとつ「子ども地域活動促進事業」の一環として、渋谷区の活動も委嘱を受けていきます。「ファンイン」は中国語で"歓迎"という意味。

18 現在の総合ケア・コミュニティせせらぎ

写真5－4　はるプレ

2003年、冒険遊び場の取り組みが渋谷区議会で取り上げられると、翌年に区の事業として整備や運営の担当が決まりました。冒険遊び場の行政担当は公園課[19]で、管理と運営は渋あそが受託。こうして「行政と地域の協働事業」という形ができます。設置する場所は代々木上原のそばにあった公園に決定。準備会が立ち上がり、どんな冒険遊び場にするのか、話し合いが重ねられました。互いのイメージを共有するのは簡単ではなかったようですが、運営者がワクワク感を失わないように、準備を進めたそうです。

そして2004年の5月の連休に、プレイベントとして「冒険遊び場プレオープン5DAYS／子どもの日連休5日間思いっきり遊ぼう」を開催。延べ600人以上の子どもがこれから誕生する遊び場を体験しました。使い方を試せるプレイベントを行ったことで、より実践的な整備をすることができ、同年7月についに「渋谷はるのおがわプレーパーク」が開園。初年度の来園者は、延べ9,000人以上、その後も最大2万8000人（年間）を記録するほど子どもたちでにぎわっています。渋あそは、任意の市民団体でしたが、2022年に一般社団法人へ名称を変更。同年9月には渋谷区で2番目となる常設のプレーパーク「えびすどろんこ山プレーパーク」が恵比寿に誕生しました[20]。

鎌倉と渋谷の冒険遊び場はともに自主保育で我が子を育てた母たちが中心となって、新たに地域住民も巻き込みながら立ち上がっています。各地で増えてきた冒険遊び場は、自主保育や森のようちえん、自然保育を行う幼稚園や保育園に子どもを通わせる（せていた）母親たちが、立ち上げにかかわることも多いようです。我が子やメンバーの子どもを見守る活動が、地域の子どもの遊び場づくりという公共の活動につながっていくのは、興味深いことだと思います。

---

19 行政の担当部署はどのような事業として位置付けるかによって決まります。はるプレの場合は、「子どもの豊かな遊びと体験機械の充実」として、公園課の事業に位置付けられました。一般に公園の整備・有効活用として位置付けられる場合には公園緑地関連部署が、青少年健全育成事業や居場所づくりとして位置付けられれば教育関連部署が、子育て支援事業であれば、児童福祉関連部署が担当することになります。

20 季節開催だった「恵比寿アメリカ橋プレーパーク」を土台として、渋谷区が、Park-PFI (Private Finance Initiative) という公民連携で公園の質の向上を目指すという制度を導入してつくられました。公園の指定管理を企業が、プレーパークの運営は渋あそが担うという形で運営しています。

コラム5
プールのある場所教えましょうか

糸賀未己子
（一般社団法人　渋谷の遊び場を考える会理事、渋谷はるのおがわプレーパーク担当）

2005年7月だったと思います。

知り合いの親子と「プレーパーク」という場所に行ってみることにしました。

当時、長男は1歳ちょっと。マイペースでよく動く、いわゆる「手のかかる子」で、早くも室内の遊び場からはみ出しかけていました。

私自身も「良いお母さん」になりきれない自分に疲れ、「これから私どうなるんだろう？」という閉塞感を抱いていたころでした。

ある天気のいい初夏の日。到着した私たちは、スタッフらしき人に挨拶をして遊び始めました。園内には他に人もおらずがらんとしていて、子どもたちは他愛もないことをして遊んでいたと思います。

そんな時、スタッフのひとりに声をかけられました。

「ビニールプールとかもあるんですよ、よかったらプールのある場所教えましょうか？」

「教えましょうか」…？「出しましょうか」じゃないんだ…と違和感を覚えた次の瞬間、私の脳内に何かが閃きました。

ここは、「自分がやりたいことを自分でやっていい場所」なんだ！

その日から、この「プレーパーク」に毎日通うようになりました。

朝、開園時間と共に到着して子どもを放し飼いにし、私はちょっとした作業を手伝ったり、親子で水遊びをしてびしょびしょで帰ったりの日々。そこで出会った自主保育の会に入り、子ども3人を代々木公園で育て、その後海外生活も経験したりして、またプレーパークに戻ってきた時には2019年になっていました。

きっかけをくれたスタッフは、今もプレーリーダーを続けていて、共に子どもたちの未来を考える仲間になり、オムツの長男を見守ってくれていたおばさま方は遊び場運営の同志に。そして、大学生になった長男は時々プレーパークのお手伝いに来ては、子どもたちによじ登られています。

あの言葉がなかったら、私も子どもも、ずっと息が苦しいままで生活していたかもしれない。子どもの自由も自分の自由も深く考えることなく、その後の人生を送っていたんじゃないか。思い返すたびに、プレーパークと、そしてあの言葉と出会えたことに心から感謝しています。

今の運営の仕事は、地道な事務作業や話し合いが多いけれども、大人も子どもも自分でいられる場所をつくりたい、残したい、次に繋げたいという願いがいつもあります。私のように、ここで言葉を交わすことで自分を取り戻す人がいるかもしれない。誰かの人生が変わるかもしれない。そんな場所をつくり続けたい。「あるもんはもう好きなように使っちゃってくださいよー！」とはるプレで声をかけている時、実はそんなことを考えています。

子どもの権利条約と冒険遊び場

2章の最後でも紹介した子どもの権利条約に基づいてつくられた遊び場もあります。「川崎市子ども夢パーク」（以下、夢パーク）[21]です。子どもの権利条約、正式名称「児童の権利に関する条約」は、子どもの基本的人権を国際的に保障するために定められた条約です。大人と同様、子どもにもひとりの人間としての権利を認めるとともに、成長の過程にいる子どもならではの特別な保護や配慮が必要であることも定めています。子どもの権利条約は、1989年の第44回国連総会において採択され、1990年に発効しました[22]。日本が批准したのは1994年のこと[23]。ちなみに、川崎市は全国に先駆けて子どもの権利に関する条例「川崎市子どもの権利に関する条例」を策定した自治体です（2001年施行）[24]。その27条には子どもの居場所について定められています。

1　子どもには、ありのままの自分でいること、休息して自分を取り戻すこと、自由に遊び、若しくは活動すること又は安心して人間関係をつくり合うことができる場所（以下「居場所」という。）が大切であることを考慮し、市は、居場所についての考え方の普及並びに居場所の確保及びその存続に努めるものとする。

2　市は、子どもに対する居場所の提供等の自主的な活動を行う市民及び関係団体との連携を図り、その支援に努めるものとする。[25]

この「居場所」を具現化したのが、夢パークです。条例制定の翌年、市は約1万平方メート

21　2022年には、夢パークを舞台にした重江良樹監督によるドキュメンタリー映画『ゆめパのじかん』が公開されました。NHKのドキュメント72時間でも夢パークが取り上げられ、その放送回は2022年の視聴者投票で一位となりました。

22　子どもの権利条約の設立の源流はヤヌス・コルチャック（1878―1942　本名ヘンルイック・ゴールドシュミット）の活動にあります。ポーランドのユダヤ人家庭に生まれたコルチャックは、厳しい環境にいる子どもたちが安心して過ごせる「ホーム」を設立。「ホーム」では子どもたちが自治によって自分たちを律するということが大事にされました。子どもも尊ばれるべきひとりの人間であるという考え方があります。コルチャックは、ナチスドイツのユダヤ人絶滅政策によって、子どもたちとともにガス室に送られいのちを落としました。戦後にポーランド政府が、コルチャックの考えを基に子どもの権利条約の草案を提出したのです。

ルの敷地に、スタジオや全天候型スポーツ広場などがある建物部分と、野外には冒険遊び場を整備することを発表します。夢パークをつくるにあたっては、ワークショップやアンケートによって、多くの子どもや市民の声が集められました。ソフト面を検討する運営準備会には、子ども委員34名が参加（大人は16名）。子どもたちの生の声を取り入れつつ準備を進め、2003年に川崎市子ども夢パークが誕生します。たとえば夢パークには「ころり」という、クッションフロアースペースがあるので

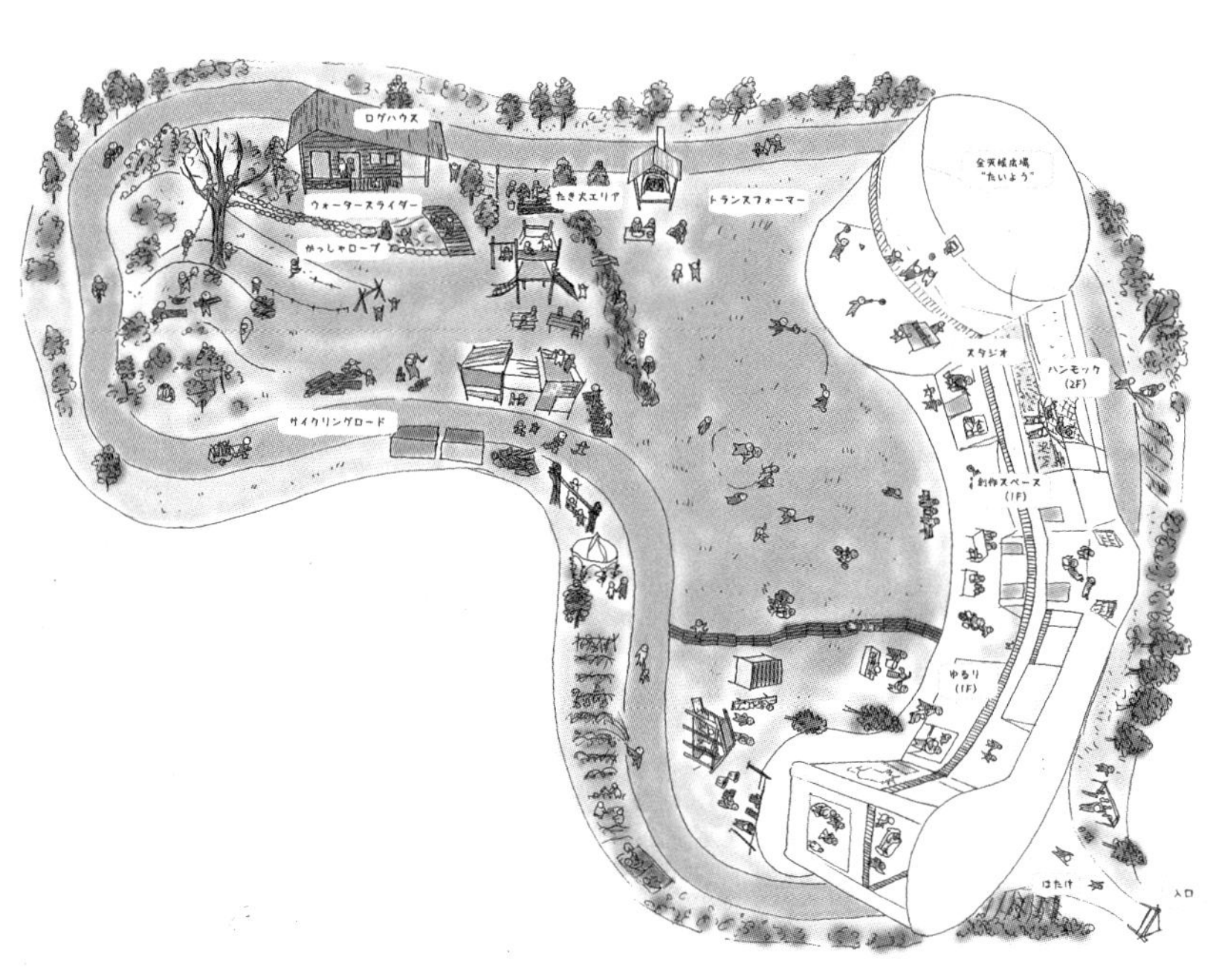

図5－3　子ども夢パークのマップ

23 条約の全文はユニセフのホームページで閲覧できます。https://www.unicef.or.jp/about_unicef/about_rig.html

24 川崎市にもともとあった仕組み、組織、団体などと連携しながら200回を超える意見交換の末できあがりました。そのプロセスに当事者である子どもが深くかかわったことも特徴です。条例が制定されるまでの経緯は『今だから明かす条例策定秘話』（エイデル研究所）に詳しく記されています。

25 https://www.city.kawasaki.jp/450/page/0000004891.html

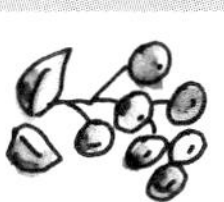

すが、これは「昼寝をしたい」という子どもの声からつくられたスペースです。夢パークの大きな特徴は「フリースペースえん」（以下、えん）があること。「えん」は「学校の中に自分の居場所を見出せない子どもや若者たちのスペース」[26]です[27]。

子どもにとっての最善を知っているのは子どもである

夢パークは子どもたちの意見を取り入れてつくられましたが、そこにも子どもの権利条約が関係しています。子どもの権利条約には4つの柱があります。生きる権利、育つ権利、守られる権利、参加する権利です。4つ目の参加する権利とは、子どもの最善の利益が何かを決めるプロセスに、子どもの意思を加えることで、「子どもの参画」とも呼ばれます。この背景には、子どもにとっての最善を知っているのは子ども自身であるという考えがあります。裏返せば、大人が良かれと思ってしていることが、必ずしも子どもにとっての最善であるとは限らないということです。

子どもの参画と言っても、ただ意見を聞けばいいわけではありません。ニューヨークの大学で環境心理学の教授を務めるロジャー・ハートは、子どもの意思決定への参加レベルを8段階に分け、それを梯子上のイメージ図によって示しました〈図5—3〉。レベル1〜3は、見せかけの参加で、大人が自分たちの考えを子どもが考えたかのように見せています。レベル4になると、子どもたちがなぜこの活動に関わっているのかについて説明を受けて、理解している状態です。一番レベルの高い8では、大人とのパートナーシップを築きながら、子ども主導で

26 https://www.yumepark.net/114_en/index.html
27「えん」の設立経緯は『居場所のちから』西野博之（教育資料出版会）に詳しく語られています。
28 後に、OECDのプロジェクトに参加した大学生たちは、梯子モデルを発展させた太陽モデルをつくりました。太陽モデルは、円形で行ったり来たりする循環的な関係を示しています。『OECD Education 2030プロジェクトが描く教育の未来』白井俊（ミネルヴァ書房）

意思決定がなされます[28]。この梯子モデルは、単純に高いレベルが常に望ましいということを示しているのではありません。子どもの参加のレベルを可視化したことに意義があります。

縁の下の力持ち・プレーリーダー

『エンドラップ廃材遊び場』は道工具類を使う遊び場だったため、安全上の配慮からひとりの大人が遊び場に配置されました。このことが冒険遊び場に予想外の、そして重要な副産物をもたらします。その大人、初代プレーリーダーのジョン・ベルテルセンは、子どもの前に立ち指導したり、子どもを後ろから追い立てたりするような管理人ではなく、子どもの遊びに一定の距離をもって関わり、大人としての知恵や技術を伝え、子ども同士の関係に対応。地域の大人からの声を調停したり、子どもに寄り添ったりして傍らに立ち続けました。このような大人の関わりによって、子どもの遊ぶ力はさらに育まれ、遊び場で自在に自分たちの世界をつくり上げることがで

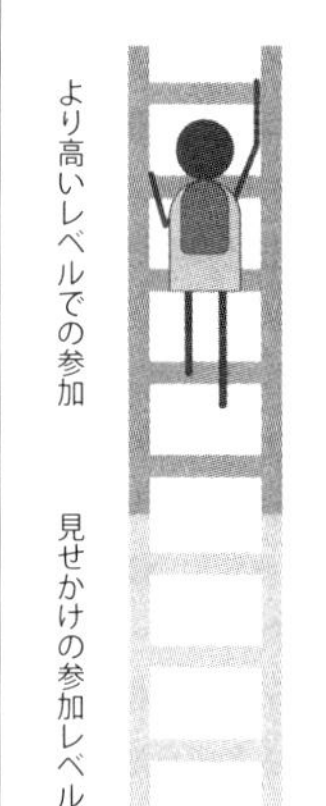

8 生徒主導
大人とのパートナーシップの下での意思決定。

7 生徒主導
生徒が指導し、自らの方向性を決めている。

6 大人主導
大人が主導するが、生徒も意思決定にかかわっている。

5 相談・情報共有
大人が意思決定するが、生徒も必要な相談を受けたり、情報を与えられている。

4 付与・情報共有
大人が生徒に対して仕事を割り当てる。ただし、生徒がプロジェクトに対してどのように、また、なぜかかわっているのかについては、情報が与えられている。

3 見せかけの参画
自分たちの活動について、生徒は全くあるいはほとんど影響を与えることができない。

2 装飾
大人が主導して実行することを、生徒が助ける。

1 操作
大人が自らのプロジェクトをサポートするために生徒を利用し、あたかも生徒の発案であるかのように見せかける。

図5－4　梯子モデル
（出典：白井俊『OECD　Education2030プロジェクトが描く教育の未来』ミネルヴァ書房）

きたのです。この出来事は、後に「プレーリーダーの発見」と呼ばれ、プレーリーダー[29]は冒険遊び場に欠かせない人になりました。

冒険遊び場づくり協会は、プレーリーダーの役割を「子どもがいきいきと遊ぶことのできる環境をつくること」としています。リーダーと聞くと、ぐいぐい引っ張っていく指導者を思い浮かべるかもしれませんが、縁の下の力持ちのような存在です。はじめて冒険遊び場を訪れた人には、プレーリーダーは何をしているのかわからないかもしれません。「何かしているようでしていない、何もしていないようでしている」[30]からです。子どもたちが「自分のやりたい」を実現できるように、遊びが妨げられないように環境を整えるのが主な役割。子どもが困ったときには相談にのることもありますが、あくまで主体は子どもです。プレーリーダーは、後述する安全管理の面でも重要な役割を果たしています。冒険遊び場づくり協会では、プレーリーダーの役割として「自ら遊ぶ」「遊び心を誘い出す」「遊び場をデザインする」「気持ちを受け止める」「一緒に考える」「気持ちを翻訳する」などの20項目を挙げています。また、２００２年に行われた全国集会では、子どもの遊びの最前線に立っている者として、子どもが置かれている現状についての問題を提起し、子どもに関わるあらゆる人へ「いっしょに子どもの遊びを支えていこう」と呼びかける、プレーリーダー宣言が発表されています[31]。

アレン卿夫人は、プレーリーダーについて次のように述べています。「優れたプレーリーダーは、俳優や大工、しょうがいのある子どもと関わったことのある人に多い。もし子どもに関する専門教育を受けた者がプレーリーダーを目指すのなら、子どもに関する専門知識を一度すべて捨て去る必要がある」と[32]。私がこれまで出会ってきた学生もそうですが、子どもに関心の

29 日本でいうプレーリーダーは、イギリスではプレイワーカーとも呼ばれています。プレイワーカーはプレイワークから来ています。プレイワークとは子どもの遊びに関わる大人のあり方を実践的・学術的に探究するために、1980年ごろイギリスで生まれた専門分野です。子どもの遊びに関わる実践者をプレイワーカーと呼びます。役割はプレーリーダーと同様で、子どもが豊かに遊べるような環境づくりにあります。

30『冒険遊び場がやってきた』151頁

31 プレーリーダーの役割、プレーリーダー宣言の詳しい内容は日本冒険遊びづくり協会のHPをご覧ください。

写真５―５　リーダーハウス

ある人のなかには、子どもに何かをしてあげたい（してあげなければならない）と思っている人がいます。元来子どもは、大人があれこれしなくても自ら育つ力をもっている存在。大人にできることは子どもの邪魔をしないことなのですが、2章で述べたように現在の子どもたちの遊びの環境は、「大人のよかれ」によって、結果的に本来の力を発揮しにくいものになってしまっています。そのため、プレーリーダーには子どもの遊びが邪魔されないように環境を守り、整えることが求められるでしょう。

一方で、課題もあります。前述した冒険遊び場づくり協会の調査では、非常設の冒険遊び場にプレーリーダーのいないところがありました。プレーリーダーがいる場合でも雇用状況は厳しいものです。プレーリーダーを主な職業としている割合は、3割少し超える程度。つまり、アルバイトや、お金が全く支給されないボランティアの割合が半分以上であることが明らかになっています。

32『都市の遊び場』56頁

コラム6
やってみたい！でつながる居場所

林希栄了
（一般社団法人TOKYO PLAY
はるのおがわプレーパーク、
常駐プレーリーダー（2006－2012）
リーダーネームは「きー」）

とある日曜日、朝早くから開園を待ちわびた小学 4 年男子たちの姿が。私が倉庫を開けると、まっさきに掃除道具を取り出し、小山の上に建設した自分たちの秘密基地を清掃し始めました。お世辞にも立派とはいえない掘っ建て小屋のなかで、おやつを食べたりおしゃべりしたり。またある日は、思い立ったように改築したりペンキを塗ったりして過ごす彼ら。次第に、居合わせた子どもたちを誘って鬼ごっこをしたり、ベーゴマ常連の大人たちと仲良くなったりと、学校や世代を超えた様々な交流がみられるようになりました。

また、遊びの名人たちとの出会いもありました。幼少期は内気で慎重派だった私は、外遊びの経験値がほとんどない状態でプレーリーダーとなりました。でも、そんな私だったからこそ、子どもたちは得意げに「こうやるんだよ！」と遊び方を教えてくれたのでした。木登りやキャッチボール、缶蹴りや鬼ごっこ。それぞれに名人がいたので、私には師匠がたくさんいます。時に「大丈夫！きーならできるよ！」と励まされながら、できた時は一緒に喜び合って過ごしました。

特定の遊びをするためでなく、人と関わりに来る子どもたちも多くいました。同じくらいの年齢の子と遊びたくて来る子もいれば、大人やプレーリーダーとしゃべりたい子、小さい子のお世話をするのが好きな子も。当時小学校中学年だった女の子は、無類の赤ちゃん好き。抱っこしたりあやしたりするだけでなく、手作りの引き車に赤ちゃんを乗せてお散歩してあげたり、甲斐甲斐しくお世話をしていました。ある日、冬の小さい子向けのイベントの内 容をプレーリーダーが考えていたところ、その子から「手作りの池に舟を浮かべて、赤ちゃんを向こう岸まで運んであげるアトラクションはどう？」と提案。あまりにも斬新な提案にプレーリーダーや運営者は戸惑ったけど、その子を信頼してやってみることにしました。結果は大盛況！ちょっと上のお姉さんが優しく接してくれて、小さい子たちもうれしそうでした。

みんながみんな、自分にとっての「やってみたい！」を探求できる“はるプレ”。1日として同じ日はなくて、常にいろんな人が関わり合いながら化学変化が起きていきます。そんな場所が実現できることの裏側には、ルールがないということ、ありのままを受け容れるキャパシティがあること、何より「やってみたいをやっていいんだ！」と思える土壌がそこにあることが必要です。そんなあたたかい居場所が、地域の中にたくさんできていきますように。

地域の大人が得意分野を持ち寄る

冒険遊び場にはプレーリーダー以外にも大人がいます。運営に携わる大人のほか、ボランティアで子どもに木工や紙飛行機のつくり方を教える人、子どもとは関わらないでひたすら薪をつくる人など、本当にいろんな人がいます。それぞれが得意分野を持ち寄っているのです。映画『ゆめパのじかん』（重江良樹監督）には、福峯衆宝（しゅうほう）さんという木工ボランティアの方が出てきます。淡々と木工の指導をされているのですが、子どもへのまなざしは温かく、子どもたちから絶大な信頼を得ていることが画面越しにも伝わってきます。圧倒的な経験と知識から厳しい言葉も出るけれど、それはつくりたいものを実現するには必要なことです。

別のプレーパークに行ったとき、片隅で黙々と薪を切っている方がおられました。運営の方に聞くと、近所の方で子どもと関わることはないのだけれど、時間があると薪を作りに来てくださっているそうです。興味深いのは、薪を切っている様子を子どもたちが遠巻きにジーっと見ていること。子どもたちと直接かかわらなくても、働く姿を見せることで、子どもたちが感じることが確かにあると気づかされました。

親でも先生でもない存在がいることは、場をさらに豊かにします。とくに冒険遊び場に来るような小学生くらいの子どもの成長の過程には、尊敬する他者[32]の存在が重要です。尊敬できる他者とは、人びとを押さえつけ服従させるような人ではなく、ある部分において秀でており、それが周囲に認められている人[33]。社会教育と社会福祉を結び付けた研究をしている阿比留久

---

32 思春期直前の小学生が主人公の物語にはそのような人物が出てきます。たとえば『ぼんぼん』今江祥智（岩波書店）、『夏の庭』湯本香樹実（新潮社）『そのぬくもりは消えない』岩瀬成子（偕成社）など。

33 「心から尊敬できる大人に出会うことの大切さ」松本豪晃『やさしい発達心理学』都築学編（ナカニシヤ出版）149頁
ただ周囲に認められているかどうかは一番重要なことではないと思います。先に挙げた物語における重要他者は必ずしも周囲に認められているわけではありません。子ども自身が「すごい！」と思えることが大事だと思います。

美さんは、親や教師は選ぶことのできない存在だからこそ、子どもが自分自身で選ぶことのできる「市井のおとな」に出会い、そのなかから自分がかかわりたいと思う大人を選ぶことが大事[34]と述べています。そのような気づきや学びが起きるのは、「社会にとって必要なことを教えようとする親や教師のかまえとは異なった人や場所」なのではないかとしています。冒険遊び場はそんな役割を果たせる人のいる場所だと思います。

冒険遊び場での危険管理の考え方

「自分の責任で自由に遊ぶ」という冒険遊び場のモットーを聞くと、冒険遊び場では「安全」や「危険」をどう考えているのだろうという疑問が浮かぶのではないでしょうか。日本の子どもの遊び場や遊具の安全をめぐる議論のなかでは、子どもの遊びを守るため、子どもの遊びに内在する危険性を「リスク」と「ハザード」の2種類にわけて考えています[35]。子どもの遊びに内在する危険性は、遊びの価値のひとつであると考えます。たとえば、高いところから飛び降りることは危険ですが、挑戦することで達成感が得られますよね。

しかし、事故が起こると、その遊びが禁止されるか、遊具が撤去されるかがよくあるパターンでしょう。事故の可能性があるものや、危険をはじめから回避しようという考えです。すでに述べたように、危険のなかには、自ら挑戦することで成長につながるものがあります。挑戦することで自らの限界に気づき、ひとりではできないから誰かと協力することで、協働する力がつくのです。小さいケガはあるかもしれませんが、そのことで危険を察知して自分の身を守

34『子どものための居場所論』阿比留久美（かもがわ出版）204頁
35 国土交通省『都市公園における遊具の安全確保に関する指針』

写真5－6
すべり台：上る？下る？

るすべも身に付いていくでしょう。このように、冒険遊び場での危険管理は、遊びの楽しみの要素で挑戦や冒険の対象となる危険性（リスク）と、遊びの価値とは関係のないところで思わぬ事故を起こさせる可能性のある危険性（ハザード）とにわけて考えます。危害の可能性のあるものをすべて取り除くのではなく、子どもの成長につながるような危険は残しておくという考えです。

いくつかの幼稚園や保育所で働いていた卒業生が、興味深い知見を教えてくれました。「してはいけない」が少ない園の子ほどケガをしない。この見方に対する私の解釈はこうです。「してはいけない」が少ない園の子どもは、自ら挑戦することで危険を自ら察知し自分を守るすべを身につけていたため、ケガを未然に防ぐことができた。逆に「してはいけない」が多い園の子どもは、一見守られているようで、自分を守るすべを身につけられなかった。

木登りを例にもう少し考えてみましょう。木に登れば、落ちるという危険性があります。それに、いきなり登れるようになるわけではないですよね。誰かが登っているのを見て自分も登ろうとしますが、滑ってしまいなかなか登れません。それでも、何度も何度も挑戦することで、少しずつ枝に手をかけ登れるようになり、ようやく目標地点まで登れたときには達成感に満ちあふれた最高の笑顔になります。ただ木の枝が腐っていたり、木の下に突起物があったりしたらどうでしょう。これらは子どもが木登りを面白そう、やってみたいと思うことは関係ありません。そのような遊びの価値には関係のない、子どもには察知できない危険を取り除くのが大人の役割です。子どもの遊びはスリルがつきもの。危ないからと言ってすべてを禁止してしまえば、自ら挑戦することで得られる大きな喜びや、成長の機会を奪ってしまうことになります。

写真５－７　ドボン

写真５－８　登れた！

危険をこのように分けて考えられるようになったのは、2章で見たような悪循環に陥って、「危なそうなものは全て禁止」とすることにより、「遊ぶ」という、子どもにとって大切な学びと育ちの機会が奪われないようにするためです。

ヒヤリハットの蓄積と共有

遊びという冒険と安全のバランスをとるうえで大事になるのは、何を残して何を取り除くのかを見極めることです。これには、はっきりとした境目があるわけではありません[36]。昨日は大丈夫だったのに、今日はやめておいた方がいいという場合もあります。遊び場での経験や知識、一人ひとりの子どもの性格などから柔軟に対応していく必要があるのです。こうしたハザードを管理する力をつけるために、ヒヤリハットの共有が重要になります。

ヒヤリハットとは、事故には至らなかったものの、冷や汗をかくくらい突然危ない状況に遭遇（ヒヤリ）したり、途中で大きな間違いに気づいたり（ハット）した場面のこと。冒険遊び場づくり協会が作成した危機管理のためのブックレット[37]には、ヒヤリハットの事例が多数挙げられています。損害保険会社の統計分析家だったハインリッヒは、工場の労働災害の分析から、1件の重大事故が起こる背景には29件の軽微な事故と300件の怪我に至らない事故があったことを発見しました。現在では「ハインリッヒの法則」として知られています。重大事故の背景にはヒヤリハットがあるのです。重要なのは、ヒヤリハットをゼロにすることではなく、起こったときにどうしたら回避できたか、自分だったらどう対応したかを共有し、大きな

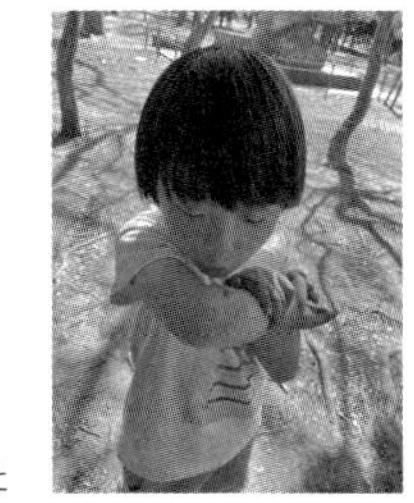
写真5－9　すりむいた

36　マニュアルをつくっている団体もあります。マニュアルがあるから大丈夫と思考停止してしまうのではなく、その場に応じた対応を基本としながら、その基礎となる考え方や段取りを理解共有するためのものとして使われているようです。

37　特定非営利活動法人日本冒険遊び場づくり協会『冒険遊び場づくり危機管理の初歩』『冒険遊び場づくり現場から学ぶ危機管理』

事故にならないように次につなげていくことなのだと思います。

事故が起こったら

実際に事故が起こったらどうしたらいいでしょう。運営する側が最低限すべきこととしては、①応急処置②状況把握③連絡があります。

①応急処置：多くの冒険遊び場やプレーパークでは、プレーリーダーが応急処置や救命救急の講習会に参加して、やり方を身につけています。もし事故が起こったときは、まず本人の様子を確認（呼吸しているか、顔色、話せるか、動けるか）。そして、止血など必要な処置を行います。その際は、ひとりで対応せず誰かを呼ぶことも重要です。

②状況把握：事故の様子をプレーリーダーが見ているとは限りません。「見ていませんでした。わかりません」では通らないので、周りにいた人から正確な情報を集め、保護者や関係者に状況を説明できるようにすることが必要です。

③連　　絡：保護者や冒険遊び場の運営スタッフ、行政の担当者への連絡をします。

このように、①②③を確実に誠実に行うことが、事故対応で重要なことです。冒険遊び場に限らず、何らかの事故が起こったときに、ここを怠ることが被害者の不安や不信につながります。

地域の人びとの理解

冒険遊び場の運営には、地域の理解が欠かせません。プレーパークせたがや発行の冊子[38]には、こんなエピソードが寄せられています。プレーパーク近くにお住いのKさんという高齢の方です。Kさんは植え込みが伸びているとか、焚火の煙が臭いとか、何かにつけてクレームを言いに来ていました。プレーパークでは、Kさんをできるだけ快く迎え、個々のクレームに対しては譲れる部分は譲り、譲ってもらいたいことは根気よくお願いするという関係を続けていたそうです。そうするうちにKさんはプレーパークに来ることが日課となり、クレームがなくてもやってきて、大人とおしゃべりしたり、子どもとベーゴマをしたりなど、なくてはならない人になったそうです。うるさい人だと決めつけてしまったらそれまでですが、同じ地域に住む人として受け入れることで、お互いに大事な存在になることも可能なのだと気づかされます。ただ最近は、Kさんのように直接言いに来るのではなく、クレームを行政の方に届ける人が多いようです。顔が見えない関係では、お互いの溝は埋まりません。日本の冒険遊び場は、地域住民が運営を担っているのが特徴と述べましたが、「近所のあの人がやっているから」と理解を示してくれるなどの「ゆるやかな地縁性」が冒険遊び場の活動を支えているのだと思います[39]。

38 『気がつけば40年近くも続いちゃってる住民活動の組織運営』NPO法人プレーパークせたがや　25—27頁

39 それすら最近は難しいのかもしれませんが、二章で紹介した西川正さんがしている焼き芋タイムなどの活動のなかには、ゆるやかな地縁をつくるためのヒントがあると思います。

遊び場から居場所へ

ところで、冒険遊び場にはどんな子どもが来るのでしょうか。少し前のものですが、冒険遊び場づくり協会の調査[40]では、遊び場に来る子どもの中心は小学生で（低学年86・4%、高学年81・8%）、次いで就学前の乳幼児（54・5%）となっています。冒険遊び場によりますが、午前中は乳幼児と親が中心で[41]、学校が終わる時間になると小学生が集まりだすということが多いようです。

子どもにとって冒険遊び場はどんなところなのでしょうか。NPO法人プレーパークせたがやが発行する『こどものこえ』[42]には、区内4つのプレーパークのプレーリーダーが拾った子どもの声が、コメントとともに収められています。いくつかを取り上げてみましょう。

「みんな！今日は大人はいないよ。いつもなら怒られること…しちゃお！」少し遠くの校区から同級生グループの子どもとやってきた10歳の言葉です。その後何をしたかというと、倉庫の屋根に上っておやつを食べ始めたのだとか。**「お腹空いてないもん！」**これは3歳の言葉。お昼近くになり、本人も「お腹空いた〜」と言っていたところで、虫探しが始まり夢中になります。そこに母親がやってきて「お昼ご飯にしよう」と声をかけると「お腹空いてないもん」のひとこと。自分のやりたいこと、好きなことに没頭できる場であることが伝わってきますね。プレーパークにやってきてすぐに「水遊びをしたい！」と言ったら、母親に「今日はダメ」と言われた4歳の子どもは、**「子どもが好きなことしていいんでしょ！」**と言い返しています。「そ

40 2004年実施の冒険遊び場づくり全国自治体事業実態調査『はじめよう！パートナーシップで冒険遊び場づくり』より。冒険遊び場事業を行っている24の自治体に遊びに来る子どもの年齢層について尋ねた。

41 冒険遊び場を拠点としている自主保育や青空保育もあります。

42 2019年発行

うだよ！」と全力で応援できる場所が冒険遊び場です。そのままの自分を受け入れてくれる場所であり、それが救いとなることもあるでしょう。**「俺は社会を憎んでいるし、誰のことも信じていない。あ、でもここにいる人は好きだ」**と語るのは、どんなに努力しても成績トップを維持できずに苦しむ16歳。この言葉を受け止めてくれる大人がいて本当に良かったです。

子どもにとってプレーリーダーはどんな存在なのでしょうか。初期のプレーパーク常連の子どもたちのことばから見てみましょう[43]。プレーパークのおもしろいところって何？と尋ねると「リーダーをからかえるところと、木や水があって、自由に遊べるところ」「つり橋がおもしろい。揺れるから」〝プレーパークでどんなことしてみたい？と聞くと「（プレー）リーダーをいじめたい！」「小屋を壊してねえ、ひとりで家を建ててみたい、木の上なんかに」これらの声からは、プレーリーダーとの対等な関係が見えてきます。

冒険遊び場に来るのは小学生が中心と述べましたが、中高生や大学生の姿もチラホラ。少し〝大きい〟子どもは、小さい子どもと大人を繋ぐ役割をしたり、イベントに積極的に参加したりと、遊び場に欠かせない存在になります。中高生の声を紹介しましょう[44]。

「僕にとってはらっぱとは、『遊び場』と言うよりは『居場所』と言ったほうがあっているような気がします。はらっぱにいると、２歳くらいの子どもから50代60代の人まで、幅広い年代の人と関わりがもてます。なので、色々な人の考え方や価値観、経験などを聞いたり感じたりでき、とても有意義な日々を過ごすことができます（高１）」

「僕にとってのはらっぱは、今も昔も『遊び場』だと思っている。しかし、今と昔とで違うところがある。昔はワーカーや友達、知り合いの子と遊ぶ『遊び場』だと思っていた。でも最近

43『冒険遊び場がやってきた！』91―92頁
44『駒沢はらっぱプレーパーク２０１９年度活動報告書』より

は『遊び場』に加えて、もうひとつの要素があるように思える。それは『人との出会いの場』だ。はらっぱは、だれでも気軽に来れるなんでもwelcomeな場所だ。それゆえに僕ははらっぱでたくさんの人と知り合うことができた。それも違う学校の子、自分より年上の大人、小さい子ども、年配の方など年代はさまざまだ。これは、ほかの児童館や公園ではあまりないことなのではないかと思う。子どもたちがベーゴマ、くぎさし、鬼ごっこ、木登りなど、自由に遊べて、たくさんの人と出会うことができる。これが僕にとってのはらっぱであり、はらっぱのよさなのではないかと思っている。（中3）」。

大人の心の基地になる

先に述べたように、大人にとっても冒険遊び場は居場所となりえます。たとえば、それぞれの遊び場には名物おじさん[45]がいます。子どもたちに凧をつくってくれる「凧おじさん」や、よく飛ぶ紙飛行機をつくってくれる「紙飛行機おじさん」、立派な大工道具を持ってきて竹トンボをつくってくれる「竹トンボおじさん」、などなど。

小さい子どもを育てる親にとっても、冒険遊び場はホッと一息つける場となります。『駒沢はらっぱ報告書』[46]には、3歳の子どもを育てる母親がこんな声を寄せています。「娘は自己主張を始めると、言葉で表現しきれず最終的に大号泣。（中略）そんな娘と家のなかで2人きりだとお互いストレスが溜まります。だからといっておでかけひろばは元気いっぱい過ぎて危なくて行かれず、公園へ行っても遊具を順番に使えなくて周りに気を遣うありさまでした。そん

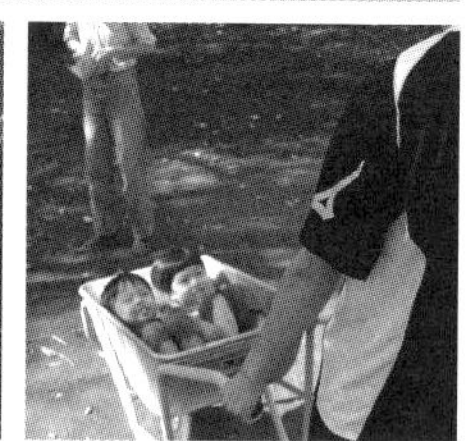
写真５－10　楽チン

写真５－11　竹で水路づくり

写真５－12　つなわたり

45 おじさんだけではありません。
46『駒沢はらっぱプレーパーク２０１９年度活動報告書』41頁

な私にとってご近所のはらっぱは心の基地でした。まずプレーワーカーさんがいらっしゃる。子どもに理解のある方と挨拶を交わすだけでホッとします。そしてはらっぱに来る子どもたち。なぜか乳幼児に理解がある子どもたちが多いのです。おかげで私は周りを気にせず、気持ちを緩められました」この方は、その後「同じような悩みを持つ友人たちにもっと利用してもらえたらいいのに」と、みんなでワイワイランチを食べる会を開くようになりました。

このように、冒険遊び場は赤ちゃんから人生の大先輩まで、幅広い世代をつなぐ場所であることがわかります。冒険遊び場づくり協会のＨＰ（本書巻末にＱＲコードがあります）では、全国の冒険遊び場を検索できるようになっています。みなさんの近くに冒険遊び場があるか、探してみてください。なければ、つくることもできます！

写真５－13　遊びきった！

コラム７
子どもたちに居場所とのびのび遊べる場所が必要だ

川瀬早紀子（高津せせらぎプレーパーク）

　プレーパークとの出会いは、2010年の秋に訪れた「川崎市子ども夢パーク」（以下、夢パ）でした。

　手作りの木の遊具、泥だらけの子、秋なのに放水して遊んでいる子、笑いながらそれを見守る親、スタッフ。日本にこんな場所があるのかと感動しました。それから自主保育の活動で夢パに通い、３人の子どもを自主保育仲間とプレーパークに関わる人々に育ててもらいました。

　でも９年後、自分が「高津せせらぎプレーパーク」（以下高プレ）をつくることになるなんて夢にも思いませんでした。

　長男が小学校に入ると、なぜか我が家は放課後の小学生のたまり場になっていき、20人の子どもが家にいたことも。小さな娘のお世話をしてくれる子がいたり、次男が学校にいけない時も、親子とも孤独にならずに元気に過ごせたりしたのは、遊びに来ているみんなのおかげでした。子どもたちが口々にいうのは「居場所がない」「放課後学童はきまりが多くて疲れる」「公園はサッカーも野球も禁止、おもいっきり遊べる場所がない」ということ。

　自主保育は公園での活動も多く、私自身も不自由を感じていて、子どもたちの訴えが痛いほどわかりました。また、我が家に集まってもやることの大半はゲーム。泥を触ったことがない子、火を見たことがない子、ものすごいエネルギーが余っている状態でも発散できずにいる子や、逆に生きるエネルギーが弱い感じの子もいました。

「夢パのような場所がもっと近所にあればなあ。だけど、どうすればいいのかもわからない」という状態で何年も過ぎていったのです。

　そんなとき、水遊びのため水道代が３倍になったり、家の前の道路でバスケをすればうるさいと通報されたり、我が家だけを居場所とすることに限界を感じる出来事が度々起こりました。それでも、子どもたちを放り出せない。遊びの中で楽しいをたくさん感じて、成長してほしいという思いは変わらずにありました。

「そうだ、多摩川河川敷の高津せせらぎ公園ならプレーパークができそうだな。とにかくやってみよう」もやもやした気持ちとプレーパーク立ち上げの思いを、自主保育仲間のやっきー（高プレスタッフの鈴木さん）に話すと賛同してくれ、７人の仲間を集めて2019年10月「高津せせらぎプレーパークやレンジャー」を結成しました。

　高津せせらぎプレーパークは、2020年度の神奈川県川崎市高津区協働事業に選出され、台風で予定地が水害にあったり、緊急事態宣言でオープンが延期されたりしましたが、2020年の８月にようやく第１回目のプレーパークが開催されました。コロナ禍でも343名の子どもたち、親子連れが来場。プレーパークがこの地域でも求められていると思った瞬間でした。

　その後、私は病気をして１年半の間、川崎を離れていましたが、仲間はコロナ禍だからこそ居場所や遊びが必要だと現場を続けていました。

　こうして2022年10月、高プレは３周年をむかえました。

　ある日、準備を手伝ってくれる常連の小学生が聞いてきました。「これって仕事？」「みんなボランティアだよ」といったら「大変だね」と。「でも、子どもたちのために続けていきたいんだよね」といったら「お小遣いをだしてもいいからつづけてほしい」といわれ、涙が出ました。これからも仲間と子どもたちとプレーパークをつくりつづけて、その輪を広げていきたいと思います。

《実践編》6章

自然の力を借りながら育つ、育てる
——森のようちえんでの育ちと運営

菅野幸恵
土井三恵子

NPO法人青空保育ぺんぺんぐさの実践
新しい形で、地域社会を取り戻したい
ぺんぺんぐさの、「育ち合い」
地域の課題を解決するために
「私たちの」コミュニティにするために

森の幼稚園とは
多様な日本の「森のようちえん」
自然と暮らしと地続きの共同生活的な保育
センス・オブ・ワンダーを育む
自然体験のイベント化
自然のなかで育った子どもの発達

森の幼稚園とは

自主保育は基本的に野外での活動でしたが、この章ではさらに、自然や人とのかかわり合い深く子どもが育ち、育てる営みを取り上げます。そのひとつが森の幼稚園（ようちえん）です。本書では、ドイツをはじめとするヨーロッパでの自然保育活動を「森の幼稚園」、日本の活動を「森のようちえん」と区別しています。「幼稚園」ではなく「ようちえん」としている理由は、学校教育法で定められた幼稚園だけでなく、就学前の子どもを対象とした認可施設や認可外施設など、あらゆる保育活動を含む[1]からです。

まず、森の幼稚園は北欧で生まれたとされています。NHKのドキュメンタリー番組[2]で北欧の森の幼稚園の様子をみたとき、保育内容とともにワークライフバランスを大事にする北欧のライフスタイルにも惹かれました。日本でも2000年以降に森のようちえんを謳う実践が増えていきます。調べて見ると、日本にも自然とともに生きる暮らしの知恵や、自然の力を借りる保育の素地があったことがわかりました。

森の幼稚園のはじまりは、1952年にさかのぼります。デンマークでひとりの女性が、我が子たちと森の散策をはじめたところ、彼女の活動に興味をもったひとたちが「ウチの子もぜひ一緒に」と、森へ送り出すようになったのだとか。同時期にドイツでも似たような活動があったようです[3]。もともとヨーロッパには、自然のなかでの保育が生まれる土壌がありました。スウェーデンでは、19世紀から野外生活推進協会という組織が、全年齢層を対象に自然教育分

---

1 NPO法人森のようちえん全国ネットワーク連盟HP

2 NHKスペシャル世界の子育てことば 2001年6月2日放映

3『森の幼稚園』イングリッド・ミクリッツ 国土緑化推進機構監訳（風鳴舎）3頁

野での活動を提供しています[4]。また、ドイツでは、1840年に幼児教育の祖といわれるフレーベル[5]が世界最初の幼稚園（キンダーガーデン）をつくりました。当時、フレーベルは子どもを植物にたとえ、幼稚園は子どもが伸びて花咲く「庭」でないといけないと考えたのです。イタリアのモンテッソーリ[6]やドイツのシュタイナー[7]も、子どもが自然と触れ合うことを重要視しました。現在のヨーロッパでは、デンマークをはじめ、ドイツ、スイス、スウェーデンなどで、森の幼稚園が発展しています。

日本でも、自然のなかで子どもを育てようという試みは「森の幼稚園」が輸入される以前からありました。日本の幼児教育や保育界を先導してきた倉橋惣三[8]は、1912年に「森の幼稚園」という空想小説を発表しています。それは森のそばにある普通の家のような幼稚園。その園庭には四季の草花が植えられ、果樹園や畑もあります。また、1922年には元教員の橋詰良一が「家なき幼稚園」[9]をはじめています。さらに、戦後には青空保育、おさんぽ会という試みがあったようです。屋外を主な活動拠点とする自主保育が始まったのは、1970年代のことでした。日本における森のようちえんの先駆者と言われる内田幸一が、野外保育活動を始めたのは1980年代。デンマークなどヨーロッパの森の幼稚園が日本で知られるようになったのは、写真家の石亀泰郎が『森のようちえん』[10]を出版した1995年ごろからのようですが、野外保育[11]の素地はそれ以前からあったのです。

現在の幼稚園や保育所、認定こども園などの幼児教育・保育においても「自然」は重要な保育内容のひとつとして考えられています。共通の指針ともいえる「幼児期の終わりまでに育ってほしい10の姿」のひとつにも、自然との関わり・生命尊重の項目があります[12]。

---

4 ミクリッツ同掲書16頁

5 フリードリッヒ・フレーベル（1782—1852）ドイツの教育者

6 マリア・モンテッソーリ（1870—1952）イタリア。モンテッソーリ教育の祖。将棋の藤井聡太五冠が幼少期に通っていたことで注目されました。

7 ルドルフ・シュタイナー（1861—1925）ドイツの思想家、哲学者、教育者

8（1881—1955）

9 社会事業家であった橋詰良一（1871—1934）によって、1922年大阪府池田市室町に設立された幼稚園。橋詰は著書『家なき幼稚園の主張と実際』のなかで、「子どもは子ども同志の世界に住まわせ、家という建物の枠から開放して、自然のなかで育てるのが何よりの幸福だ」と述べ、園舎をもたず、屋外で自然に親しみながら幼児教育を実践する場を作りました。橋詰の提唱する教育実践は、大正期の児童中心主義の流れに位置づくものとして評価さ

多様な日本の「森のようちえん」

森のようちえんの全国組織であるNPO法人森のようちえん全国ネットワーク連盟は、2008年に設立されました。森のようちえん全国ネットワーク連盟は、森のようちえんを「自然体験活動を基軸にした子育て・保育、乳児・幼少期教育の総称」としています。森とは、自然体験をするフィールドで、森、海、川、里山、畑、都市公園などを含みます。

森のようちえん全国実態調査[13]によると活動形態は、認可の保育所、幼稚園、自然学校、自主保育、認可外保育、青少年教育施設などかなり多様です。〈図6—1、図6—2〉森のようちえんの活動のみを行っているところもありますが、通年実施は2割強、実施が30日未満の施設が4割と、「イベント体験型」の団体が多くを占めています。またなかには、既存の幼稚園・保育所の活動の一部に森のようちえんの活動を取り入れて行っているところもあります。子どもの数は30名以下が7割、常勤スタッフの数は3—5名が（39・1％）と最も多く、小規模なスタイルが中心であることが伺えます。主なフィールドは、森林、近隣の川や里山、自然公園が多く、次いで田畑です。

設立年は2000年以降がほとんど。日本には独自の野外文化保育の歴史がありましたが、そこに「森のようちえん」というある意味キャッチーな言葉が入ってきたことで、急激に増えたのではないでしょうか。2章で見たように、森、川、里山などの自然は、かつての子どもにとっては普段の遊び場でした。そこで遊べなくなったことも、森のようちえんのような自然保

れ、その後家なき幼稚園は、大阪市内に広がり、橋詰の死後は室町の「池田家なき幼稚園」が、室町クラブに引き継がれ、1940年に室町幼稚園と改称されました。
http://lib-ikedacity.jp/kyodo/kyodo_bunken/hashizume.html
http://www.muromachi.ed.jp/history/

10『森のようちえん』石亀泰郎（宝島社）

11 野外保育は、屋外を主な活動場所とした保育活動のこと。

12『幼児教育部会における審議の取りまとめ』文部科学省

13 2014年 全国で森のようちえん活動を取り入れている施設に協力を依頼。179施設から回答。

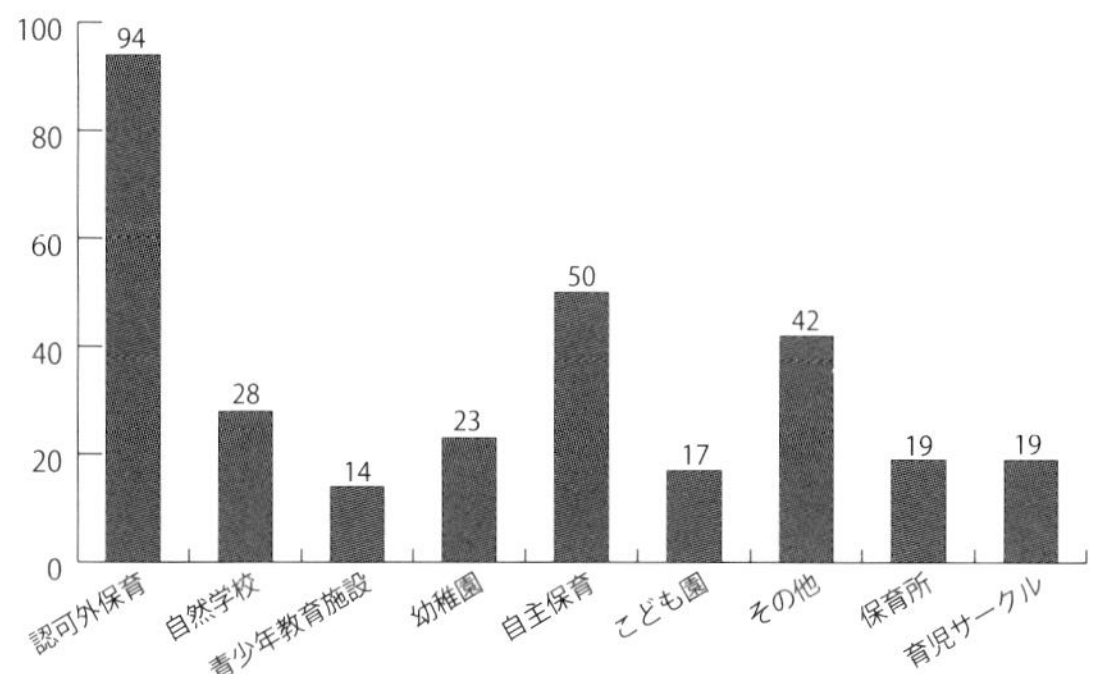

図6－1　森のようちえんの活動形態
（出典：NPO法人森のようちえん全国ネットワーク連盟2023年会員情報より）

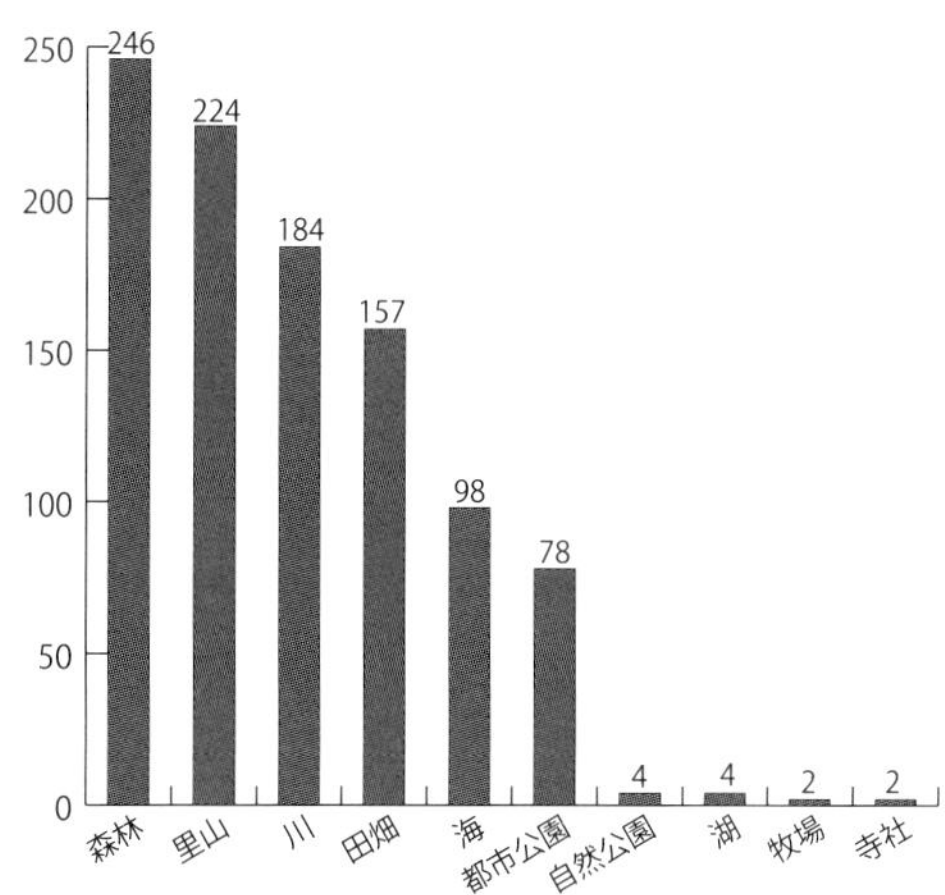

図6－2　主として活動しているフィールド
（出典：NPO法人森のようちえん全国ネットワーク連盟2023年会員情報より）

育が注目されることの背景にあるでしょう。

このように日本での森のようちえんは、設置形態がさまざまです。本書では、「イベント体験型」や「既存の幼稚園・保育所型」に対して、「日常保育型」のことを森のようちえんと書くことにします。これらは幼稚園・保育所のハード面の基準等[14]を満たすことができず、多くが認可外保育施設や無認可として活動しているのが現状です。そのようななか、自治体が独自に自然保育を行う幼稚園や保育所などの保育活動を支援する認証制度があります。まず取り組んだのは鳥取県と長野県です。鳥取では、「とっとり森・里山など自然保育認証制度」が、長野では「信州やまほいく／信州型自然保育認定制度」が２０１５年に始まりました。その後広島県、三重県、岐阜県、山梨県、奈良県でも独自の制度が生まれています。地方での森のようちえん活動は、自然豊かな環境で子どもを育てたいという保護者のニーズとあいまって、地域活性化にもつながるのです[15]。ただ森のようちえんは、自然豊かな地方の特権ではありません。森のようちえん全国ネットワーク連盟に加盟する団体のうち、東京に拠点を置く団体は30以上あります。この章でとりあげる「ＮＰＯ法人青空保育ぺんぺんぐさ」は神奈川県横浜市青葉区で活動していますし、地域性に富んだ活動内容であることも森のようちえんの特徴であると言えるでしょう。

自然と暮らしと地続きの共同生活的な保育

日本の「森のようちえん」とヨーロッパの「森の幼稚園」の大きな違いは、日本ならではの

写真６－１　畑も遊び場

14　幼稚園や保育所の設置基準（ハード面）では、それぞれで備えなければならない部屋の種類、床面積、トイレの数、1日あたりの開所時間等（保育所は11時間以上）が決められています。幼稚園の場合は運動場（園庭）、保育所の場合は調理室（または、それに代わる基準内の外部搬入も可能）があること等が求められます。またソフト面がネックとなり、あえて認可外保育や無認可を選ぶ園もあります。認可となると、直接契約ではなくなるため保護者のニーズとの不一致が生じたり、偶発性を大事にしたいのに、きっちりと保育計画を立てなければならないなどです。

自然を生かした伝統文化や地域食にかかわる里山文化が多く組み込まれていること[16]にあるとされます。私もかつてドイツ・ミュンヘン市の森の幼稚園をいくつか訪ねましたが、住宅街をちょっと抜けるといきなり深い森が現れることに驚きました。日本のように森と人びとが生活する里の中間にある、里山のようなものはありません。里山とは、「原生的な自然と都市との中間に位置し、集落とそれを取り巻く二次林、それらと混在する農地、ため池、草原などで構成される地域」[17]のことを指します。里山は、農林業などに伴うさまざまな人間の働きかけを通じて形成・維持されてきた環境です。言葉を代えれば、人間と共存するために作られた自然といえるでしょう。序章で日本人にとって自然は当たり前にある身近な存在であったと述べましたが、里山の存在はそれをよく示していると思います。人びとの暮らしの地続きに自然があったのです。

日本の森のようちえんでは、田畑の活動[18]や地域の風習を取り入れているところがあります。畑と言っても芋を掘るだけのいいとこどりではなく、苗を植えて、水やりや草とりをして、収穫、それを調理して食べるまでを経験します。イベント的な非日常ではなく、日常のなかに自然がある。それが日本の森のようちえんの特徴のひとつであるといえるのではないでしょうか。

また、日本の「日常保育型」の森のようちえんの多くは、大人たちの関係性も重要視しているようです。先の全国調査でも、217団体に求めた「最も大切にしている考え方」の項目の分析で得られた5つの概念のなかには「子どもの成長を大人みんなで見守る」、「大人が育ち合うなかで子どもを育てる」という答えが含まれていました。森のようちえんは、子どもの育ちの場だけではなく、「子どもをもつ家庭のコミュニティであり、大人が学び合う場、子育てを

15 7章参照
16 NPO法人森のようちえん全国ネットワーク連盟HP
17 環境省https://www.env.go.jp/nature/satoyama/top.html

写真6－2　みんなで稲刈り

写真6－3　豊作だ

18 畑活動といっても子どもは作業をせず、そばで遊んでいることもありますが、それも昔ながらの風景と言えると思います。

協力し合える場」[19]でもあるのです。

センス・オブ・ワンダーを育む

森の幼稚園・ようちえん活動では、「自然には、子どもが育つ上で大切な要素がある」と考えられています。具体的にどんなものか見ていきましょう。幼児教育や環境教育が専門の今村光章さん[20]は、「森のようちえんでは保育者の意図性と計画性が通じない」と言います。なぜなら自然の森や川、山などの自然環境では、教育的配慮がわずかしか入り込めず「意図しない偶然」がよく起こるからです。自然のなかでは何が起こるかわかりません[21]。偶発性は、人間が成長していくうえで必要な体験のひとつ[22]です。偶然起こったことを「おもしろい！」と思うことで、「やってみよう」という意図が生まれます。偶然が意図を生み出すのです。

何が起こるかわからないということは、思い通りにならないということでもあります。自然の世界は、「こちらがいくら泣いても叫んでも決して変わってくれない」[23]ものです。天候を含めた自然とのかかわりのなかで、自分の力の限界を知り、やりたいことを実現する対応力が身に付いていきます。思い通りにならない自然のなかは室内のように快適ではありません。不便に感じられることもあるでしょう。冬の寒い日にじっとしていたら、ますます冷えてきます。不便さに耐える経験を人生の早い時期にしておくことは、子ども自身は不便であるとは感じていないかもしれませんが、持続可能なライフスタイルを維持するのに役立つ[24]と考えられます。

自由度が高い（制約がない）ことも自然の特徴です。自然界にあるものは、どのように遊ぶ

写真6－4　わたしもやりたい

19 前出森のようちえん全国実態調査

20『森のようちえん』今村光章（解放出版社）

21 予測しない危険に遭遇する可能性ももちろんあります。多くの森のようちえんでは、事前にスタッフがその日の活動場所の下見をして安全を確認しています。またNPO法人森のようちえん全国ネットワーク連盟では、独自の安全認証制度を設けています。

22『本当は怖い小学一年生』汐見稔幸（ポプラ新書）

23『心理学をめぐる私の時代史』浜田寿美男（ミネルヴァ書房）6頁

24 ミクリッツ　前掲書82頁

のかは決まっていません。大きな葉っぱをお皿に見立てて、そこに土でつくった料理を並べる子もいますし、傘にする子もいます。ある子どもは黄色く紅葉した銀杏の葉をちぎって"はちみつ"に見立てていました。広がる原っぱは大海原になり、そこに点在する石は島に。自然のなかには何ひとつとして同じものはない、つまり多様であることも、自由度を高めます。

さらに自然のなかでの体験、とくに4大元素「地・水・火・風」に触れることは、子どもの五感を直接刺激します。枝で土をほじくる、ほじった土に水を混ぜてこねる、水たまりがあればはまる、したたり落ちる雨粒を口に入れる、風で舞い上がった土ぼこりが顔にあたる、雨上がりの土の匂いを嗅ぐなどです。五感だけではなく、でこぼこの地面を歩くことによって、自分のからだの位置、動きや力の入れ具合、バランス感覚も鍛えられます。

自然のなかでは、さまざまないのちに出会います。それらを優しく愛でることもありますが、時には好奇心のまま乱暴な扱いをしてしまうことも。羽がもがれたトンボは飛ぶことはできません。花は摘んでしまったら、もう咲いてくれません。いのち、資源の有限性に出会うのです。ある子どもが見つけた蝶を他の子が「私にも触らせて」と取り合いになりました。お互いが羽をもって引っ張り合った結果……蝶のからだは真っ二つに。一瞬気まずい空気が流れました。蝶には気の毒ですが、失われる体験、いのちに限りがあるとわかるからこそ、大事にしようという気持ちも生まれます。

これらを通して育つものはなにか。ひと言でいうとしたら、センス・オブ・ワンダー（神秘さや不思議さに目を見張る感性）[25]です。生物学者のレイチェル・カーソンは、甥のロジャーとの自然遊びのなかで、この感性の重要性を見出し、「子どもたちが出会う事実のひとつひとと

写真6－5　落葉きれい

写真6－6　根の上をよいしょ！

写真6－7　生き物と一緒に

つが、やがて知識や知恵を生み出す種子だとしたら、さまざまな情緒やゆたかな感受性は、この種子をはぐくむ肥沃な土壌です。幼い子ども時代はこの土壌を耕すときです」[26]と述べています。自然は子どもたちに「なんだこれ?」「どうなってるの?」「おもしろい!」という感情をもたらすものなのです。そしてそれは、知的好奇心を育みます。

自然体験のイベント化

日本では、子どもたちが自然に関わる機会が減っていると言われます。国立青少年教育振興機構が行った調査[27]によると、2000年代以降に、「海や川で泳ぐ」「昆虫をつかまえる」といった自然体験に減少傾向が見られました。3歳から小学生の子どもをもつ保護者を対象にした調査[28]では、自然遊びの頻度が月1—3回が最も多く(44%)、次に多かったのは「ほとんどしていない」です(36%)。自然体験をする場所として人気が高かったのは、自宅から多少離れた自然を体験しやすい場所でした。自宅や身近な場所でという回答もありましたが、自然豊かな場所を合わせると、自然体験は「自宅(生活の場)から離れたところですること」というイメージを保護者が持っていることが伺えます。「自然体験」という言葉にもあらわれているように、子どもと自然との関係は非日常化しており、イベントとして自然に関わらざるを得なくなっているのでしょう。

写真6－8　桑の実とれたね

25『センスオブワンダー』レイチェル・カーソン上野恵子訳(新潮社)
26 カーソン 前掲書24頁
27 https://www.niye.go.jp/kanri/upload/editor/154/File/gaiyou.pdf
28 NPO法人森の学校が2021年に行った。https://saas.actibookone.com/content/detail?param=eyJib250ZW50TnVtIjoxNjQzMDh9&detailFlg=0&pNo=6

自然のなかで育った子どもの発達

自然のなかでの体験は、３章で述べたようにあくまで結果として子どもたちの発達につながる遊びであり、効果を期待して行うものではありません。それを前提としたうえで、自然とのかかわりが発達とどのような関係があるか、おさえておきましょう。国立青少年教育振興機構[29]は、自然体験が豊富な青少年ほど、自己肯定感や失敗してもあきらめずにへこたれない力、常に新しいことに挑戦しようとする意欲などが高い傾向があることを明らかにしています。

ドイツで行われた調査では、森の幼稚園出身の子どもは、普通の幼稚園出身の子どもたちよりも「動機付け、忍耐、集中」「社交的行動」「授業中の協働」の点において優れていると評価されました。なかでも評価が高かったのは「授業中の協働」で、具体的には「空想に満ちている」「独創性を発揮する」「適切な言葉で自分の意見を述べる」「自分の立場を主張する」などだそうです[30]。日本の森のようちえんの調査[31]では、森のようちえんに通っていた子どもは既存の幼稚園や、保育所に通っていた子どもよりも総じてポジティブで、自分に自信をもち、多少の困難も自分の力でしなやかに乗り越えていける力を身につけている傾向があることが明らかになっています。からだや運動面では、森のようちえんに通っていた子どもは土踏まずがしっかりと育ち、骨密度など体の組成も全国平均を上回り、体力面（25M走、ボール投げ、体支持、立ち幅跳びなど）でも全国平均を上回っていました[32]。

脳医学者の瀧靖之（たきやすゆき）さん[33]は、自然のなかで遊ぶことが、子どもの脳の発達において重要な役

29 国立青少年教育振興機構『子供の頃の体験がはぐくむ力とその成果に関する調査研究』2018年
30『ドイツの自然・森の幼稚園』ペーター・ヘフナー（公人社）
31「森のようちえん」の教育的効果　山口美和『森のようちえんの世界』（トヨタ財団）18―22頁
32 野外の活動を中心とした保育で育つ子どもの体力及び身体の育ちについて　依田敬子『森のようちえんの世界』（トヨタ財団）26―27頁
33『アウトドア育脳のすすめ』（山と渓谷社）36頁

割を果たしていると指摘しています。たとえば運動機能の場合、運動野の発達は3―6歳の間にピークを迎えます。舗装された道路を歩くよりも、でこぼこした自然の道を歩いたり、岩や木を手でつかんで登ったりすると、からだのいろいろな部位を使うことになり脳が発達するそうです。

こう並べてみると、自然のなかで遊ぶ経験にはものすごい「効果」がありそうです。なかでも私が注目したいのは、困難をしなやかに乗り越える力、専門用語では「レジリエンス」と呼ばれるものです。あきらめない力と言ってもいいと思います。先述したように、自然は自分の思い通りにならないことが多い世界。それでも飽きずに関わろうとするのは、何かしらの反応があるからです。虫を捕まえようとしても力の入れ加減で逃げてしまったり、羽がちぎれてしまったりします。そこで、どうしたらうまく捕まえられるのかと自然に合わせているうちに力を調整できるようになるのです。そのように挑戦と失敗を繰り返すことで、あきらめずに関わる力がついてくるのではないでしょうか。

では、自己肯定感や他者と協働する力となる協同性は、「自然」とどう関係するのだろうと思う人もいるかもしれません。これも先述した自然の特性である偶発性や自由度の高さなどが関係していますが、それだけではないと思います。さっそく、具体的な実践を通して考えてみましょう。

ここからは土井三恵子さんにバトンタッチして、NPO法人青空保育ぺんぺんぐさの実践を紹介していただきます。

NPO法人青空保育ぺんぺんぐさの実践

土井三恵子

新しい形で、地域社会をとり戻したい

誰が誰のお母さんだか、わからない

青空保育とは、「森のようちえん」[34]と同じ意味と捉えています。森のようちえんとは、デンマーク・ドイツなどでさかんな幼児教育のひとつですが、日本国内でも「青空保育」という呼び方で、戦後から似たようなとり組みが行われていました。その素朴な響きが好きで、このように名乗っています。

ぺんぺんぐさは、保育スタッフ5人と運営スタッフだけでなく、保護者もともに手づくりで運営している、「自主運営の森のようちえん」です。横浜市北部の市境を越えて、奇跡的に残っている広い里山地域や自然ゆたかな公園が、私たちのフィールドです。保護者同士で保育をする自主保育とは違い、保育専任のスタッフが保育を行いながらも、保護者も運営に参加している「規格外の」保育施設です。深い関わり合いのなかで大人も子どもも育ち合う、幼児教育の場であると思っています。大人も子どももひとりひとり対等な存在として捉え、「先生」はいません。私も子どもたちから「みえこ」と呼ばれ、母親たちも「かおりちゃん」「えいちゃん」など愛称で呼び合っています。

34 国内における「森のようちえん」は、NPO法人森のようちえん全国ネットワーク連盟によると、広く野外活動を行う団体を示しています。「イベント体験型」に対して、「日常保育」を行う森のようちえんには「スタッフ主導型」「自主保育型」「共同運営型」「既存の幼稚園・保育所に森の活動を取り入れる形」等、運営形態も多様に存在しています。
ぺんぺんぐさは、現在「スタッフ主導の共同運営型」といえます。

私は園長として、保育者と運営者の両方を担っており、今回は主に「運営者としての視点」から、森のようちえんの特長[35]や、維持継続するための運営の工夫点などを、実践例を交えてお伝えします。

青空保育ぺんぺんぐさとは

▼小さい子ぐみ（1～2歳児）大きい子ぐみ（3～5歳児）23名（2023年現在）が、
▼全クラス合同保育や、別々の保育もあって、いろいろな年齢構成の組み合せで過ごし、
▼少人数異年齢保育や、人工物を極力減らした自然の中で過ごすことにより、深い関わり合いの中で育ち合う。
▼お母さん（時にお父さん）も、預かり保育に月1回程度ずつサポートに入り、
▼運営面でも、「できる人が、できる時に、できることを」と、力を出し合う。

「みんなで子どもを見守る」ということを大切にすることで、「子どもと保護者の安心感につながる」と考え、子どもの育ちの様子は、いろいろな形で分かち合っています。保育者からのおたよりや懇談会で伝えたり、日々の保育後の簡単な報告会をつみかさねたり。そこに、0歳からの親子ぐみも、月2回加わって一緒に過ごしています。

送迎時や保育後はいつも、赤ちゃんもいっぱいいて、見学に来た人からは、「誰が誰のお母さんだかわからない」とよく言われます〈写真6―9〉。赤ちゃんが泣けば、いろんな人が抱っこして、子どもたちは親以外の大人とも仲良くなって、大家族のようだと言われることもあります。年々、お父さんの参加や協力も増えています。

35 森のようちえんは、126頁の説明のように様々な形態があり、また地域性を生かした保育であることも多いので、じつに多種多様です。ここではひとつの参考として知っていただければと思います。

写真6－9　赤ちゃんもいっぱい

基本的な1日の流れは、とてもシンプルです。

外で集合して、
外で遊んで、
外で食べて、
時に、外で眠って、
外でお迎えを待つ。

そうすると、「自然」は「遊びに行くところ」ではなく、「過ごすところ」となり、都会の子どもでも、四季折々を体いっぱいに感じて、感受性ゆたかに育ちます。観察力や五感が研ぎ澄まされて、雨が降っても嫌がらずかえって喜びは大きく、雨やどりやたき火をしながら、寒くない日はびしょ濡れになって遊びます。

広い畑を使えるようになり、雨やどりしながら遊べるように、助成金で大きな休憩小屋を建てました〈写真6—10〉。また近年のはげしい天候への対策のため「おうち」も借りて、現在は、万一の避難場所・保護者の交流場所・スタッフの仕事場として使っています〈写真6—11〉。

「ひとりで子育てしないで」

「子育てしにくいのは、お母さんのせいじゃないよ」と伝えると、たいていの人たちは驚きます。若いお母さんたちは自分のせいだと思いこんで、悩みをより深くさせています。本来人間は、遺伝子的に「群れ」でないと子育てできないのに、それを知らされていないのです。

2016年のNHKスペシャル[36]で、話題になりました。科学的に証明されていることであり、

写真6－10　広い畑と避難小屋

写真6－11　ぺんぺんの「おうち」

36　NHKスペシャル『ママたちが緊急事態!?～最新科学で迫るニッポンの子育て～』2016年放映

地域社会が変化して助け合うことが減ったから、育児が難しくなっている[37]。「もっと早くに聞きたかった」と、みな口をそろえて言うのです。さらに、お産も子育ても大変だしお金もかかる、と若い人たちは恐れています。多くのメディアも、その不安をあおるような情報を頻繁に発信しています[38]。本当は、工夫して楽しく乗り越えている人たちも少なくないのに、ひどい情報の偏りです。

「ちがうよ、子育てしにくいのは社会のせいだよ。新しい形で地域社会を作り直そうよ」、そんな想いをこめて、2012年に4人のお母さんたちと一緒に立ち上げたのが、ぺんぺんぐさです。偏りがちな情報社会の中で、大切なことや知恵を地域の人たちにも知ってもらい、つながり合う子育ての安心感を体感してもらうために、日々の保育活動と並行しながら、地域への働きかけも継続してきました[39]。立ち上げ当初から定期的に外遊び体験会・育児相談会や、講演会・自主上映会・学習会など。子育てしやすい街づくりのための活動も、微力ながらコツコツ続けて11年、いまではあたたかいまなざしをいただくようになったり、応援の言葉もいただき、保育活動もずいぶんしやすくなってきました。

子育ては、楽しい⁉

「ひとりで子育てしないで」これがぺんぺんぐさの、第一の合言葉。子育ては、ひとりだとまさに「苦行」のように辛いもの。でも、仲間が一人でもいれば、話を聞いてくれる人がたった一人でもいれば、ふしぎなことに、苦しみは半分になり、喜びは倍以上になります。子どもを通して、今までとはちがう価値観の人と出会うこともできて、視野が広がります。こんなに

37 戦後高度成長期から地域が急速に変化し、核家族が増えましたが、まだ「井戸端会議」「隣りにお醤油を借りに行く」「近所に上がり込んで夕食をいただく」ということが残っていました。でもいまは「ワンオペ育児」「孤育て」「密室育児」などの言葉があふれています。

38 お産についても産科医の故・吉村正さんは、「本来お産はたのしい」などと、著書『お産ってたのしくなくちゃね(農文協)』などに書いています。計画分娩を追求後、自然分娩に転換、2万例を超える自然分娩に立ち会う。お産は「病気」ではなく「生理的現象」であり、難産のほとんどは現代病、身体を動かして井戸端会議してほがらかに過ごして生理的機能を上げておけば、99%ツルンと生まれる、と全国各地で訴えてきました。このような事実がほとんどの人の耳には入らず、情報がひどく偏ることに問題があると思います。

39 生後8ヶ月頃からだれでも参加できる「土と水と草と虫と

すてきなことはない。「子育ては楽しいよ」と伝えると、学生さんはやはり驚きますが、「少し安心しました」という感想をいただくことも多いです[40]。

古き良さ子育てを見直すこと……つまり「ひとりで子育てしないでね」「おたがいさまの安心感あふれるのびのび育児」や「新しい形で地域社会を作り直すようなことをやってみよう」という試みが、ぺんぺんぐさです。里山保育経験をもつ保育士の私が、「保育士が軸を示しながら一緒に手づくりする自主保育」としてはじめはスタートしました。横浜市青葉区は自主保育が根付かない地域でしたが、保育士がいる自主保育ならできるかもしれないと思ったからです。

自主保育でもなく、自然派幼稚園でもなく

私には、自主保育をしてきた友人が何人かおり、一人の母親としても少し経験があります。母親同士で保育を行う自主保育の現場では、子どもとのかかわり方の、ケンカひとつについても母親同士でじっくり時間をかけて話し合います。そのためには、自分の想いや考えにとことん向き合う必要があり、それは辛くもあり豊かな時間です。そして仲間の想いも聞き、自分の想いと照らし合わせながら、ひとつのトラブルだけでも丸一年答えが出ないことさえあるそうです。頭だけで子育ての知識を得るのでなく、体を十分動かしながら育ちの場を試行錯誤し知恵を得る、そんな大人の背中を見ながら、子どもたちは安心して育つのでしょう。

私たちは、そこに保育士を加えて自主保育を始めました。しかし、実際に見えてきたいろいろな課題と、横浜市青葉区の地域性[41]を考えて、6年目にして自主保育ではなく、保育スタッフが保育を行い運営もスタッフが担う「スタッフ制」に変え、7年目にはNPO法人になりま

あそぼう会」を毎月開催し、空の下で輪になって育児相談のおしゃべり会もしたり、ご近所マッチングもしてきました。講演会は、プレーリーダー天野秀昭さん、川崎市子ども夢パーク西野博之さん、横浜Umiのいえ齋藤麻紀子さん、月刊クーヨン編集長戸来祐子さん、菅野さんにご協力いただきました。ありがとうございます。また自主上映会なども通して、地域にむけて、外遊びや子どもの育ちに大切な本質を発信し続けてきました。

40 メディアの情報が一方に偏っているので、あえて強く伝えています。産む・産まないの選択はそれぞれであったとしても、お産や子育てを目の前にした時、お産や子育てを楽しんでいる人たちもいると知っていたり、産む力・生まれる力・育つ力があると知っていれば、肩の力も抜けるのではないかと思います。

41 「公園にはだれもいない」とよく言われるほど、外遊び人口が少ない地域でした。個性的な幼児教育施設も多くあり、選択肢が多いと当初は、

した。それでも「自主運営＝手づくり保育」をあくまでも貫いています。スタッフはいますが、保護者は「お客様」ではありません。保育は「サービス」でもありません。「少しずつ力を出し合って、手づくりする青空保育」と考えています。しいていうならば「自主保育と、自然の中で遊ぶ自然派幼稚園の、両者の長所を合わせ持った保育」かもしれないと思っています。

古くて新しい子育て

ぺんぺんぐさは、古き良き子育ての一方で、『新しい保育観・教育観』というものも大切にしています。北欧などを中心に展開されている、「子どもが主人公」「ひとりひとりの多様性を尊重」「自由と自律」「対話を通して育んでいく」などといった考えです。成熟した民主主義を実現するための教育として、「民主的な教育」とも呼ばれています。また、『新しい学力』（創造力・判断力・問題解決力・非認知能力……）の基礎づくりも意識しています。

でも、そのような『新しい教育』は、保護者や保育スタッフである私たち大人は、受けて来ていないのです。だから『新しい教育』を試行錯誤して、悩みながらわかち合いながら「大人も子どもも、安心感の中、自然の中で育ち合う」ということを、日々実践しています。

ぺんぺんぐさの「育ち合い」

手を出さない、口を出さない、目を離さない。
そして、時々大人がガキ大将。

「大変だから別の幼稚園の方がいいかも」という声がささやかれたこともありました。大所帯になり、係の引きつぎもむずかしくなりました。自主保育をどんなに説明しても、「育児サークル」のように見られがちだったことも理由のひとつかもしれません。
でも、「手づくり保育」のあたたかさと安心感を、自主保育できるガッツのある人にしか味わえないのは、もったいない。こうして、自主保育と自然派幼稚園の中間点を目指すことになったのです。

これが、ぺんぺんぐさの第2の合言葉です。もちろん子どもに向き合うのが保育であり、放任の子育ては勧めていません。しかし、保護者も保育に加わるので、過干渉気味の子育てへのヒントとして、わかりやすい表現を使っています。いま少子化により、良くも悪くも大人の目が行き届きすぎるから、手出し口出しの「し過ぎ」をやめよう、自ら育つ力を発揮し合う「育ち合い」を妨げないようにしよう、そして時々大人も思いきり遊んでみよう、という意味です。この合言葉は、毎月のオープンデイである外遊び体験会「あそぼう会」で参加者さんにも伝えます。そして実際遊んでみて「こんなにいきいきとした我が子の表情は見たことがない」と、喜びの声が多く聞かれています〈写真6―12、写真6―13〉。

合言葉の理由と背景については、オープンデイでもかならず説明しています。

①自分の興味あるものを自分で見つけて、自分で手に取って、自分のペースでじっくり遊び込むという体験がいまの子どもたちには欠けている。自分で遊んだという、その小さな自信のつみかさねが、その後の小学校生活での知的好奇心などにつながるはず。

②きょうだいが多く、近所に子ども集団があり、ガキ大将がいた頃は、モノの取り合いやケンカや理不尽な思いをたくさん経験して、たくましさ・知恵・打たれ強さが育くまれていた。が、いまは学校の授業で「レジリエンス（回復力）」を授業で教えてもらう時代になってしまった。

③とはいえ、危なっかしい年ごろだから目を離さないで。高い所にいれば頭から落ちる体形です、危ないケンカは、よその子であっても止めてください。（モノを持ったままのケンカ、不安定な場所でのケンカ、力の差がある場合や、顔・頭・腹などへの攻撃など）

写真6－12　あそぼう会

写真6－13　育児相談のおしゃべり会

つまり、これは古き懐かしき「おたがいさまの子育て」のキーワードです。キャラクターや、オモチャ、遊具、イベント、習い事など、いまの時代、大人にお膳立てされた「与えられる遊び」が圧倒的に増えていますが、実は子どもは石ころ一つ落ち葉やドングリだけでも、じゅうぶん遊べます。「自然・同じ年頃の子ども・あたたかいまなざし」さえあれば、これだけ遊べるんだ、子育てはシンプルでいいんだ、ということを「体感」してもらう機会としています。

小さい子ぐみは、シンプルにくり返しの毎日

小さい子ぐみは、1歳半から2歳の子どもたち約10人が、週2日、一年中とにかく土と水で黙々と遊んでいます〈写真6—14、写真6—15〉。春を感じ、夏を感じ、友だちにも興味を持ちはじめて、虫や生きものにも出会って、秋を冬を感じていきます。「ひと時として〝同じ〟ということがない」のが、自然です。土と水と虫や草だけでも、外遊びはシンプルなように見えて、五感をくすぐる素材にあふれており、実は体験の量と質がとても豊富です〈写真6—16〉。「くりかえしの毎日」という安心感の中で、おだやかな変化と刺激を感じ、2歳ごろになると、少しずつ遊びも広がってきて、子ども同士の関わり合いのなかでの遊びが増えていきます〈写真6—17〉。ゆっくりゆっくりと、その子のペースで内側が熟されていくと、おのずと「友だちと一緒」「みんなで同じこと」が楽しくなっていきます。その「順番」が実に大切で、十分にひとり遊びを体験したあと、絵本や対話の時間、造形なども楽しむようになっていき、その後の大きい子ぐみの活動に移行する時も、スムーズなつながりとなっていきます。

この小さい子ぐみの前にも、ゆっくり「自然とよその人たち」に慣れていくための親子ぐみ

写真6－14　小さい子水遊び

写真6－15　小さい子どろ遊び

写真6－16　小さい子虫との出会い

もあり、十数組の0～1歳の親子が小さい子ぐみ活動に、月2回加わっています。

大きい子ぐみは、囲われていない自然のなかへ

3～5歳児（年少・年中・年長児）は、大きい子ぐみと呼ばれ、緑地公園や畑でたっぷり自由遊びも味わいますが、「囲われていない自然」、つまり里山地帯にも出かけます〈写真6—18〉。雨の中でも歩いたり、大きなガケを上り下りしたりすると、顔つきがぐんと変わって、遊びがダイナミックになり、たくましくなっていきます〈写真6—19〉。子どもたちは四季折々の自然を体いっぱいに感じます。里山は一期一会にあふれ、桑の実やキイチゴなどの里の恵みを味わったり、虫などの生き物にもたくさん出会います〈写真6—20〉。カエルになったばかりのちびガエルの大移動に出会ったり、何キロも続くアリの行列を追ってみたり、羽化してまもなく飛んでいるトンボは捕まえやすいことを知ったり……いろいろな発見があります。あたたかい雨の下は、格好の遊び場。大きい子ぐみになると、雨の日はかえってテンションがあがり盛り上がります。通り雨や雨上がりは、最高の気分になります。

畑しごとは、大人がやってあげるのではなく、子どもも一緒にとり組んでいます〈写真6—21〉。畑で収穫した野菜をそのまま丸かじりしたり、クッキングして味わうことも。大きい子になると、野外活動を補うために造形活動や絵本の時間、対話の時間も大切にしています。自然遊び自体が造形活動のように、美しい泥や草花などの作品が出来上がることも多いです。子どもたちの発想は豊かで、そばで見ている大人がハッとするほど美しいものを、ものすごい集中力でつくったりします。

写真6－19　大きい子遊びも大きく

写真6－18　大きい子里山へ

写真6－17　小さい子関わり合い

夏は、せせらぎや川に入ったり、水を頭からかぶったり、水のかけ合いやホースの水とばしなど激しい水遊びを楽しみます〈写真6―22〉。ひたすら濡れて、ひたすらザリガニやセミなどの生き物を探します〈写真6―23〉。濡れたまま過ごして木陰さえあれば、気温34度くらいまでは快適に遊べます（35度以上はプール遊び）。水は心を開かせてくれるので、子どもの育つ力がぐぐんと芽を出し、その後の遊びが大きく変わります。だから夏に休むのはもったいなくて、夏休みはお盆の期間だけにしています。

秋は、木の実や日々彩りの変わる木々を楽しみ、活動的になるため、おのずと走りまわることが増えます〈写真6―24〉。冬は、ヘビもスズメバチもダニも出ないので、山奥や藪にもどんどん分け入って探検します。氷や霜柱や雪や寒さを楽しみ、冬眠中のカエルに出会うことも。たき火も楽しんで、ひたすら焼き芋を味わうことも楽しみのひとつです〈写真6―25〉。

行事は見せるためでなく、子どもたちと作っていく

ぺんぺんぐさでは「日常」を大切にするために、子どもの行事は最小限にしていますが、夏には夕涼み会、秋には運動会と芋ほり大会があります。どの行事も保護者に出来ばえを披露するものではなく、家族ぐるみでわいわいと交流することを主目的にしています。保護者から実行委員を募って、企画準備したり、力仕事をおねがいしたり、保護者によるバンドやダンスなどを披露してくれることも多いです。とくに運動会は、誰も座っていられないほど、競技参加と手伝いで忙しく動き、事前練習がほとんどない、わいわいと楽しい運動会。とても人気で、ぺんぺんぐさは小さな会ですが、毎年１００人以上の人が集まります。

写真６－20　大きい子一期一会

写真６－21　大きい子畑しごと

写真６－22　大きい子ひたすら水

ただし運動会については、せっかく行事をやるならば、年中・年長児を中心に、話し合いと準備を重ねて「自分たちの運動会」にできたらと思っています。「どんな運動会にしようか」「小さい子たちをどのように招待しようか」「自分たちの種目は何にしようか」など、3週間くらいかけて遊びの合間に話し合いを重ねています〈写真6—26〉。

コロナのはじまった2020年は、どの幼稚園も小学校も、縮小し制約のある運動会になりました。お兄ちゃんお姉ちゃんをもつ子どもからも、そんな話題があがり、ぺんぺんの運動会どうする？ということを、子どもたちとも話し合いました。「お母さんが見に来ない運動会はどうかな？」というアイデアが上がれば「小さい子、お母さんがいなかったら泣いちゃうよ」という意見が出たり、「じゃあ年中年長だけでやったらどう？」というアイデアが上がると「でも、小さい子やりたくて泣いちゃうんじゃない？」という意見が出たりして、大人も頭を悩ませながら、内容を決めました。

運動会前だけでなく、年中年長児はふだんから「対話の時間」を持ち、自分の気持ちに気づき言葉に表わすこと、友だちと言葉を出し合って理解を深め合ったり折り合いをつけることをとても大切にしています〈写真6—27〉。遊びや生活を作る主人公になること、多様性を尊重し合うことにつながればと思っています。

安心感が、少子化対策のカギ？

さて、保育には交替で保護者がサポートに入るため、その赤ちゃんを預かる時間もあります。これは自主保育時代のなごりで、お母さんの中から「赤ちゃんボランティア」を募り、その人

写真6—23　大きい子ひたすら虫

写真6—24　大きい子走りまわる

写真6—25　大きい子焼き芋

をリーダーに、自主活動的にみんなで赤ちゃんを預け合っています〈写真6―28〉。その時間は担当外のお母さんも加わって、井戸端会議を楽しんだり、その赤ちゃんどうしの交流も、かなりいい育ちにつながっています。助産院の周辺だったり、お母さんたちが仲良くなれる雰囲気づくりをしている幼稚園の周辺だったり、「安心感のある場では子だくさんになる、」というのはいろいろな人たちが経験的に感じていること。ぺんぺんぐさも3人きょうだいも多く、4人きょうだいもいて、赤ちゃんがゴロゴロ生まれる、という感覚です。「赤ちゃん率」が80％近く増えて、保育サポートを組むのが大変だった時期もあるくらいです。安心感があって、身近に子だくさん家族を見ていると、お金の計算をしなくても、理屈でなく産める気になってしまうのかもしれません。国の少子化対策は、ピントが外れているような気がします。

子どもの「自ら育つ力」を信じて見守り、その力を引き出す「自由保育」

これが、ぺんぺんぐさのめざす保育です。ただ自然のなかで保育すればいい、というわけではありません。そして、自由保育とは、「放任」でもなく「いいなり」でもありません。

▼安心感のなかで
▼心を開くこと
▼遊び込むこと
▼育ち合うこと

まずは、これらの環境があって、はじめて子どもたちは「自ら育つ力」を発揮される、と考えています。この簡単そうな4つのことですが、いまの世の中、それが実にむずかしい時代と

写真６－26　年中年長話し合い

写真６－27　年中年長対話

写真６－28　赤ちゃんの預け合い

なってしまいました。

「安心感」……大人はよかれと思って先回りをしがちです。「それでいいよ」と子どもたちを比べずに受け止められるか、安心して喜怒哀楽を受け止められるか、欠点を指摘するのでなく「宝物」を持っているね、と言えるでしょうか〈写真6―29〉。

「心を開く」……スナップ写真のように笑うことは簡単ですが、「心底笑う」のは、喜怒哀楽を出しきって遊び込んではじめて、見られる表情です〈写真6―30、写真6―31〉。

「遊び込む」……「遊びが大切」と誰もが言う時代になりましたが、つい大人の都合で時間で区切りがち、遊びが与えられがち、大人が飽きてしまいがち、アドバイスしてしまいがち。このことは、専門家でさえむずかしいと思っています。

「育ち合う」……いま、モノと情報にあふれて、時間の流れも早いです。「適度な刺激」で十分なのに、つまり「自然と、少数の友だちと、あたたかいまなざし」さえあればいいのに、それを保障するのがむずかしい。子育ては、ほんとうはシンプルでいい。営まれているのはささやかな日常、だからこそ子どもの心は大きく動く、ということが見過ごされがちです。

安心感は、子どもたちを育てる

以上の4つの環境は、自然そのものが持つ「教育力」を最大限に生かすためにも必要です。大きい子ぐみになるとこれだけではありませんが、4つの中でいちばん大切にしているのは、「安心感」です〈写真6―32、写真6―33〉。具体的に「安心感」とは、自然のなかで情緒が安定することだったり、過剰な干渉を受けずにとことん好きなことを遊べることだったり、あた

写真6－29　喜怒哀楽は大切

写真6－30　遊び込む

写真6－31　心を開いた笑顔

たかいまなざしだったり、ひとりで子育てしないという親子ともに感じる安心感。そして保育の専門性などを活かし、家庭からの第一歩であるぺんぺんぐさでの生活を通して、「この世界は信頼に値する」ということを、子どもたちに感じてもらいたいと思っています。安心して自分を出しまるごと受けとめてもらう小さい子ぐみを経て、大きい子ぐみになると挑戦してみたり、葛藤に寄り添ってもらったり、背中を押されたり引かれたり、時に本気で大人や友だちと思いをぶつけ合ったりもします。

このような形でぺんぺんぐさを始めて、実際、私自身がびっくりしました。たとえば小さい子ぐみは、こんなに低年齢で、しかも週2日で時間も短いのに、信じられないほどよく遊び、表情ゆたかで人なつこく育ち、助け合う姿も日常的に見られました〈写真6—34、写真6—35〉。以前私は保育所に勤めていましたが、低年齢や一時保育の子どもたちは、まだ表情もかたく、人と関わって遊ぶ姿は少ないイメージが、私のなかにあったからです。

また、自然環境と調和しやすくするための「少人数異年齢」なので、年下の子が上の子を見つめることが、実に多くあります〈写真6—36〉。大人よりも「手の届きそうな星」の存在が、あこがれや意欲につながり、時にくやしい思いもしながら、主体的に育っていく成長の原動力となります。そのときのまなざしは、ハッとするほど真剣です。あぶない行動を止められるときも、大人に言われるより子ども同士で注意される方が、素直に聞く姿が多く見られます。

活動以外の日も、お出かけより「慣れた友だちと慣れた場所で」家族ぐるみで過ごすことを勧めています。また保育活動中も、眠くなったらそのまま屋外で眠ってしまいます。保育では日常を大切にし、生活と連動させることで、子ども同士しだいに「息が合って」きます。そう

写真６－32　安心感が大切

写真６－33　安心感が大切

写真６－34　助け合う

すると、一緒にお弁当を食べるだけでうれしく、「いつでもどこでも、何もなくても遊べる」といった、疑似きょうだいのようになっていきます。

地域の課題を解決するために

保育者と、メンバーの温度差

ぺんぺんぐさは、立ち上げて2年目から4年間、金融機関の勝ち抜き戦的な助成金[42]にお世話になって、土台をつくってきました。コミュニティ活動は、立ち上げ時はエネルギーがあふれて勢いがあるのですが、その後いかに維持継続できる団体にしていくかが、大切なポイントとなります。この助成金のおかげで、ぺんぺんぐさは次のステージに移行できました。4年目申請となると、競争率も非常に高くなり、プレゼンも必要となりましたが、90万円をいただいて畑の避難小屋をつくったときのエピソードを少しご紹介します。

申請書での団体紹介は、本書のこれまでの紹介とは、かなりちがった書き方です。そのことが、実はぺんぺんぐさの内部で、大騒ぎになったのでした。その内容とは、

「私たちは、保育士の元で、1歳半から未就学児の母親が、ともに交替で預け合い、子育てを支え合う自主運営グループです。自然ゆたかな場所で、保育士とともに手づくりで保育を運営し、育児サークルよりも長く頻度高く、おたがいさまののびのび子育てを実践しています。保育士がファシリテーター役となり、親同士の思いを出し合うことでコミュニケーション力を向上し、近年希薄になりがちな人間関係を築いています。こうして子育て

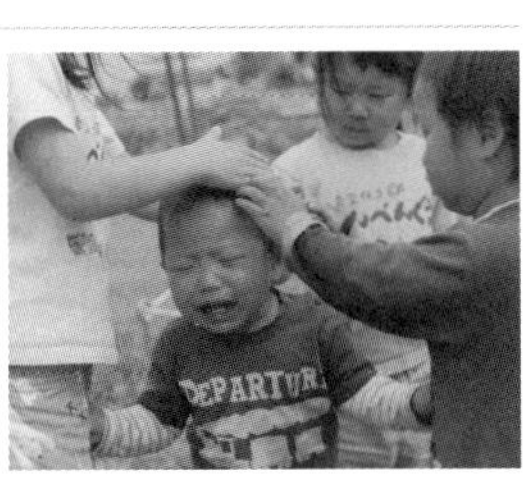
写真6－35　助け合う

写真6－36　年上の子を見つめる

42 中央ろうきん助成プログラム 2013年～2016年

への自信、自分への自信を獲得した母親たちが、あそぼう会・講演会などのイベントを企画して、地域行事に参加し、見学者への対応等をしながら、地域の悩む母親たちにメッセージを送り、安心感のつながりを広げています。保育士がいることで、運営が安定し、発信力も大きいのが特徴です。」

という風にぺんぺんぐさを紹介しました〈図6―3〉。（※現在は、自主保育でなくＮＰＯ法人となり、「預け合い」ではなく、保育のサポートに少しずつ入る形に変更しています。）

　この申請書をメンバーである母親たちに不用意に見せたら、混乱が起きたのです。まだ自主保育で育児サークルの延長のような時代だったこともありますが、「私たち、こんなつもりで活動しているんじゃない」と、ざわめきが起こりました。その後みんなで集まって、何度も話し合い、理解を得られたわけですが、逆に、「私たちって、実はすごいことをやっているんだ」と勇気づけられて、やる気になった母親もいました。その一部が、いまのスタッフやベテラン保護者だったりもします[43]。

「一番育ったのは、母親の私だった」

　もちろん私自身は専門的に学んできたので、子育て課題や社会的背景は意識してきましたが、この時まであえて言葉にせずにいたのでした。保護者に子育ての主体になってほしかったですし、「大人も育つ」なんて、おこがましいような気がしたからでした。「結果として」大人も変化していくといいな、と思うくらいでしたが、実際多くの保護者が、「ぺんぺんで一番育った

●青空保育ぺんぺんぐさ

保育士の元で、１歳半から未就学児の母親がともに交代で預け合い、子育てを支え合う自主運営グループ。

設立 2012 年3月　現在保育者4名・親子27組・ボランティア12名

- ●自然ゆたかな場所で
- ●育児サークルよりも長く多く
- ●保育士がファシリテーター役 → 活動安定、近年希薄になりがちな人間関係を築く
- ●預合い、得意分野や経験を生かし合う → 時間的・精神的余裕
- ●大きな発信力で地域の悩む母親たちにメッセージを送り、安心感のつながりを広げる。

▶図6―3　当時自主保育時代に、助成金プレゼンのために作ったパワーポイント。
※現在は「預け合い」ではなく、保育に少しずつサポートに入る形に変更。

のは、母親の私だった」と口にするようになったので[43]、思い切ってはじめて「親も子も育つ」という切り口で説明してみたのでした。

プレゼンでは、実際のイベント開催で出会った参加者さんたちからの言葉や、アンケートなどから得た、地域の課題も紹介しました〈図6―4〉。(あくまで11年前の課題です。時を経て、青葉区内に子育てしやすくなるための地域活動はたくさん生まれました。)

「近年、核家族化や少子化、地域のつながりの減少、親世代のコミュニケーション力の低下傾向等が、育児の孤立化や育児不安・困難を招き、横浜市青葉区も例外ではなく、その傾向は顕著です。実際の地域の親子からのヒアリングにより、以下の地域特有の課題が見えてきました。

①転入転出が多く、子育ての先輩が近くにいない、友だちもいない。

②生活水準が高く、育児の不安を習い事や商業サービスに頼る傾向が強く、のびのび子育てしにくいという居心地の悪さを感じている人が少なくない。

③室内育児支援施設が充実している反面、外遊び人口が少なく、元気な子や動きの大きくなるイヤイヤ期には室内が手狭になり、手がかかっても頼れるところが少ない。

④子育て仲間が作りにくく、トラブルを避ける雰囲気が強いと感じる人が少なくない。

そして、「この地域のニーズは、子育ての『サービスの充実』だけでなく、『人のつながりによって、安心してのびのびと子育てできる選択肢を発信してほしい』というニーズも大きいということであり、この小さな会の体験会等に、4年間で延べ678組の親子の参加があったことが、そのニーズの裏付けであり、これは緊急課題といえます」と付けくわえました。

43 参加できるのは働いていないお母さん中心なら、ぺんぺんぐさは現実的ではない、と指摘をいただくこともあります。(短時間働きながら通う人はいますが)でも、「まだしばらく子どものそばにいたい」と願うお母さんは実際にはいます。私たちの体験会にも、「職場復帰したけれど、子どもから離れるのが辛い」と涙を流すお母さんが、少なからずいます。子育てで得たことを、その後の仕事や人生に生かしている人もいます。マスコミ等の操作によって、「働きつづけなければ」と選択肢が狭まることに問題があります。社会のルール、制度、選択肢などの「枠組み」がしっかりするほど、そこから漏れて苦しむ人がいます。そこを補う役割も、住民活動にあるかもしれません。

行政や金融機関などに伝わる「言語」

このプレゼンの説明は同じ日本語でも、ふだん私がぺんぺんぐさを説明することばと違います。ふだんは136頁以下のように、子どもたちの写真もふんだんにお見せしながら、かみくだいて、簡単な親しみやすいことばで、理屈ではなく、保育士として安心感を与えるような話し方を心がけています。実際のぺんぺんぐさもとてもゆるくて大家族のようだから、あの助成金の申請書を見てぺんぺんぐさの保護者がざわついたのも当然だと思いました。

しかし、助成金の申請では、社会課題・背景・社会的意義・目的・その根拠や数字・説得力・専門性・オリジナリティなど…149頁以下のゴシック体で示したように、ドライに語らないと行政や金融機関には通じないのです。「エビデンス」があれば、なおいいのです。そこを伝えたからこそ、小さな会の私たちが90万円もいただけて、立派な避難小屋も建ちました。

「コミュニティ学」「教育学」「社会学」など専門知識を学ぶ際に、気をつけたいのは、そこで習う言語は、助成金申請などで使う「ドライな言語」が多いかもしれない、ということです。これをそのまま対象となる地域の方々に使うと、温度差が生じかねません。

先ほどのプレゼンでは、アンケートの結果も示しながら、提示した課題の裏づけも行なっています。このアンケートは、オープンイベントの参加者向けに「とりあえずとってみてね」と、メンバーにお願いし続けていたものです。私自身、ある程度結果は推測できていましたし、いつか行政などに示せたらと、漠然と考えていましたが、現実的には細々と集計し続けただけで

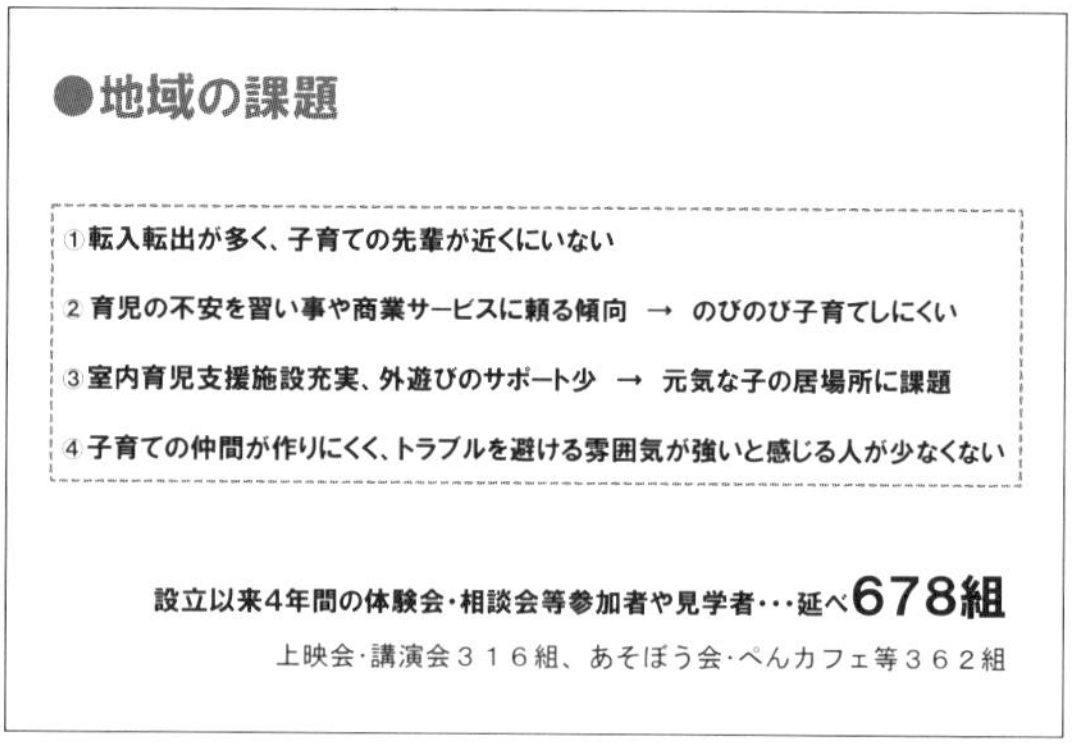

●地域の課題

①転入転出が多く、子育ての先輩が近くにいない

② 育児の不安を習い事や商業サービスに頼る傾向 → のびのび子育てしにくい

③室内育児支援施設充実、外遊びのサポート少 → 元気な子の居場所に課題

④子育ての仲間が作りにくく、トラブルを避ける雰囲気が強いと感じる人が少なくない

設立以来4年間の体験会・相談会等参加者や見学者・・・延べ**678組**

上映会・講演会316組、あそぼう会・ぺんカフェ等362組

▶図6―4 当時自主保育時代に、助成金プレゼンのために作ったパワーポイントで、立ち上げ初期の地域課題をまとめたもの。（現在11年間で、延べ2007人がイベント参加）

した。でも、このプレゼンで「結果的に」なんと252人分のデータを示すことができました。

申請書にアピールする新規プロジェクトも、実は先に目的と目標があったわけでもありません。日常で単発的に増えてきた活動[44]が、ふりかえってみて「意外と活動の新しい柱になるね」ということに、あとから気づいてネーミングするという順番です。コーディネーターである私は、もちろんあらかじめ先々のイメージをふんわりと持ちつつ活動しますが、実際のところは、ご縁をつないで、よきご縁とタイミングで、試しにやった結果の連続だったりします。地域課題や内部の課題の変遷についても、まとめました〈図6—5〉。

「私たちの」コミュニティにするために

コミュニティづくりをはばむものとは

地域のつながりが薄れ、コミュニティ再生があちこちで話題になっていますが、実際はそう簡単なものではありません。たとえば、学校の授業。これも「学びのコミュニティ」のはずなのに、日本の学校は、まだ根強く「一方的に聞く受け身の授業」がなされがちです。私自身も学生時代、科目によっては、先生に指名されないように、目立たないように、気配を消して時間が過ぎるのを待っていた覚えもあります。

たとえば、2020年からのコロナ渦に、オンラインで開催したおはよう会や、懇談会。人

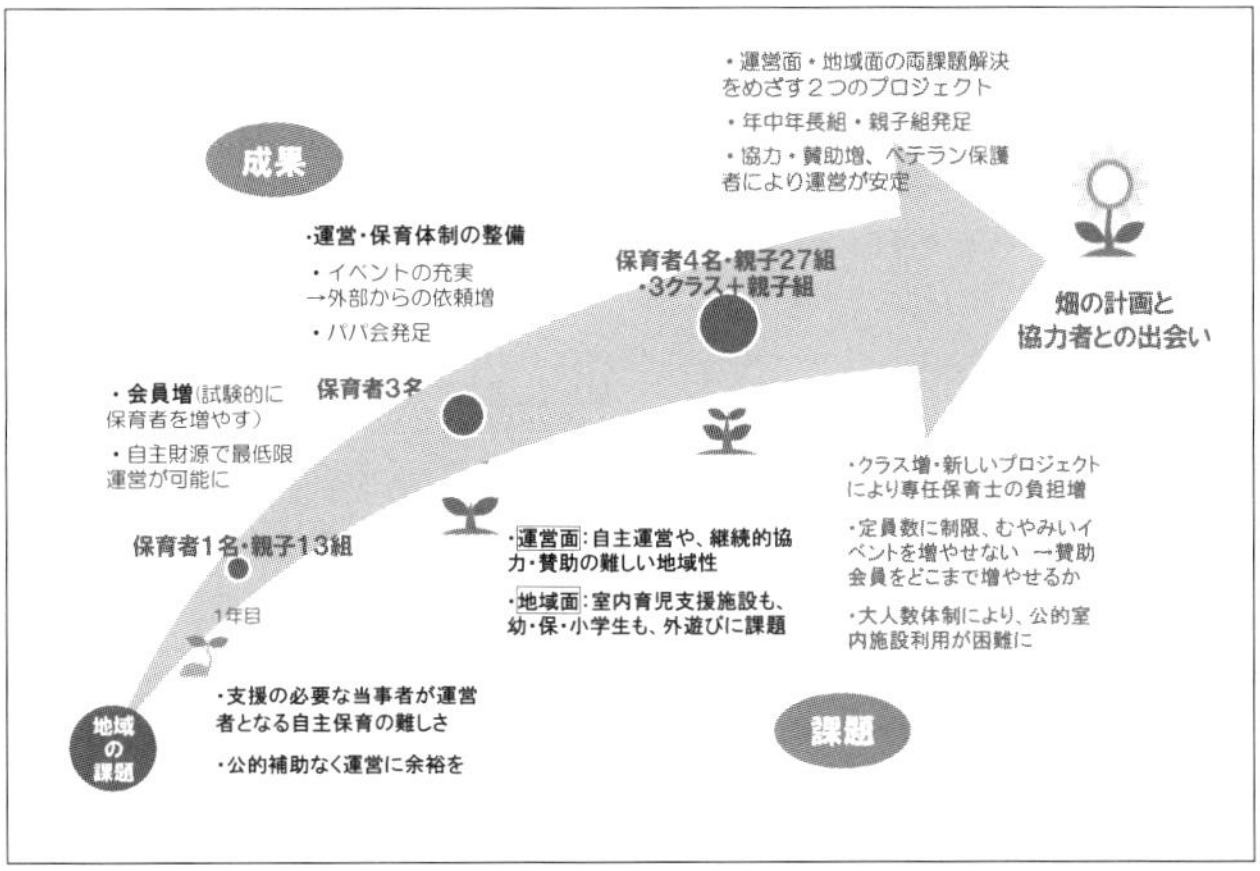

▶図6—5 年ごとに見えてきた、地域課題・内部課題

44 地域の他団体から依頼された講師やイベント協力やお祭り出店等

類始まって以来はじめての「間接的コミュニティづくり」は、コロナ感染拡大のために、ぺんぺんぐさでも突然必要となったわけですが、メンバーたちの戸惑いは大きいものでした。毎回「顔を出してね〜」「大きくうなずこうね〜」「気軽に発言してね〜」と、何度も何度も伝え続けたものです。すでに濃い関係性ができていた私たちでさえ、オンラインで「双方向」のコミュニケーションができるまでに、数か月かかりました。

とくに、日本人は遠慮深い民族だから「受け身」になりやすく、実はその「受け身」が、さまざまなコミュニティをむずかしくさせています。とくに、子育てという、「生身のエネルギーあふれる生き物」を育てなくてはいけない場面では、ピンチとなってしまうわけです。だからこそ「コミュニティ学」が生まれたのであり、この学問を学ぶ時には、「受け身」の構造を知る必要があると思います。

「お客様」をつくらないために

いまの社会は、「分業化」が進みすぎているような気がします。

▼授業する側と、受ける側
▼雇う側と、雇われる側
▼縦割りで分かれている行政
▼子育て支援・幼稚園・保育所……

行政や幼稚園・保育所では、「クレームを言ったもん勝ち」の雰囲気があることは、否めません。公園ではクレームが上がれば、すぐに禁止看板が立てられます。「穴を掘ってはいけません」「ボール禁止」「ガケはのぼってはいけません」……ついには「お友だちとなかよくあそびましょう」という看板や「よいこは、しずかにあそべます」という張り紙[45]まで存在するそうです。また、保育現場では、「保育サービス」という言葉も飛び交っています。

いま、人々は「お客さん」になってしまい、「サービスを受けるのはあたり前」になりがち。「受け身」になりやすい社会構造になっている気がします。でも、コミュニティとは、本来「人と人とのつながり・関係性」であるはず。「双方向」の関わりが重要なのです〈図6―6〉。

森のようちえんは、少子化対策や若い世代の移住対策に効果があると注目されています。保育者を地域おこし協力隊として、地方の自治体が招き入れることが増えているそうです。でも村長さんや担当者は熱心でも、かんじんの村の人たちは興味を示さないし、困っていないということがあります。一園だけ存在する村立保育園は自然保育をしたことがない、どこからどう動いていいかわからないという話を聞きます。

つまり、コミュニティづくりの担当者と対象の人たちとの「温度差」です。コミュニティデザイナーの山崎亮さん[46]の事務所の人が、このように語っていました。

「その土地に住む人々の話を聞かせていただくところから仕事を始めます。課題は何か。楽しいことは何か。できることは何か。(中略)それが見つかれば、傍観者から当事者へ、ひとごとから自分ごとへ。息を吹き込まれたかのように、人々が生き生きと動き出します。」[47]

学校もコミュニティだとすれば、わが子の通っていた学校の懇談会も、保護者の参加が少なくなりがちでした。話を聞くだけになりがちでした。PTA会長にならなくてもいいから、せめて懇談会に参加して学校を自分ごとにしようよ、そうすれば懇談会を血の通った「双方向」

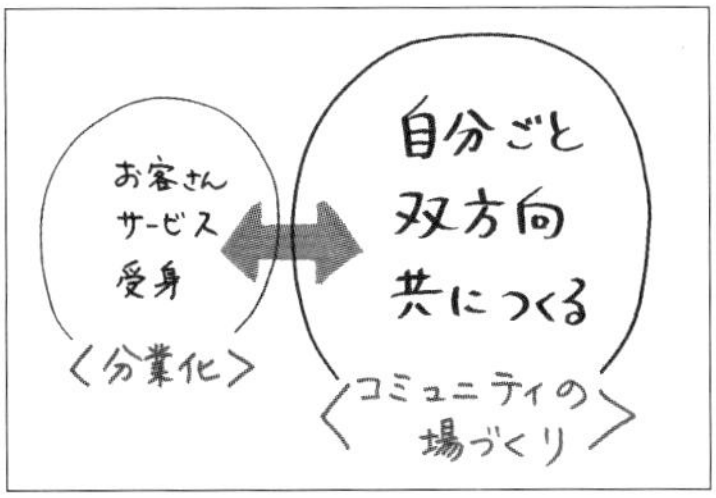

▶図6―6　コミュニティは、人と人のつながりであり、「関係性」である。

45 朝日新聞2014年8月8日「少子高齢ひずむ国」

46 studio-L代表。地域の課題を地域に住む人たちが解決するためのコミュニティデザインに携わる。まちづくりのワークショップ、住民参加型の総合計画づくり、市民参加型のパークマネジメントなどに関するプロジェクトが多い。関西大学教授、慶應義塾大学特別招聘教授。「海士町総合振興計画」「studio-L伊賀事務所」「しに近づけられる、自分たちの学校になっていく、子どもたちのために居心地のいい雰囲気が作っていける。ぺんぺんぐさを巣立つ保護者たちにもそう伝えています。

場面場面で言語を使い分ける

貧困問題に早くから目を向け、現場を歩き回って活動されてきた、湯浅誠さん。いまでは国の重要な役割や大学教授など歴任される方は、こんな言葉を発していました。

「NPO、行政、自治会、PTA、マスコミなど、それぞれが使う言葉、文化背景を理解すると話がしやすくなります。『多言語』を操れる実践者を目指して下さい。」[48]

これは、無意識に私たちもやってきたことでした。先ほどの助成金申請のように金融機関に対しては「ドライな言語」——つまり課題を分析し、その裏付けの数字を示し、目的を定めてそこに向かって努力していく起承転結のあるストーリー——を使いつつ、実際のぺんぺんぐさの日常は、もっとゆるやかにご縁をつないでいく活動を。言語の使い分けをしてきたからこそ、ぺんぺんぐさを11年半[49]続けられたのかもしれないと、あらためて気づかされた湯浅さんの言葉でした。そして11年半の継続により、いまでは延べ約2200組の親子[49]が私たちのイベントに参加し、「のびのび育児」もこの地域に少し市民権を得始めてきています。

いまでは私たちはNPO法人になり、スタッフ制となって、湯浅さんの言う「いろいろな対外的な言語」を意識的に使えるように心がけています〈図6—7〉。「対外的」とは、金融機関だけでなく、近所のおばちゃんや自治会やお店や地域施設や学校なども。それぞれが子ども問題を「自分ごと」にしていくには、発信役の私たちが、その人たちと分かち合える言語を使う

まのわ2014」でグッドデザイン賞、「親子健康手帳」でキッズデザイン賞などを受賞。著書に『コミュニティデザイン（学芸出版社）』など、多数。

47 朝日新聞2015年10月27日「リレーおぴにおん 声を拾い再生 例えばお寺 西上ありささん」

48 朝日新聞2017年12月12日「子どもの貧困 支援根づかせよう 安心感大切に 自治体や学校と連携」

49 二〇一三年九月現在

必要があるのだと思います。図の中の「③運営者としての言語」とは、スタッフ間や、保護者も交えて運営の話をする際の言語で、これも重要です。たとえば、係活動のこと、広報のこと、イベントのこと、困っている家族をどうサポートするかなどで使われる言語のことです。

昔、実際にぺんぺんぐさで困ったことがありました。横浜市青葉区はバリバリ仕事をしてきた人も多い地域。ビジネス感覚でぺんぺんぐさの運営をがんばろうとしたところで、子どももいて、体力が落ち、ビジネスのようにはうまくできず、空まわりし、落ち込む人が続出したことがありました。そのとき、大きなヒントとなったのが、NPO法人プレーパークせたがやの小冊子[50]。「ゆるふわ会議」という考え方でした。

この冊子を見つけたとき、私は唸りました。さすが、プレーパークという民主的な育ちの場を日本ではじめて実現した団体だと。数十年も継続してきた大人集団だからこその、知恵袋でした。保育士である私や、プレーパークの人たちが追い求めてきた「子どもひとりひとりが輝くために必要な留意点」と、この冊子にある「大人の在り方」に、非常に多くの共通点があって、読みごたえ抜群でした。

「ゆるふわ会議」というコミュニケーション

とくに目次の前半部分を見てください〈図6—8〉。内容をかいつまんで挙げると、

①住民活動の組織運営は、悪口以外のありとあらゆることを話しましょう。「住民主体」

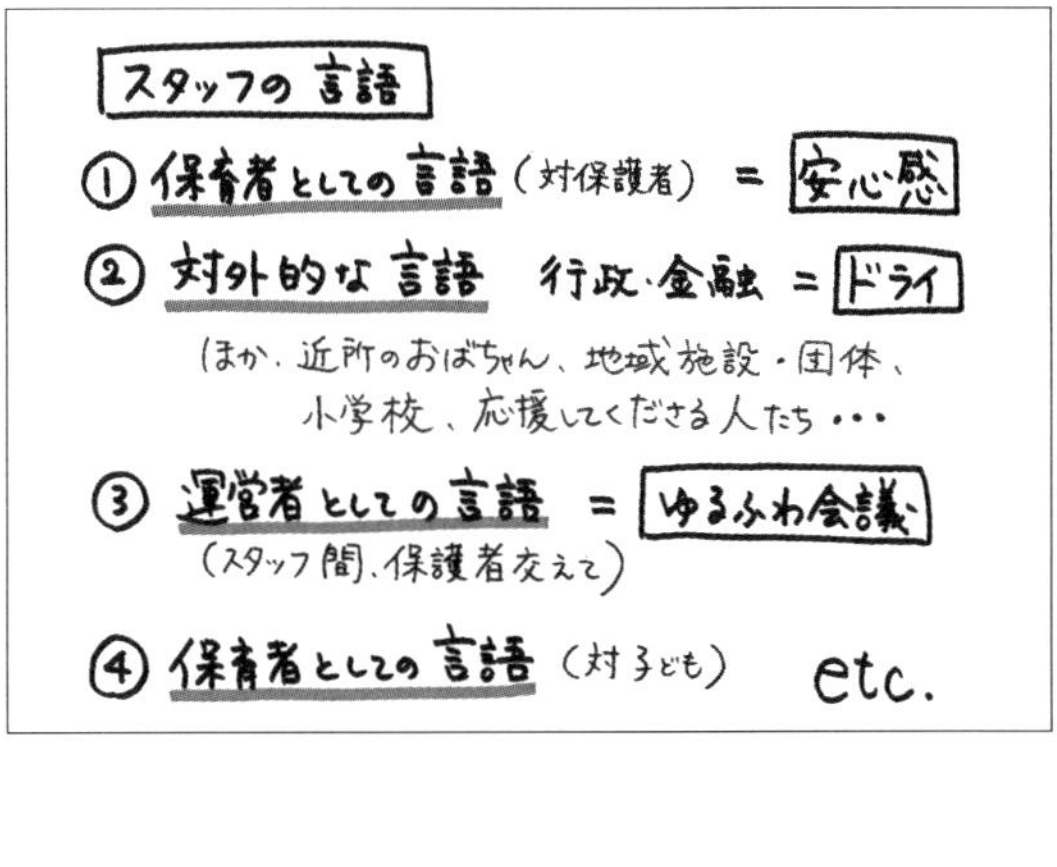

スタッフの言語
① 保育者としての言語（対保護者）＝安心感
② 対外的な言語　行政・金融＝ドライ
ほか、近所のおばちゃん、地域施設・団体、小学校、応援してくださる人たち…
③ 運営者としての言語＝ゆるふわ会議
（スタッフ間、保護者交えて）
④ 保育者としての言語（対子ども）　etc.

▶図6—7　スタッフの使う、さまざまな言語

50『気がついちゃったら40年近くも続いちゃってる、住民活動の組織運営。』2013年NPO法人プレーパークせたがや

というのはみんなに発言権があり、トップダウンではないのだから。

②私語・脱線もりもりの緊張感と効率性のないムダ話、それが「ゆるふわ会議」であり、長続きのコツ。

③楽しくなくちゃ、モチベーションが続かない。子育て・介護いろいろあっても足が向くのが、住民活動だから。

④私語・脱線もりもりの方が、いい意見がたくさん出る。参加者ひとりひとりを大切にできる。その方が役に立つ。

⑤「私語＝ワタシがたり」そのものがもつ効用がある。お互いの理解、個々細かい差を超えて協力し合える「信頼関係」が大切だから。

⑥いろんな人が居ていい場をつくる。地域住民はいろんな人がいる、その気持ちが分かることが大切だから。いろんな事情を抱えた人が話し合うため、赤ちゃんが泣いたり、途中で抜けたりすることも、お互い寛容に。ルールをつくりすぎると、そこからはみ出る人がいる。

⑦多数決では決めない。住民団体は「やったるで」の気持ちが大切だから。少数意見を排除せず、納得いくまで時間をかけたり、時間をおいてみることも必要。議会制民主主義ではない。

⑧遅刻もＯＫ。子どもがのびのび遊べる場づくりをしているので、運営に関していろんな事情におおらかに。

⑨ビジネスのルールを持ち込まない。「ああいいよ、おたがいさま～」と言える雰囲気。

話し合いを大切にしま章

住民活動の組織運営は、話し合いが9割？ …… 06
ゆるふわ会議が、長続きの奥義？ …… 06
楽しくなくちゃ、住民活動じゃない？ …… 08
ゆるふわ会議はクリエティブ！ …… 09
私語＝ワタシがたりの効能 …… 10
いろんな人が居ていい場をつくる。 …… 12
多数決では決めない。 …… 13
遅刻もＯＫの裏にあるもの。 …… 14
地域の活動に、ビジネスのルールを持ち込まない。 …… 15

人とのつながりを大切にしま章

ゆるふわ活動で、参加するスキをつくる …… 18
楽しそうなところに、人は寄って来る。 …… 19
利用者から、活動の主役へ。 …… 21
顔見知り、という強さ。 …… 22
クレームは、同じ立場で聞く。 …… 23
クレームからはじまる関係もある。 …… 25
タテのつながりもヨコのつながりも大切。 …… 27
ゆるふわ活動は、まちづくりに通ず。 …… 28

▶図6—8　小冊子の目次

ビジネス社会にどっぷりつかりがちだけれど、その他の社会はその他のルールで動いている。人材でなく「人財」、やる気の持続が大切。

と、大筋を書きましたが、これらの行間にもっと深いものがたくさん詰まっていて、私自身、運営者としてだけでなく、保育士としても、多くを学びました。

これらのキーワードを、私なりにまとめてみました〈図6―9〉。こういったことを、ぺんぺんぐさでも何度も何度もすり合わせしてきました。もちろん私たちは、プレーパークではなく「子どもを野外で『預かる』という、リスクも伴う日常的な保育活動」がメインなので、ゆるいだけでなく使い分けが必要だねと確認し合いながら、運営してきました。

いままで教わってこなかった?

あらためて気づいたことがあります。私たちは、いままでの学校教育で、これらゆるふわな言語は教わらなかったかもしれないと。それでも、昔は放課後学校にに残っていたら「ジュース買っておいで」と先生がごちそうしてくれたり、休日にこっそり山に遊びに連れて行ってくれたり、余白時間のつきあいもありました。そんな時、先生の「人となり」が垣間見られて、強く記憶に刻まれたものです。でも年々先生の仕事が増えたり、全体的平等性が重視されて、そんな光景も見られなくなったようです。学校だけが問題ではなく、地域のつながりが薄れ、学校外で学べなくなったことも、ゆるふわな経験減少の大きな原因かもしれません。

- ひとりひとり大切に
- 信頼関係
- 自発性
- いろんな人
- おたがいさま
- 失敗におおらか
- 比べない
- 聴く
- 凸凹でいい
- 競争△
- 私語・相互理解
- 効率性△
- 正しい理屈ひとつじゃない
- 対等
- 楽しさ・遊び・脱線

etc.

▶図6―9 ゆるふわ会議のキーワード?

昔は、近所のおばちゃんにかわいがられたり、えこひいきされたり、ご飯をいただいたり、用事や子守を頼まれたりしたものでした。怖いおじさんに怒られる経験や、親のお祭りの会議などに連れられて、大人たちの寄り合う姿を見ることも多かったと思います。そんな地域の中で、「ゆるふわ会議」のコミュニケーションは、自然に身についてきたのかもしれません。このコミュニケーションとは、いわば「いろんな人たちがいるということでの、それぞれの事情を考慮した生活者のことば」なのかもしれないと思うのです。

いま、学校やビジネス社会も、新しく変わりつつあるようですが、遅刻厳禁、私語厳禁、トップダウン、多数決、目標、効率化、結論……そんなキーワードは、根強く聞かれる言葉のようです。「生活者のことば」も身につけきれていないのに、生身のいのち＝赤ちゃんが、どどど〜んとやってきて子育てが辛くなってしまうのは、当然のことかもしれません。

ワタシを語る、生活者のことばを

子育てというものは、ひとりではできないから、効率よく育てることなんてできないから、目標どおり育ってくれないから、「競争」じゃないから、「生活者のことば」を使わないと、行き詰まってしまいます。子どもは、「人と人とのつながり」のなかで育てていくのです。

そこで、ぺんぺんぐさの保護者たちは、

①**まずは、子育ての悩みや自分の悩み、嬉しかったことなどの、「私語＝ワタシがたり」を。**

②**だんだんシゴト的な役割のことばも織りまぜた、「運営者のことば＝ゆるふわ会議」を。**

スタッフや先輩保護者たちは、メンバーたちが①を話せる雰囲気を心がけ、大人たちの信頼関係が築かれ始めた上で、②が話される場を増やしていきます〈図6―10〉。時には意見の相違も怖がらずに、それを乗りこえて得られる楽しさ・感動・自分への発見は、「仲よしサークル」にはない経験です。だからこそ、ぺんぺんぐさでは「こんなに仲のいいママ友はできない」「子育てってたのしい」と、よく言われるのかもしれません。

この「ゆるふわ会議」は、「民主的な子どもの場」を継続してきた団体から生まれた、良質すぎるくらいの「生活者のことば」です。だから保育士の私には、これが「保育中の心がけや戒め」のように、いつも胸にきざんでおきたい言葉でもあります。このように、保育スタッフも運営スタッフも「ゆるふわ会議」を試行錯誤しながら、保護者や子どもとともに、日々育ち合っているのかもしれません。このあたりは、8章の対談でお話します。

そして、何よりも一番説得力があり、保育の醍醐味でもある、実際の子どもの育ちをめぐるエピソードの数々……。これを、本書でお伝えできないのが非常に残念です。自然のいのちに囲まれて、子どもたちも自らのいのちを輝かせて、その力を発揮して育っていく姿と、そばにいる大人たちの試行錯誤についてのエピソードは、表情ゆたかな子どもたちの写真の数々とともに、同時出版予定の拙書[51]をお読みいただくか、または、別の機会にお話しできたらうれしいです。子どもたちの成長を目の当たりにするからこそ、大人の心も揺さぶられ、納得感をもって変化していく営みです。そんな世界をどうぞ感じてみてください。

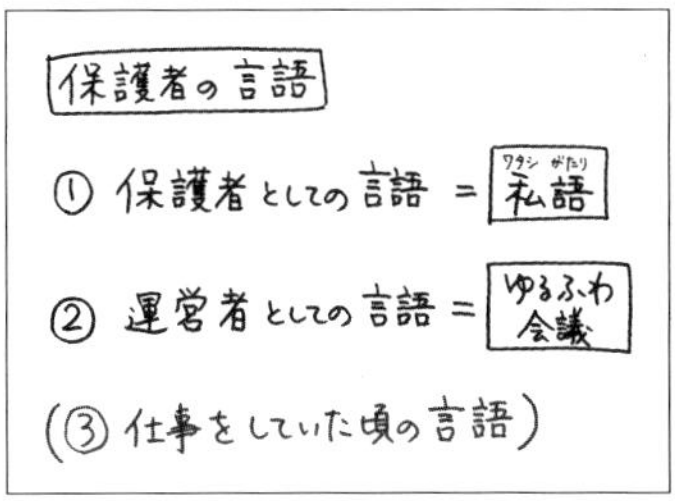

保護者の言語

① 保護者としての言語 ＝ 私語（ワタシがたり）

② 運営者としての言語 ＝ ゆるふわ会議

（③ 仕事をしていた頃の言語）

▶図6―10 保護者の言語？

51『大きな空の下の、ちいさななかまたち～自然と子どもに学ぶ、自由教育～』土井三恵子 理工図書出版予定

コラム８
学生時代よりも学びのあった10年間

NPO法人青空保育ぺんぺんぐさ2021年文集より　井上香織（スタッフ・年長児母）

スタッフとして保育も運営も関わり、私もショウコに負けないくらい、たくさん成長させてもらいました。パソコンもほとんど触ったことがなく事務作業もままならなかった当初。人見知りで新しい人と話すことがしんどくてどんどん萎縮していたこと。人前で話すのも苦手ですぐに涙が出てしまうこと。新年度がスタートするとストレスを感じるらしく毎年10円ハゲができていたこと。

言われたことをやる、自分の考えも意見も特になく、波風を立てないように人に紛れて目立たないようにその他大勢として生きてきました。みんなと同じが安心、人に迷惑をかけないように。そうやってなんとなく子育てもしていて、でも立ち上げると誘われて飛び込んだぺんぺんでした。はじめからカイトを行かせたい幼稚園は決まっていて、それまで過ごす場としての軽い気持ちで。

私は子どものころ母が仕事を始めて学校から帰ると一人、というのが寂しくて、ぺんぺんのように、子どもと一緒に過ごす選択もあるというのを知り、これって私が求めていたことなのでは？と思い、幼稚園に行くのをやめて、小学校までぺんぺんを続けることに決めました。決めるまでたくさん悩みましたが、信頼できる保育者さんや仲間がいて、私が楽しい方がきっといいに決まってる、と思ってぺんぺんに残りました。

私自身そのまま全部を受け止めてもらって、自分でも弱さを受け入れて、前を向き続けて いたら、少しずつ強くなって来たと思います。子どもの育ちと同じように、大人に対しても根気強く見守ってくれるみんなの愛が、私を成長させてくれました。

ぺんぺんを始めてからの10年が、私の人生で一番の学びだと思います。学生時代は、単に試験のための勉強でただ通り過ぎ、身についたものはあまりなかった。ぺんぺんで、子育てについてはもちろん、自然現象、社会情勢、人間関係、自分のあり方･･･。自分の意見がなかった私が、自分で考え意見も言えるようになり、誰かのかげで寄りかかっていた今まででしたが、自分が自分でいること、自分の足で立つことができるようになってきました。 私が私のままでいいそのままの自分でいられることが自信になり、ちゃんと「一人の人」として生きている気がします。子育てしながら、自分も育ち直しているなと実感しています。

コラム９
ありのままの素朴な、昭和に近いぺんぺん

NPO法人青空保育ぺんぺんぐさ2022年文集より　伊藤和代（年少児母）

道端でお色直し、街なかで行き倒れ、公園は脱走……そんな２歳の奇行を経て、キヨハは小さい子ぐみから年少になりました。すると、ぺんぺんの活動中は意外にもしっぽりとエリア内で収まる結果に。「キィやあぁぁぁぁァアア％＃＆＠☆ーーー！！」と水浴び・水遊びの光景だけは変わりませんが、あーでもないこーでもないとお喋りを楽しんだり、ザリガニを追う年長のタツルくんとミエコさんの後ろをついて行ったり、生き物が入ったタライをまじまじと見たり、ふと草花を摘んだり、遊びが……落ち着きましたね！落ち着くんですね！！

大きい子ぐみならではの念願の里山歩きも、初めてお迎え時に見た、こちらへ向かうぺんぺん隊列。「大きい子ぐみ」だけれど、とても小さく小さく見えて、まるで小鴨の行列。「歩いてる……！歩いておるッ！！！！」と、母ひそかに覗き見涙。大自然の中の小さな隊列、小さな社会に娘がいる・・・まずは無事に帰ってくるだけで100点！と、まるで我が子が戦地から帰ってきたかのような、感動の初夏でした。

里山歩きでは年長のショウコと手を繋ぎたくて、ミっちゃんの蝶々ハンターと工作や泥で作り出すものに憧れ、タツルはとにかく凄い！凄いよねー！と崇め、年上への憧れ。はたまた１歳のケイくん可愛い、チーちゃん可愛いと、年下への愛。私は一人っ子ですが子どものころ近所の空き地で年上年下関係なしに遊んでいて、それを今この令和の時代では難しかろうと思っていたため、一人っ子キヨハにもその感覚を味合わせてあげられて、嬉しく思います。どんなに縦割り教育してますな幼稚園よりも、ずっとありのままの素朴な昭和に近い……それがぺんぺん。

今年は、行き倒れも脱走も気ままなお色直しもしなかったキヨハ、心の中が大きく動きました。「折り合いをつけられる様になったね！お姉さんになったね！」と何度も言ってくれた、リエさん。バースデーカードを読んでもらう時、一人みんなの前に立ち、後ろで手を組んでうんうん頷くキヨハを見て「泣きそうになっちゃったよ～！」と言いに来てくれた、ミホさんなど、今年も沢山のぺんぺん母さんに成長を見守ってもらえ、ケンカで何も言い返せないキヨハに悶々としていた私の話も聞いてもらったり、親子で支えられました。

保育者さんは、キヨハの特性や成長に合わせて、大きく暖かな眼差しで対応してくださったり、いつも親身に話を聞いてくださいました。その日の様子に加え、１年の後半になると、友だちと揉めたけれどこう言ってたよ、こんな風に対処出来るようになったよ、と教えてくださることが増えてきました。（略）

コラム10
今年もコウに教わったな

NPO法人青空保育ぺんぺんぐさ2021年文集より　平野美穂（年中児母）

コウは生き物を捕まえるより、専らどろんこ遊びでした。生き物を見たときは、その生き物について聞いたことのあるうんちくを、さも知っているかのように偉そうに話して実際には虫やザリガニには触れず、遠目に見るだけでした（笑）。でも、この夏から秋にかけて、生き物に興味を少し持てるようになりました。小さなザリガニを必死に捕まえようとしたという活動の日。その活動の時に撮ってくれた写真のコウは、とても純粋に嬉しそうだったり、真剣な表情をしていました。そうやって、今までと違った面を表出したときに、保育者さんやサポートのママが気付き、記録に残してくれて、伝えてくれて、それもありがたいことだなと感じます。その時のザリガニは残念ながら死んでしまいました。そのザリガニを見たコウは、少しショックを受けたような残念な顔をしていました。

命ある、正に生き物に直接触れることは、怖さとか、葛藤を越えて自信が芽生えたりで、ただ触覚にだけでなく心にも刺激を与えて、人を成長させてくれるのかな。

弟のフクトが今年から小さい子組に入ったこともあり、今年、コウは小さい子の面倒を見ようとしたり、ぺんぺんでお兄さんだという自覚が芽生えてきたようでした。わたしが思っていた以上に、コウは小さい子に自分から関わっていき、一緒に遊ぶ姿を見かけるようになり、びっくりしました。小さい子、好きだったんだね。電車や泥だけが興味あるものだと思っていたよ……ごめんね！（笑）

１年も終わりに近づいてきて、年中年長は少しずつお互いを受け入れながら、まとまっていくようでした。誰かが困っていれば、少し大人の介入は必要でも、みんなで話し合おうとするようになり、嫌な気持ちは我慢しないで言葉で伝えるようになり、やりたい遊びをまわりを気にして我慢せずにやれるようになりました。かんしゃくを起して長時間泣き続けたり、うまく仲間に入れてもらえなかったり、つまはじきがあったり、いろいろドラマがあった１年でした。でも最後の方は、コウは年中年長のみんなと遊ぶのが楽しみで、ぺんぺんに通っていました。今年も、コウにいろいろと教わったなーと思います。ありがとう。そして、みんなに見守られながら成長していることに、心から皆さんに感謝したいと思います。愛をありがとうございます！

コラム11
家も外も含めた子育てを、丸ごとの支えになるような保育

NPO法人青空保育ぺんぺんぐさ　中尾聡（2歳児父）Facebook2022年2月投稿より

今日は青空保育の月1保護者ミーティングに参加。ママさんたちがこの1年を振り返っての思いを順番に語っていって、子どもの成長を語る人もいれば、自分の変化を語る人もいたり、僕も仕事のシフトを調整しながら出来るだけ保育の送り迎えに行ったり、ミーティングやイベントに参加して1年一緒にいた方たちの、思いの詰まった言葉をうんうんうなずきながら聞いてました。

娘を通わせてる横浜の「青空保育ぺんぺんぐさ」は、本当にママさんをとても大事にしていて、「みんなで子どもたちを見守る」ってことを実現するために、月1のミーティングもそうだし、保育が終わったあとの振り返りで丁寧に子どもたちの様子を伝えてくれたり、僕も参加しててすごく楽しいし、勉強になることもたくさん。ママさんたちの言葉を聞いてても、「ぺんぺんに通わせて本当によかった。ぺんぺんじゃなかったら、きっと家でも子育てできなかった。私自身が本当に助けられた」っていう人がたくさんいて、ただ保育をサービスとしてやるとかじゃない、もっと大きな視点での、家も外も含めた子育て丸ごとの支えになるような保育をしてくれてるって感じます。

子育ての苦労を分かち合って、関係性で支え合って、大変なときは誰かが動く、動けるようになったら自分がまた誰かのサポートをする、そんな自主的な支え合いの親同士のネットワークの中で、子どもたちが、のびのびイキイキ遊びつくして育っていく。また、そんな子どもたちの元気な成長を一緒に見守っていくことが、親同士の関係性をあたたかく深いものにしていって、そんな親子と親子、そして保育士さんとのつながりと循環が巡り巡っていて、なんて心地のいい場所なんだろうって思います。

今日は朝から妻と大喧嘩をしてしまって、それを見ていた娘が大泣きしてしまって、青空保育のミーティングでは妻も僕もその大喧嘩の話からシェアして、でもそんな話しも笑って話せる人たち、笑顔で聞いてくれる人たちがいて。夫婦だけじゃ解決しないことたくさんあって、でもそれを受けとめてくれる場所があるから、また笑って家族をやっていける。

話せる場所があること、受け止めてくれる人たちがいること。一つひとつの悩みや問題は簡単には解決しないけど、そんな苦労や辛さや日々の大変さを知っていてくれている人の存在の有難さ。山あり谷ありの日常を、また明日も生きていこうと思える。

毎月のミーティングに参加する度に、素晴らしい人たちに出会ったなと、感謝を感じていたこの1年でした。

コラム12
みんなのこれからの人生が、生きやすくなっていく

NPO法人青空保育ぺんぺんぐさ2021年文集より　江頭留依（年長児母）

ぺんぺんぐさは困った時にみんなで助けてくれる。自分ごととして手を貸してくれる。色んな人がいるから適材適所で助けてくれる。密な会ゆえに、助けられっぱなし、助けっぱなしの経験をして、みんなのこれからの人生が生きやすくなっていく。みえこさんは子どもに対しても大人に対してもなにより対話を大事にしてくれている。大きく長い長い視野で物事をみている。事実、対話をするだけで問題は解決しなくても、根本的ななにかや意識が変わることは沢山あり、解決が目的ではなく、その過程が大切なんだと。そして気がつけば子どもの成長のように、少しづつ結果的に問題も解決していっているような。

答えをあえて言わないこと、そもそも答えなんてないこと、意味のないこと、意味をつけないこと、そんなことを知れました。

便利な生活に慣れてしまっていると、少しの不便にも煩わしさを持ってしまう。けれど 少しの不便は本来そういうものであって、手間暇かけることが当たり前になると、生きているという実感に繋がって逆に尊い。活動前日のお天気にあたふたして、連絡メールを作り、当日はそのお天気を楽しみ、また翌日の天気に左右される生活。ぺんぺんは子どもの成長 だけではなく、それらを手作りして紡いでいくことの副産物が沢山ある。むしろこの副産物こそが全てを豊かにする。それを見て子どもも育つ、という環。

太陽が雲に隠れて凍えながら陽だまりを待ちわびたり、強風で舞う落葉に怖がる子楽しむ子、雪に怯える子わくわくする子、真っ黒な雨空と反対側の青空の対比に驚き、騒ぎ…大きな空の下で、なんてwonderful ！！

年長生活はなにかと忙しく、自分なりに色んな物差しを使い、この状況を母達、保育者さん、子どもたちの思いを想像しました。そしてたくさん話をして、まるで子どもたちと同じように「母親年中長」を学びました。皆で支え合い、ふんばって楽しかったです。本当にありがとうございました。ぺんぺんのおかげで、子どもという自然をもっと理解したいということ。その未知な可能性、想像を超えてくる感性を、ただただ見守ることしかできないと悟ったこと。そしてその宇宙に少しでも触れていたいと、もっと感じてみたいと思うばかりです。

皆がぺんぺんで磨いた自分の感覚とペースで、じっくりと歩めますよう願っています。なつかしい未来のぺんぺんぐさ、どうもありがとうございました。

《実践編》7章

地方での子育ち・子育て
——移住という選択

菅野幸恵

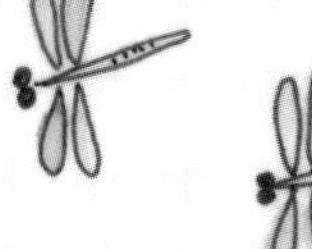

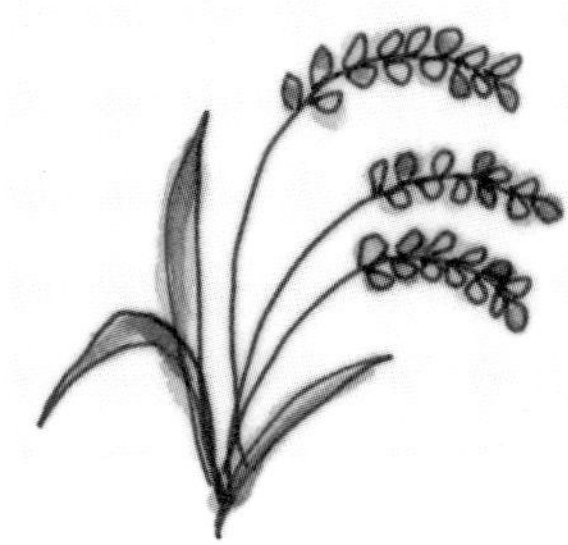

ここまでは主に都市部の実践を中心に見てきました。もともと自主保育や冒険遊び場は、都市部での子育ち・子育ての課題がきっかけとなって始まった実践です。また、森のようちえんは都市部でも地方[1]でも、その地域の特色を活かしつつ、いろいろな形で展開されています。この章では地域ごとの課題を明らかにしたうえで、地方での子育ちや子育ての可能性について考えていきましょう。

出生率と就業率の不思議な関係

表7―1には都道府県別の合計特殊出生率[2]の上位下位5つを示しています。最高は沖縄県、最低は東京都です。この違いの背景には何があるのでしょうか。まず、就業率との関係から考えてみましょう。図7―1は男女別に就業率と合計特殊出生率との関係を示したものです。男性の就業率は合計特殊出生率の値に関わらず、どの地域でも高い傾向がありますが、女性の場合は、地域による差が見られます。グラフが右肩上がりとなっているということは、合計特殊出生率の高い地域ほど女性の就業率が高いといえるでしょう。右上には北陸や中国地方、九州地方の県が位置し、左下には、近畿圏、首都圏の都府県が位置しています。また、地域ごと、年齢階級別に出生率と就業率の関係をみると〈図7―2〉、先の図で右上に位置していた福井県では子どもを産む年齢でも就業率に変化はなく、一貫して高い数値を示しています。しかし、左下に位置していた東京都の就業率は俗にいうM字カーブ[3]を描いていますね。つまり、就業率の高い県は、出産や育児のために離職する率が低く、女性が安定して仕事を続けられる環境

1 ここで「地方」とは「都市部」に対してという意味で用いています。

2 15～49歳までの女性の年齢別出生率を合計したもので、ひとりの女性が一生の間に生むとしたときの子どもの数のこと。

3 年齢層別に見た女性労働率のグラフで特徴的な曲線のこと。25―30代で一度労働率が下がり、40代以降再び上昇するというグラフ傾向です。結婚や子育てで仕事を離れる日本の特徴を示したものだと考えられています。

表7－1　都道府県別合計特殊出生率（2021年）

上位5つ			下位5つ		
順位	都道府県名	値	順位	都道府県名	値
1位	沖縄県	1.79	47位	東京都	1.12
2位	宮崎県	1.61	46位	北海道	1.19
3位	熊本県	1.58	45位	京都府	1.20
4位	鹿児島県	1.56	44位	奈良県	1.23
5位	福井県	1.55	43位	宮城県	1.25

（出典：内閣府　令和4年　少子化社会対策白書）

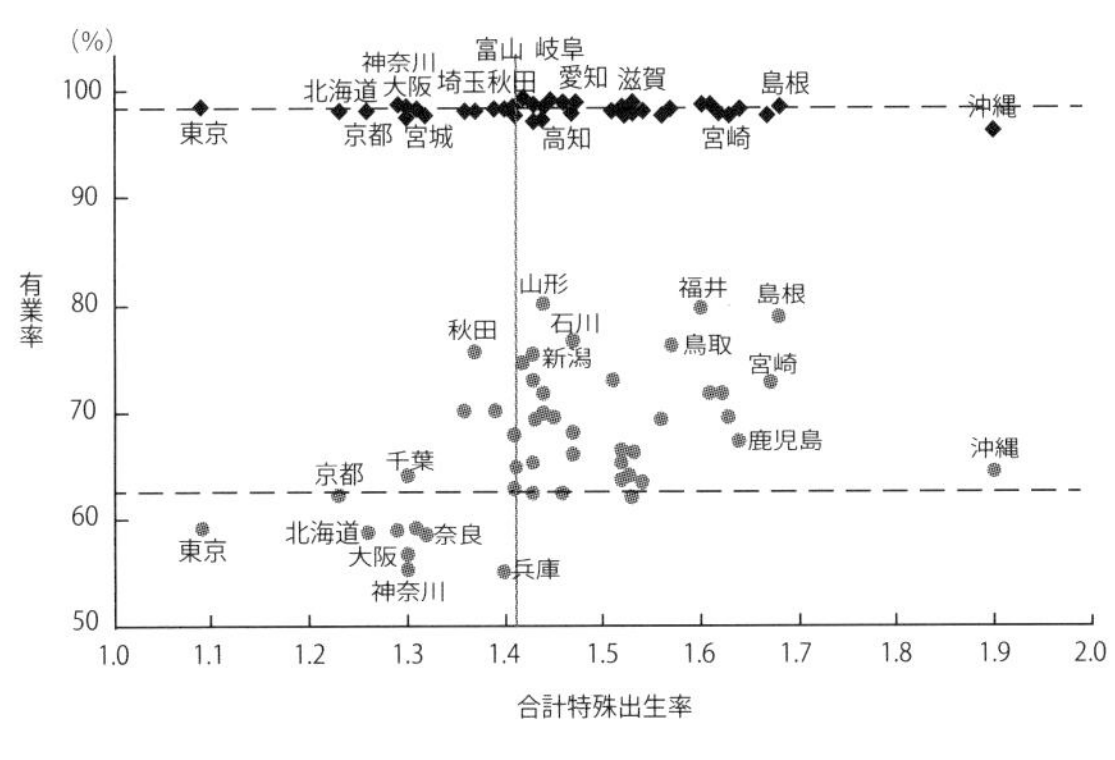

図7－1　合計特殊出生率と20～49歳男女における就業率（配偶者あり）
（出典：平成24年国土交通省白書）

がある一方で、就業率の低い都府県では、何らかの理由により「出産・育児」と「仕事」の両立にハードルがあり、やむを得ず二者択一を迫られている傾向があるのです。

家族のサポートなしでは子育てできない!?

福井県や島根県に代表されるように、出産や育児で仕事を辞めずに済む理由のひとつに、3世代同居率の高さが関係していると考えられます。先の2都の3世代同居率を見てみると（2013年）、3世代同居率は、福井県16・8％、東京都2・2％です。内閣府の調査[4]によると、親からの支援を受けている人ほど、子育てをしやすいと感じている割合が高い傾向があるようです。そして、北陸や中国・四国では、親からの子育て支援について「とてもよく支援してもらっている」「よく支援してもらっている」の回答の合計が最も多く、それぞれ60％を超えています〈図7―3〉。親からの支援が受けにくいとなると、家庭内でのやりくりが重要です。同じ調査で妻と同様、家庭の担い手である夫の家事育児時間をみると、首都圏や近畿圏では仕事時間が長く、家事育児時間が「ゼロ」の割合が多いのです。つまり、1章で示したアウェイ、ワンオペの傾向は、大都市圏に強いことが伺えます。

その反面、出生率の高さを支えている3世代同居が必ずしも一様に子育てによい循環をもたらすわけではないことも明らかになっています。先ほども取り上げた福井県は、共働き率や合計特殊出生率、幸福度、世帯収入の高さで注目を浴びる地域。その福井県を対象にした調査[5]ではどちらの親との同居かによって違いがありました。この調査では、自分の親と同居する場

4『都市と地方における子育て環境に関する調査』。2011年に全国の子ども（18歳未満）をもつ夫婦12、289組を対象に行われた。分析は全国を「北海道」「東北」「北関東」「首都圏」「北陸」「中部」「近畿」「中国・四国」「九州・沖縄」の9つに分けて行っている。妻の回答を中心に分析。

5『「福井モデル」の中での生活と労働』金井 郁『社会政策』10巻（2018）2号8―22頁

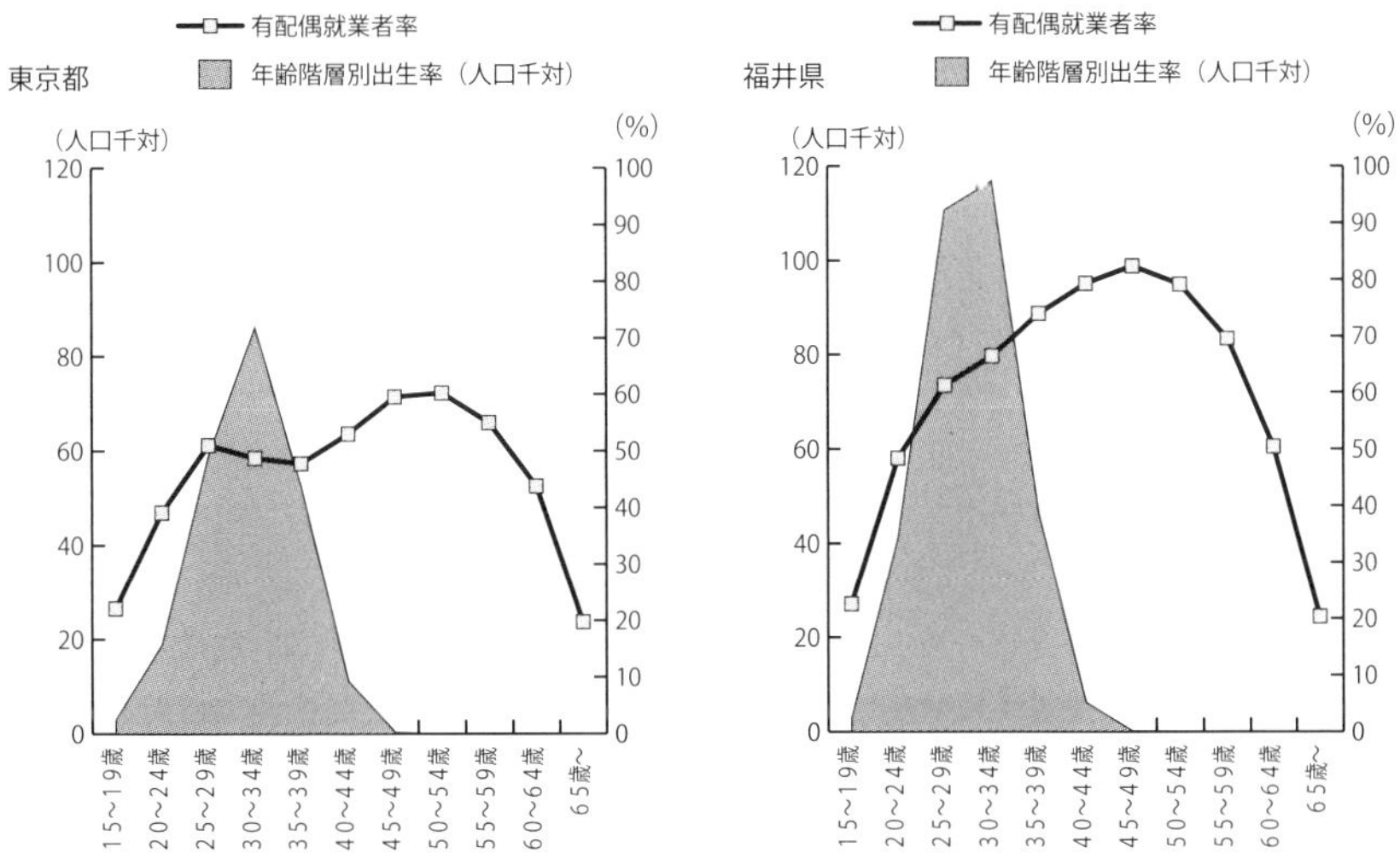

図7－2　年齢階級別出生率と女性の有配偶就業率の比較（2010年）
（出典：平成24年国土交通省白書）

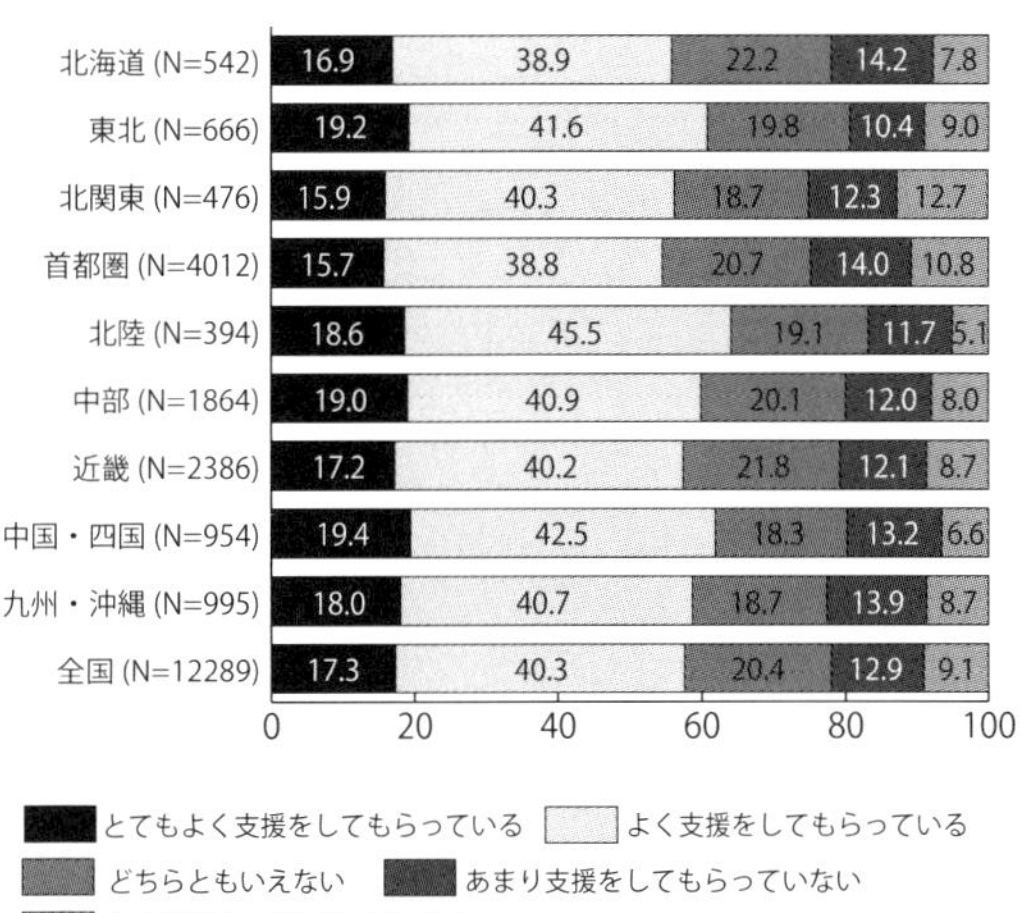

図7－3　親からの子育て支援の有無の地域別の傾向
（出典：内閣府『都市と地方における子育て環境に関する調査』平成23年）

合に女性の就業率が上がっていたそうです。また家事育児の負担についても、親（自分の親でも配偶者の親でも）と同居することで、男女双方の家事の負担は軽減されていたものの、その傾向は男性に強いようでした。つまり、もともと家事時間の少ない男性がさらに家事をしなくなるということです。さらに、男性の場合、核家族や配偶者の親と同居している場合には、毎日子育てをする傾向がある一方、自分の親と同居している場合には、その傾向はむしろマイナスになっています。このような親族によるインフォーマルなサポートにはリスクもあります。たとえば親の介護が必要になった場合には、離職せざるを得ない状況が生まれるなどです。

大都市圏の子育て

地理学の観点から保育や子育て支援の課題について検討している久木元美琴（くきもとみこと）さん[6]は、地域別にみた子育て環境の特徴を保育ニーズの観点から表7―2のようにまとめています。都心は従来、地価の高さやファミリー向け住居の少なさから、子育て世帯が少なく、待機児童[7]は発生していないとされていました。しかし近年は、都心回帰の傾向を受けて、フルタイムの子育て世帯が住むようになりました。そのため、待機児童問題が浮かび上がりますが、所得の高い世帯は相対的に高額な民間保育サービスを利用して乗りきっています。その結果、支払い能力による格差を生み出しているのです。

大都市郊外は従来から待機児童が多く、高い保育ニーズがありながら十分な供給がありませんでした。それを補ったのが、ボランタリーセクター[8]による保育供給であったと久木元さん

6『保育・子育て支援の地理学』（明石書店）187頁

7 厚生労働省は、「保育施設に入所申請をしており、入所の条件を満たしているにも関わらず、入所ができない状態にある子ども」を待機児童としています。ただ入れる保育園はあるものの、時間や距離などが合わないなどの理由で仕事と子育ての両立が難しく、あえて入れない例（隠れ待機児童と呼ばれます）や、待機児童数のカウントの仕方など課題も多いのが現状です。

8 ボランティアやNPOなど、非政府非営利の団体活動

は指摘します。大都市圏、とくに郊外では専業主婦率も、核家族率も高い傾向があります。これは一章で指摘した、戦後の産業構造の変化や都市化によってもたらされたもの。主に男性が働く場としての都心と、主に女性が家事や育児などの再生産活動を行う場としての郊外は「ジェンダー化された空間」[9]としてもとらえられます。それはアウェイ育児などの問題をもたらしもしましたが、郊外既婚女性のボランタリーな活動を生み出すことにもつながりました[10]。たとえば、地域子育て支援拠点のひとつである「ひろば型」事業の運営には、NPO法人などのボランタリーセクターが大きな役割を果たしていると指摘されています[11]。

地方に問題はないのか

東北地方も親からの支援が多く、3世代同居率も高いのですが、出生率は低いです。これに

表7－2　地域別にみた子育て環境の特徴と展望

大都市都心	地方都市
従来、郊外と比べると保育が充実 ・「都心回帰」により待機児童が深刻化 ・企業的な保育事業者など民間サービスが豊か 富⇔支払い能力による格差	・従来、豊富な親族サポートと保育供給 ・県庁所在都市クラスでは局地的な保育所不足が発生 ・「地方都市」の多様性と格差 ・地域経済、雇用悪化の影響
大都市周辺部・郊外	**地方縁辺**
・従来、最も待機児童問題が深刻 ・需要の地理的拡散、支払能力のばらつき→企業的事業者の参入は抑制的 ・「ジェンダー化された空間」→地域活動、保育NPOの可能性	・従来、豊富な親族／近隣サポート ・子ども数減少、市町村合併による統廃合、周辺部の切り捨て ・施設の遠隔化や生活圏と行政領域との不一致による送迎への影響

（出典：久木元美琴『保育・子育て支援の地理学』（明石書店）187頁）

9『都市空間とジェンダー』影山穂波（古今書院）

10『都市空間とジェンダー』の影山さんは、郊外で既婚女性のボランタリーな活動が生まれた背景には、女性たちが再生産空間に閉じ込められたゆえであり、そこから解放されるためだったと指摘しています。

11 久木元　前掲書　132頁

は経済・雇用状況の悪さが関係しているのではないかと指摘されています[12]。たとえば、完全失業率が高い都道府県ほど出生率が低いといわれますが、東北の各県は高い完全失業率を示していました（２０２１年時点で東北は２・８％、北陸は２・０％、中国は２・４％）。また、１９９７年から２０１２年の全国の貧困率[13]およびワーキングプア率[14]を調べた調査[15]では、貧困率の上げ幅が大きい県に青森、岩手、秋田、宮城が入っています。ワーキングプア率も同様の傾向です。

一方で、北陸地方では、育児と仕事の負担を感じる女性の比率が他の地域よりも高く、中国・四国地方では、育児の経済的負担感が高いことも指摘されています[16]。ちなみに、経済的負担に関しては、都市部から遠い地域で大学等への進学でかかる費用や仕送り、教育費などの負担の大きさがあるようです。

地方のなかでも県庁所在都市では、周辺地域からの流入によって待機児童問題が生じています。地方でも祖父母が遠方に住んでいれば、インフォーマルなサポートは難しいでしょう。だからといって大都市圏のように民間企業の参入が多いわけではなく、頼りにできる保育資源にはかぎりがあると考えられます。一方で地方縁辺部では、子どもの数の減少によって保育施設の統廃合の問題も。統廃合によって預ける施設が自宅から離れてしまえば、今度は送迎の問題が生じてきます。

地方圏は大都市圏に比べ子育てしやすい地域であると認識されてきましたが、一概にそうではないことが見えてくるのです。

12『少子化論』松田茂樹（勁草書房）１５４頁

13 総世帯のうち、最低生活費以下の収入しか得ていない世帯の割合のこと。

14 就業世帯（世帯の主な収入が就業によっている世帯）のうち、最低生活費以下の収入しか得ていない世帯（貧困就業世帯）の割合のこと。

15「都道府県別の貧困率、ワーキングプア率、子どもの貧困率、捕捉率の検討」戸室健作 山形大学人文学部研究年報 第十三号（２０１６・３）33—53頁

16 松田前掲書　１７３—１７５頁

地域ごとの子育て意識の違い

ここまで子育て環境を中心に見てきましたが、意識の面ではどうでしょうか。ベネッセ教育総合研究所が行った調査[17]では、首都圏、地方市部、地方郡部での子育てについて、母親の意識の違いを比較検討しています。まず対象となった母親の就業状況については、首都圏では専業主婦52・8%、パートやフリー25・9%、常勤13・7%と、専業主婦が半数を占める一方、地方郡部では、専業主婦38・9%、パートやフリー28・7%、常勤23・5%と常勤の比率が高い傾向です[18]。次に家族形態は、いずれの地域でも核家族が最も多い傾向ですが、地方郡部では3世代同居の割合が38・2%と他地域の倍近い割合を示していました。

子育ての悩みや気がかりについて、首都圏の母親は、食事に関することや日常生活、しつけについてなど、悩みや気がかりの内容が多様であるのに対して、地方では、子どもの食事のとり方や歯磨き・手洗いの習慣、言葉づかいなど、基本的な生活習慣を主に心配しています。しつけや教育の情報源については、首都圏の母親は「近所の友人・知人」「インターネットやブログ」「通信教育の親向けの冊子」などをはじめ、多くの情報源から情報を得ていることがわかりました。

進学期待は、地域によって大きく異なります。子どもに大卒以上を期待する比率（「短期大学まで」＋「4年制大学まで」＋「大学院まで」の%、以下同）は、首都圏61・7%、地方市部49・6%、地方郡部41・5%で、首都圏で高い傾向があります。また、子ども一人にかかる

17『第3回子育て生活基本調査（幼児版）』２００８年9月から10月に実施。首都圏（東京都、埼玉県、千葉県、神奈川県）、地方市部、地方郡部の幼稚園児・保育園児をもつ保護者6、131名の回答を分析。

18 地方市部は専業主婦48・4%、パート・フリー28・1%、常勤15・4%でした。

1か月あたりの教育費の平均金額は、首都圏9、982円、地方市部7、750円、地方郡部6、561円でした。首都圏の母親は、他の地域よりも「子どもの進路は、親が責任をもって考えるべきである」という意見が他の地域に比べると多く、「いつも母親が一緒でなくても、愛情をもって育てればいい」という意見は、地方市部と地方郡部で多く見られました。

母親としての生活満足度は、「母親」として満足しているという割合が首都圏で多く、「働く女性」として満足しているという割合は、地方郡部で多い傾向があります。働きながら子育てをすることへの負担感は、地域差は大きくなく、地方郡部の方が少ない傾向でした。

首都圏で子育てをする母親は、先にみたように、「ジェンダー化された空間」のなかで母親の役割を全うしようと、多様な情報源から情報を得、子育てに取り組んでいることが伺えます。熱心な分悩みも多くなるのかもしれません。一方で、地方で子育てをする母親は、仕事を持ちながら生活習慣を大事にした子育てをし、子どもとの間には適度な距離感があることが見えてきました。

若者・子育て世代に高い地方移住への関心

東日本大震災やコロナ禍の影響もあり、近年地方移住[19]への関心が高まっていることが指摘されています。内閣府の調査[20]では、地方移住に「関心がある」とした人の割合は全体で34・2％、20代に限ると45・2％に上りました。かつては、定年退職してから自然豊かな地方で暮らす「リタイア移住」が注目されていましたが、近年は20—40代の若い世代の移住に注目が集まってい

19 本書では、個人や家族が何らかの意思を持って、主たる生活拠点を別の地域に移すことを移住とします。転勤などは含みません。

20『第5回 新型コロナウイルス感染症の影響下における生活意識・行動の変化に関する調査』2022年6月にインターネットで行われました。20—60代の男女約一万人が対象

ます。NPO法人ふるさと回帰センターが行った調査[21]でも、「移住に関心がある」と回答した人の割合は男女ともに20—30代が最も多く、「具体的に計画している」という人も他世代の倍以上でした。

どんな理由から地方への移住を考えるのでしょう。内閣府の調査で、地方移住への関心の理由として最も多かったのは「人口密度が低く自然豊かな環境に魅力を感じたため（34・5％）」で、「ライフスタイルを都市部での仕事重視から、地方での生活重視に変えたいため（20・7％）」が続きます。首都圏や政令指定都市に住む、6歳までの子どもを持つ男女を対象にした調査[22]では、「現在お住まいの地域よりも地方への移住・転職してみたいと思いますか」という質問に対し、子どもが入園前までにもしくは入学前までに地方へ移住・転職を「したい」「検討したい」という回答を合わせると14・7％でした。地方への移住・転職を考えるきっかけとして最も多いのは「子育てのために、自然環境が豊かなところ、地域コミュニティが豊かな地域で暮らしたいから（29・7％）」、次いで「スローライフ・自分らしい生き方をしたいから（26・4％）」、「出身地や親元等へUターンしたいから（24・0％）」です。

地方への移住を考えている若い世代のなかには、自然豊かな環境での子育てを考えている人たちが一定数いることが伺えます。農学者の小田切徳美（おだぎりとくみ）さん[23]は、農山村への人びとの関心を「田園回帰」と呼び、単純な農山村移住だけをさすのではなく、農山村の生活、生業、環境、景観、文化、コミュニティ、そこに住む人への何がしかの共感を含むものだと話します。これは都市的生活への疑問から、農的な暮らしへの関心を示すものであることが考えられるでしょう。

21 1都3県（東京都、神奈川県、千葉県、埼玉県）に在住の20—74歳の男女15，000人を対象に行われました。インターネットで、2021年7—8月に実施

22『都市地域に暮らす子育て家族の生活環境・移住意向調査』NTTデータ経営研究所 2016年1月にインターネットで実施。有効回答数は2，013名 https://www.nttdata-strategy.com/archives/survey/goo/pdf/160318.pdf

23 小田切徳美『農山村は消滅しない』（岩波書店）176頁

移住の実際

実際に移住した人の状況はどうなのでしょうか。東京都23区では、２０２１年に7年ぶりに「転出超過」（転入する人よりも転出する人が多かった）となったことが話題を集めました。転出先を見ると、神奈川、埼玉、千葉が多く、全体としては、東京圏（東京および、千葉、埼玉、神奈川の都県）の一極集中の状況は変わらないようです。ただ、若い世代に限ってみると、違う状況も見えてきます。人口減少が著しいはずの「過疎地域」にある８００程の市区町村のうち、半数近くで若い世代の転入が転出を上回っていることが明らかになったそうです[24]。若い子育て世代が増えている市区町村のなかには、中央区や渋谷区、千代田区などの都心も含まれているため、単純な地方移住への傾向があるとは言えませんし、都心回帰の傾向がここにも見られますが、いわゆる過疎自治体への若者、子育て世代の移住が実際に起こっている[25]ことも確かです。島根県の中山間地域を対象にした調査では、4歳以下の子どもの数が増えているという報告[26]もあり、子育て世代が実際に地方へ移住している傾向が見えてきます。

ところで、移住にはどんなタイプがあるのでしょうか。『地方移住に関する実態調査』[27]では、移住を5つのタイプに分けています〈表7―3〉。最も多いのはIターン型で、次いでUターン型です。仕事の面で見ると、移住者の53・4％が転職はしておらず、60％弱が移住に伴う収入変化はなかったと回答しています。仕事や収入は移住のハードルになることが考えられますが、多様な働き方が可能になりつつある現在では、転職しなくても移住が可能となっているよ

24 https://www.nhk.jp/p/gendai/ts/R7Y6NGLJ6G/blog/bl/pkEldmVQ6R/bp/pleG86LpR0/ 全国市町村のコーホート増減率を国勢調査２０１５（20―34歳）と２０２０（25―39歳）で比較

25 どのような地域が選ばれているのかですが、リゾートや観光に力を入れている自然豊かな町や村が選ばれている一方で、一見人を惹きつけるものがとくに見当たらないように思える離島や山間の小さな町や村も選ばれており、単純ではないようです。

26 「田園回帰時代が始まった」藤山浩『季刊地域』no19

27 パーソル総合研究所。移住経験者、移住意向者、移住無関心者を対象に２０２１年3月にインターネットで実施。移住経験者は7，８６６名。https://rc.persol-group.co.jp/thinktank/data/migration-to-rural-areas.html

うです。移住に際して重視したことは、「地域での日常的な買い物などで不便がない」「都市部へのアクセスがいい」が上位にあがり、20―30代の若年層では、「自然が豊かで身近に感じられる」、「十分な広さや間取り、日照など快適な家に住める」、「穏やかな暮らしを実現することができる」といった暮らしにおける心の余裕や、快適さを重視する傾向があります。移住後の暮らしに幸せを感じているかどうかについては、Uターン型、配偶者地縁型が相対的に高い傾向にありました。さらに「幸せ」に影響する要因としては「地域への愛着」があることが指摘されています。Uターン型や配偶者地縁型の場合、地域についての事前知識があることや、地域内に一定の人脈をもっている、加えて地域への愛着を抱けているなどが移住後の生活を幸せと感じられる理由なのではとされています。心の余

表7－3　移住タイプ

移住タイプ （　）内は割合	定義
Uターン型移住 （20.2％）	生まれ育った故郷*から、進学や就職を機に移住した後、再び生まれ育った故郷に移住すること。 ＊本調査では、自分が生まれ・育った「区市町村」を基準とした。
Jターン型移住 （10.3％）	生まれ育った故郷から、進学や就職を機に移住した後、故郷に近い地方都市等*に移住すること。 ＊本調査では、自分が生まれ育った「都道府県」および「地方」（東北地方、巻頭地方など）を基準とした。
Iターン型移住 （38.6％）	生まれ育った故郷から、故郷にはない要素を求めて、故郷とは別の地域*に移住すること。 ＊本調査では、一時的でも縁のあった地域（進学・仕事・ボランティアなど）および、これまでに縁はないものの様々な地域を検討して移住するスタイルを含めた。
配偶者地縁型移住 （13.5％）	配偶者やパートナーの故郷など縁のある地域へ移住すること。 Uターン型の派生形とも考えられるが、回答者自身の故郷ではない地域への帯同的移住として分類した。
多拠点居住型移住 （17.3％）	2拠点居住など、主たる生活拠点を持ちながら他の地域にも生活拠点を設けて行き来すること。 本調査では、行き来する生活スタイルに着目し、U-I-J-配偶者地縁型のいずれのパターンも含めた。

（出典：パーソル総合研究所『移住に関する実態調査』2022年）

裕や快適さを求めてなされる移住が、幸せにつながるためには、地域と縁を深めることが重要なのかもしれません。

地方創生と森のようちえん

『地方創生をテーマとした自治体首長へのアンケート調査』[28]によれば、「地域活性化のために力を入れている政策」で最も多くあげられたのは「子育て支援（63・8％）」でした。実際子育て支援策は若い世代の移住に一定の効果をもつことも明らかになっています。たとえば、島根県邑南町（おおなんちょう）では、子育て支援策の充実[29]が合計特殊出生率の上昇や子育て世代の移住者の増加につながっています[30]。先に紹介した6歳未満の子どもをもつ夫婦に対する調査では、移住先の幼稚園や保育園の条件として、「自然環境を活かし、子どもの五感、生きる強さ、主体性を育成する保育・教育のある環境」を選択した人が最も多かったようです。

6章で紹介した森のようちえんの取り組みには、地方創生や移住促進への効果が期待されています。鳥取県智頭町（ちづちょう）[31]にある、森のようちえん「まるたんぼう」[32]もそのひとつです。まるたんぼうは、夫の出身地である鳥取県にIターン移住した西村早栄子さんが立ち上げた森のようちえんです。もともと熱帯林などの林学を研究していた西村さんは、「田舎の子育て」のよさを、自身の子育てを通して実感。自然とともにある子育てをしたい人は全国にいるのではないかと、2009年にまるたんぼうを立ち上げます[33]。すると、まるたんぼうの活動に惹かれ、県内はもとより県外からも移住者が増えていきました〈図7―4〉[34]。移住者の職業は、当初

28 https://www.projectdesign.jp/201503/questionchief/001948.php 2014年12月に郵送で実施、213自治体から回答を得ました。

29 邑南町では子育て支援と地方創生が結びつけて考えられるようになる以前から、「日本一の子育て村構想」を発信し、医療や福祉面での経済的負担を軽減するといった具体策を実施しています。https://www.town.ohnan.lg.jp/www/contents/1001000000300/index.html

30 「子育て世代の居住地移動に与える影響―島根県邑南町の検討―」宮本恭子『地域生活学研究』第7号30―38頁

31 鳥取県の東南に位置し、南と東は岡山県に接している。2022年11月1日現在の人口は6,455人。

32 まるたんぼうについては、西村早栄子「地方創生に寄与する森のようちえん」トヨタ財団『森のようちえんの世界―その実態、あゆみ、課題』28―29頁、『移住女子』

は比較的移住しやすいと言われるフリーランスの方が多かったようですが、移住先で新たな仕事を探す人も増えてきたそうです。興味深いのは定着率と出生率の高さ。6章のNPO法人青空保育ぺんぺんぐさの例で見たように、森のようちえんも親が主体的に参加する機会が多く、その関係は在園中だけではなく卒園後も続きます。自然や周囲の人とのつながりによって、親に気持ちの余裕が生まれ「もうひとり、いやもう2人くらい子どもを産みたい！」と言い出す人がいると西村さんは言います。移住の動機は「自然豊かな環境で子育てをしたい」というものであっても、定着する背景には移住先で得られた人間関係や、ネットワークがあるのではないでしょうか。また、まるたんぼうでは、「卒園した後も、そのままその子がその子らしく育てる場所について考えたい」という保護者の思いから、子どもたちの自主性を尊重した教育を目指す「新田サドベリースクール[35]」も立ち上がりました[36]。

移住のよいところ、欠点

智頭町で暮らす西村さんは、田舎の子育てのいいところ、欠点を挙げています〈表7—4〉。地方移住した母親の座談会[37]では、「子どもが元気になった」「家族以外の人に優しくしてもらえる」「親である自分が安心して暮らせる」などが、よかったこととして挙げられていました。一方で欠点としては、「田舎すぎると助けてもらえる人が近所にいない」「給料が低い」「野生動物に気をつけないといけない」などがあります。

西村さんも座談会のなかでも、田舎移住のいいところとして人間関係を挙げていました。小

伊佐知美（新潮社）を参考にまとめました。

33 2011年4月より「特定非営利活動法人 智頭町森のようちえんまるたんぼう」として活動し、事業が広がったことから2020年3月に「特定非営利活動法人 智頭の森こそだち舎」として名称変更しています。現在は「完全預かり型」の「智頭町森のようちえんまるたんぼう」と、2013年にまるたんぼうの姉妹園として設立された「共同保育型」の「空のしたひろばすぎぼっくり」の2園を運営しています。

34 智頭町全体でみても30代の増加があるそうです。（2010—2015年）

35 サドベリースクールとは、子どもの自由を最大限に保障する学校です。アメリカ東部のマサチューセッツ州で1968年に設立されたサドベリー・バレー・スクールが発祥で、世界各地にあります。

36 鳥取県は、全国でも先駆けて森のようちえんの認定制度を整えた自治体のひとつです。「とっとり森・里山等自然保

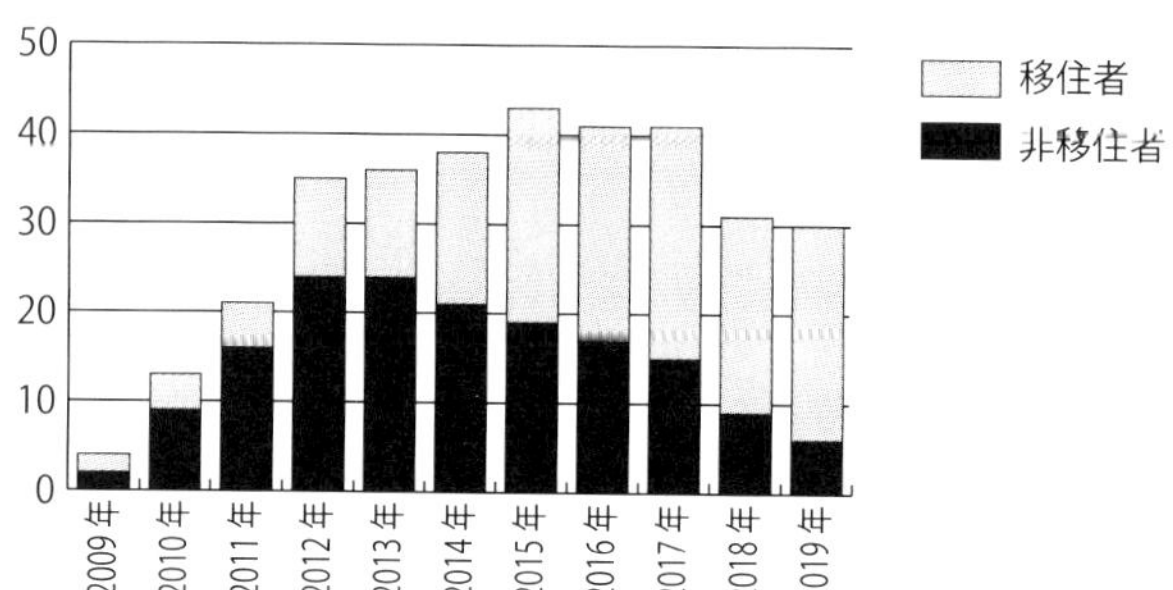

図7－4　まるたんぼうの園児数の推移（西村2020を基に作成）
（出典：西村早栄子 「地方創生に寄与する森のようちえん」 トヨタ財団 『森のようちえんの世界―その実態、あゆみ、課題』28-29頁）

表7－4　田舎子育ての長所短所（西村2020を基に作表）

田舎子育ての良い所	田舎子育ての欠点
・自然環境が豊かで、食の安全も安価で手に入る ・土地が広く車が少ないので安心でき、子どもの泣き声や走り回る音が気にならない ・親のストレスが少ないため、子どもがのびのび育ち子育て自体が楽になる ・四季の移ろいが美しく大人も子どもの感性豊かに暮らせる ・家が広いので家族で助け合う必要があり、「不便で足りない」生活は子どもが頭、手、知恵を働かせる機会となる ・少子化が進む地域の人に歓迎され、コミュニティが残っているので安心できる ・コミュニティには古くからの風習や文化が残っているため「日本人らしさ」を実感できる ・ひとり一人が大切にされる ・生活費が安い	・子どもが少ない（近所に遊び友達がいない） ・通学が不便（送迎の負担大） ・遊び場が少ない（公園がほとんどない。山や川は危険なので子どもだけでは遊びに行けない） ・教育の機会（選択肢）が少ない

（出典：西村早栄子 「地方創生に寄与する森のようちえん」 トヨタ財団 『森のようちえんの世界―その実態、あゆみ、課題』28-29頁）

田切さん[38]は、農山村への移住の課題として、「仕事」「住宅」「コミュニティ」の3点を挙げます。このうち「コミュニティ」の課題とは、農山村のコミュニティの閉鎖性や濃密な人間関係に対する違和感です。実際に閉鎖的と思われるコミュニティもないわけではありませんが、都市住民の方が過剰に閉鎖性や人間関係を恐れているという側面もあるのではないかと思います。実際に移住した人のなかには農山村の人びとの「優しさやあたたかさ」に助けられたという人は少なくありません。ある人は、東京にいるときは子連れでお店に入ると気を遣うことが多かったけれど、移住先では子連れであることに気を遣う必要がなく、むしろ子連れの自分たちに気を遣い、優しい言葉をかけてくれるといいます。

以前、私は東京都小笠原村[39]での子育てネットワークについて、東京のベットタウンと比較して調べました[40]。小笠原村は就労者に占める公務員の割合が多く、転入・転出が多い村です。移住者に限った調査ではありませんが、離島という子育て資源の限られたなかでは、どのような人間関係があるのかを見ていきましょう。子育ての相談相手や子どもを預けたり預かったりする相手を尋ねたところ、小笠原村では、子育てをしていない友人が挙げられていました。その傾向は在島年数が長い人に顕著にみられます。つまり子どもがいる、いないに関わらない子育てのネットワークがあることが伺えました。比較した東京のベットタウンでは、子育てをしていない友人が選ばれることは少なく、子育てしている人だけのネットワークになりがちのようです。その理由として、都市部の場合、子育てのネットワークは子どもが生まれてから新たにつくられることが多い点があるでしょう。一方、小笠原村では日常の人間関係がそのまま子どもが生まれてからも引き継がれているということが見えてきます。つまり、暮らしの場と子

育認証制度」は「一年を通して野外での保育を中心に行う園を鳥取県が設けた基準に基づき認証し、支援することで、鳥取県の豊かな自然を活かして子どもたちが健やかに育つこと」を目的としています。認証された園は2019年時点で7園です。

37 『TURNS vol.25 だから、地方で子育てしたい』54—55頁

38 小田切前掲書 207頁

39 東京の南約一、〇〇〇キロに位置。人が住んでいるのは父島と母島。2022年12月時点の人口は2、572人。東京父島間の交通は約週1回の定期便のみで、所要時間は24時間。

40 「小笠原諸島の子育て環境（1）親たちが認識する育児環境とネットワーク」菅野幸恵・岡本依子・亀井美弥子『東京都立大学小笠原研究年報』25号1—14頁 2002年にまとめたものです。現在の状況は異なっている可能性があります。

育ての場が地続きであるのです。こうして、日常の人間関係と子育ての人間関係が重なり合うところに、地方での子育てのしやすさがあるのではないでしょうか。

小笠原村での調査では、子育ての問題点についても尋ねました。地方での子育てと共通することとして、医療体制の乏しさと教育機会の少なさが挙げられます。医療については仕方がないところがありますが、教育については地方のデメリットを逆手にとって、地方だからこその魅力を発信しているところも。たとえば島根県隠岐郡海士町(おきぐんあまちょう)は、保育園からずっと同じメンバーで育つ子どもたちに広い視野を持たせたいと高校生向けの「島留学」や小中学生向けの「親子島留学」制度をつくりました。海士町は、「ないものはない」をキャッチコピーに掲げ、『自立・挑戦・交流』をテーマにまちづくりを行っています。島留学、親子島留学もそのひとつで、保育園から高校までの一貫した「島まるごと教育の魅力化」に取り組むことで、『交流と挑戦を通して未来を切り拓く自立した人間力溢れる人づくり』を目指しているのです[41]。

さて、西村さんの挙げる欠点のなかに「遊び場が少ない」というものがありました。そこで、地方での子育ちについて「遊び」を中心にみていきましょう。

都市部と地方の遊び（場）の違い

子どもたちの遊びにはどのような違いがあるのでしょうか。まず都市部と地方との違いについて。小学生に放課後の遊び場について尋ねた調査[42]では、どの地域でも「自分の家」「友だちの家」「公園や広場など」が多いという結果でした。とくに大都市では、地方より「自分の家」

41 https://ama-oyakoshimaryugaku.amebaownd.com/pages/1005124/concept

42 ベネッセ教育総合研究所が2009年8—10月に小学校4年生から高校生を対象に実施。

や「友だちの家」の割合が減り、「公園や広場など」「学校の教室」「学校の運動場」や「児童館や図書館などの公共施設」といった公共の場所が増える傾向があります〈図7―5〉。別の調査[43]ですが、習い事をしている子どもの比率は、首都圏62・0％、地方市部46・2％、地方郡部36・9％。首都圏で高い傾向です。習い事をしている分、遊び時間は少なくなることが考えられます。

地方の遊び（場）

地方を対象にした調査から、地方での遊びの状況についてみてみたいと思います。表7―5は地方を対象にした調査結果をまとめたものです。共通してみられるのは、中心部に住む子どものほうが、公園など公共の場所が遊び場になっていて、山間部や農山村の子どもは異年齢の友だちと遊んでいるということです。公園な

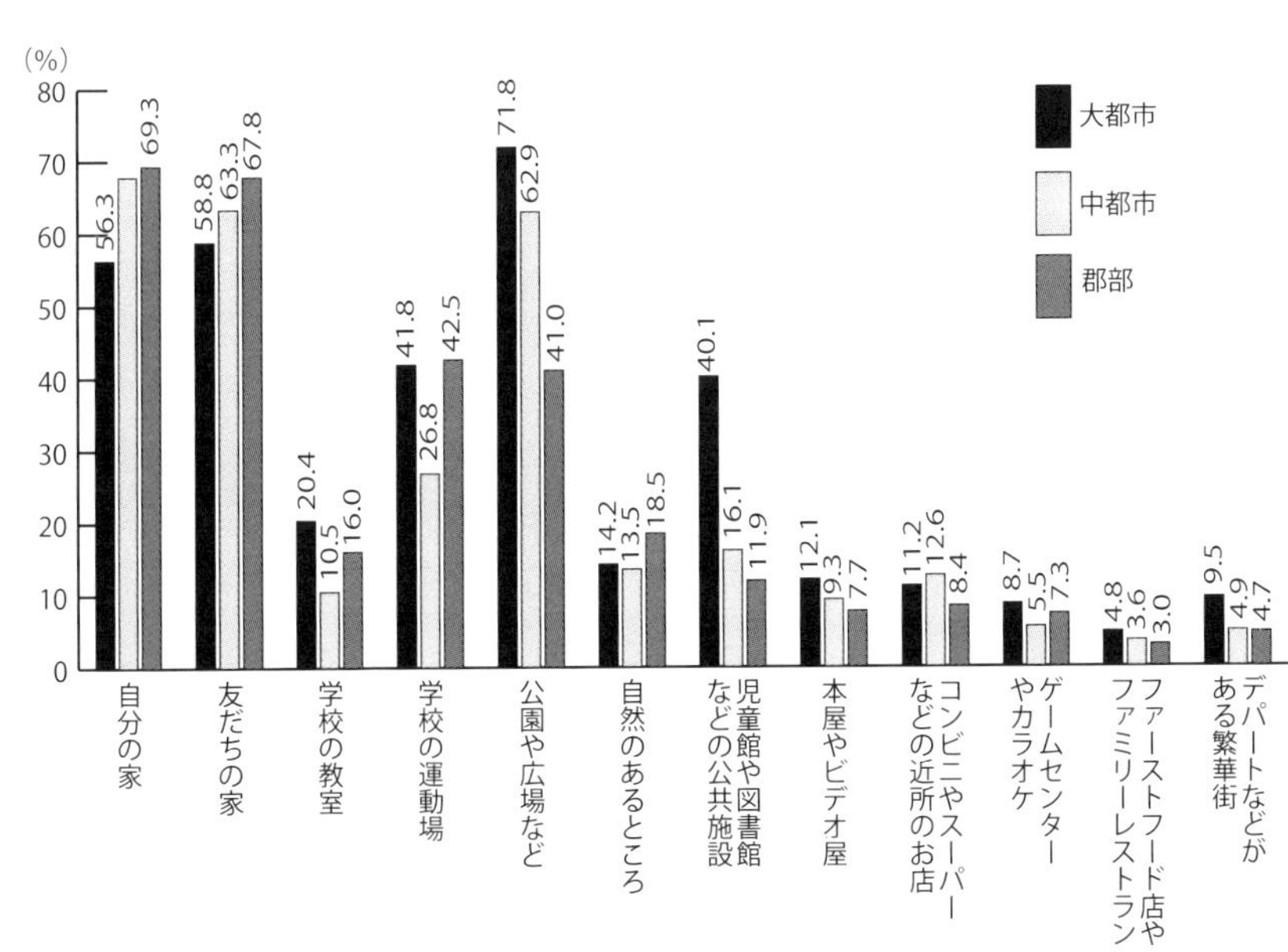

図7－5　放課後の遊び場（小学生、地域別）
（出典：ベネッセ教育総合研究所　2009『第2回子ども生活実態基本調査』）
※「大都市」（東京都内）、「中都市」（中規模都市：人口密度が中／人口規模が20～ 30万人程度）、「郡部」（町村部：人口密度が低／人口規模が１～２万人程度）

表7－5　地方での遊びの状況
（文献＊１～＊３を基に作表）

調査地（調査年）		中心部	郊外	山間部／農山村／集落
石川県津幡町（2010）[＊1]	遊び時間	平日　中心部、郊外＜山間部 休日　中心部＞郊外＞山間部		
	遊び場	公園、公共施設	友人宅、店	自宅、自宅庭、道路・駐車場
	遊び内容		テレビゲーム、パソコン	人形・おもちゃ、ままごと、虫遊び
	遊び相手	きょうだい、近所の友だち、父母		年上の友だち、年下の友だち
福井県福井市（2017）[＊2]	遊び時間	郊外＞中心市街＞農山村		
	遊び場	自宅、友人宅、公園	自宅、友人宅、公園	自宅庭、自然
	遊び内容	ゲーム、スマホ、漫画		鬼ごっこ、スポーツ、自転車
	遊び相手	同学年	同学年	年上、年下、きょうだい
福井県勝山市（2007）[＊3]	遊び場	公園、道路、駐車場、空き地		児童センター
	遊び内容	鬼ごっこ、雪遊び		ボール遊び
	遊び相手	同学年		きょうだい

他に比べて特徴的な項目を挙げている。空欄は特に目立った特徴がなかったもの。網かけは共通点。

津幡町：石川県の中央に位置する。人口およそ37,000人。
福井市：人口およそ25万人。
勝山市：福井県北東部に位置する。人口およそ27,000人。

＊１　粟原知子・川端翠・熊澤栄二・桜井康宏「地方都市部における小学生の遊びに関する調査研究（1）石川県津幡町における2010年の子どもの遊びの現状」『日本建築学会大会学術講演梗概集』829-830　2011年
＊２　粟原知子・熊澤栄二「地方都市部における小学生の遊びに関する調査研究（3）―福井県福井市の小学生の生活と遊び実態―」『日本建築学会北陸支部研究報告集』第61号　436-439 2018年
＊３　薬袋奈美子・堀部修一「地方小都市における子供の遊び場―福井県勝山市の小学校別放課後の実態―」『日本建築学会技術報告集』14巻27号　271-274　2018年

どは、都市計画の一環で市街地に作られることが多く、そもそも農山村には公園がないからかもしれません。農山村の遊び場として自宅や自宅の庭が多くなるのは、隣家が遠いのが理由のひとつ。友だちの家に遊びに行きたくても子どもひとりで歩いていくのは難しく、車で連れて行ってもらう必要があるのでしょう。福井県勝山市の調査では、農山村の遊び場として児童センターが挙げられていますが、学童クラブに所属している子どもが多いことや近隣に友だちがいないため、児童センターに行って遊び相手を見つけている[44]ようです。農山村の子どもが異年齢の友だちで遊ぶのも、そもそも遊ぶ相手が限られているため、結果として異年齢になるということが考えられます。

また、地方での子育てのデメリットとしては「山や川は危険なので子どもだけでは遊びに行けない」「野生動物に気をつけないといけない」という声がありました。農山村にIターン移住したある人は、移住当初「自然や山がいっぱいで子どもがそこを駆け回る」というイメージがあったそうですが、実際には山や畑に子どもの姿はなかったと言います。というのも、団塊の世代が子どものころは、働き手のひとりとして畑に通っていたので、畑に行くのが日常でした。しかし、現代の親にとって畑は「人や動物に有害な除草剤を使っている怖いところ」。そのため、子どもが入れない、入りにくい場所になっているという現実があるようです。これらのことを考えると、農山村は一見自然豊かな環境が身近にあるイメージですが、案外遊び場が限られていることが見えてきます。

遊びの内容については、どちらかというと、中心部の子どものほうがゲームなどの室内遊びを、農山村の子どものほうが昔ながらの身体を使った遊びをするイメージがあります。しかし、

43『第3回子育て生活基本調査（幼児版）』ベネッセ教育総合研究所
44「地方小都市における子供の遊び場」薬袋奈美子・堀部修一『日本建築学会技術報告集』14巻27号　271―274　2018年

勝山市の調査では、中心部の子どもの方が自然を享受した遊びが展開されているという指摘が。また、石川県津幡町（つはたまち）の調査では山間部の子どものテレビ視聴時間の長さが指摘されており、中心部と農山村で一貫した傾向を見出すのは難しい状況です。

地方での子育ての可能性

豊かな自然があるにもかかわらず、必ずしもそこが遊び場になっていない地方において、森のようちえんはひとつの可能性を示しています。ただ、森のようちえん活動に参加するのは、移住者が中心という話も聞きます。もともと住んでいる人にとっては「自然」は当たり前すぎるからです。岐阜県で森のようちえんを運営している浅井智子さん[45]は、「森のようちえんの誕生は、その地域の人たちへの問題提起である」と言います。というのも、新たな価値観に基づく保育や、幼児教育のあり方を示していくことで、何を大事にしていくのか問いかけになるからです。そのような問いかけは、地域の人たちにとっては自分たちが大事にしてきた価値観を否定されるようにも感じられるため、森のようちえんが地域に受け入れられるまでに時間がかかる場合もあると浅井さんは指摘します。実績を積み、森のようちえんは悪いものではなく、むしろ地域の発展に貢献するものなのだと伝わってはじめて、受け入れられ「地域に新しい文化を生み出す」のです。

地方での子育ての可能性は、森のようちえんだけにあるのではないでしょう。顔が見える関係のなかで、子どもが育ち、子どもを育てる営みは、社会全体の子育ち、子育て課題の解決に

---

45 『お母ちゃん革命』（ポプラ社）162頁

もつながるのではないかと考えます。また、家族で地方移住した人たちの声のなかには、移住したことで家族が一緒に過ごす時間が増えたという声が多く見られました[46]。長時間かけて通勤する必要がなくなりますし、残業もありません。また職場と自宅が近かったり、自宅で起業していたりなど、親が働く姿を子どもが見られるというメリットもあります。近年では、先にみたように都市的な生活への疑問から、移住を考える人も少なくありません。地方移住によって、生活スタイルが変わり、子育ちにも子育てにも優しい環境になるのであれば幸せなことだと思います。

46 たとえば『家族で地方移住、はじめました。』移住ライフ研究会（洋泉社）

コラム13
心のワクワクを大切に

深澤鮎美（自然あそび保育モリノネ代表）

９年間勤めた埼玉県の保育園を退職し、岩手県釜石市に移住したのは2016年。復興支援で釜石の『希望と笑顔のこすもす公園』と出逢ってから２年後のことでした。

こすもす公園は、東日本大震災後にボランティアと有志の方々が手がけたパーマカルチャーの概念を取り入れた公園です。自然を活かした滑り台や展望台、長さ43mにもわたる希望の壁画など、まるで夢と希望があふれたワンダーランド。この地で私は親子型の森のようちえんをスタートさせました。

私はかつてキャンプスタッフや保育士をしていた経験から、自然の中で過ごすことがどれほど大切で豊かな経験であるのかを身をもって感じていました。周囲とのコミュニケーションは豊かになり、自分という存在を感じることもでき、地球や自分、他者への配慮が生まれるようになるのです。人は本来自然とともに在る存在です。だからこそ自然が身近にある地方での暮らしは、本来の豊かさに満ちているはずだと思っていました。

しかし、移住後に見た光景は少し寂しいものでした。子どもたちが自然の中で遊ぶ姿が見られないのです。放課後にはポータブルゲームや習い事、休日は家族で都市部へお出かけ。確かに自然はそこに存在しているのに、なぜだか遠く感じられていたのです。

けれどもそれは自然を知らないだけ。知らないから不安になり、近づき難かっただけなのです。「それならば、みんなで自然の中で遊ぼう！子どもに伝えるにはまずは大人が楽しまなくちゃ！」と考え、そこから親子型の森のようちえんがスタートしました。

森のようちえんでは、

◎ダメ・危ない・汚いなどの禁止語や指示語はなるべく使わず、子どもの「やりたい」気持ちに寄り添いましょう
◎子どもが自分で考えたり、子どもを肯定するような言葉掛けをしてみましょう
◎みんなでみんなの子どもを見守りましょう

などを随所で伝えていました。そうしているうちに、「子どもにも親にもこういう場所が大切」「私（母）が癒されています」などの声も挙がるようになり、安心感のある雰囲気が漂うようになったのです。

自然は実に豊かな遊び場であり、好奇心をくすぐる素材が無限に広がっています。与えられるのではなく、子どもたちが自ら選び取り、夢中になる経験が大切なのです。

このような環境は、子育てにおいても大いなる意味を持ちます。家族や仲間と共に育ち合える環境が、子どもたちの成長をより豊かに導いてくれます。私たち大人たちも、「子どもの『やりたい』気持ちを大切にしよう」「大人も楽しもう」という精神を心に留めて、自然と共に学び成長していくことが大切なのです。

森のようちえんという場があらゆる存在にとって心地のいいものとなり、子どもを中心として幸せの輪が広がるよう、私も楽しんでいきます。

8章

対談[i] ～民主主義が子どもを育てる～

菅野幸恵
土井三恵子

ファシリテーター
野村夏子[ii]

大切なことって〝面倒くさい〟
民主的に育っていない私たち
覚悟は徐々にできていく
子どもがまんなかだからこそ
代わりが利かないつながりができる
子どもたちの民主主義
自分の軸と調和していく力の両輪が育つ
グレーな出来事で身につく〝生きる原動力〟

大切なことって〝面倒くさい〟

土井：じつは私、自主保育やプレーパークからたくさん学んできた人間なんです。というのは、青空保育ぺんぺんぐさを作るきっかけが、北欧の成熟した民主主義社会の元での教育や、25年前はほとんど知られていなかったアメリカのサドベリーバレースクール（デモクラティックスクール）等の出会いだったんですが、当時の日本では似た実践がほんのわずかだったからです。「自由」を突き詰める姿勢に大きな衝撃を受けた私は、身近に存在していた自主保育やプレーパーク、フリースクール等が、誠実に試行錯誤しているなあと気づきました。「民主的な育ちの場」とは、たとえば子どもの自由と自律、子どもが個として尊重されて、自分の意見を持って話し合いを重ね、生活の主となるようなこととか、多様性を尊重するといった子ども観や教育観を大切にしている場のことです。だから、ぺんぺんぐさは、今回大人のコミュニティが話題となりましたが、はじめは「民主的な育ちの場＝子どもの民主主義」をやりたくて始めたんです。青空保育という昔懐かしい名称を使っていますが、民主的な教育観もかなりプラスされている、「森のようちえん」です。

だからこそ、保育中は「大人が先回りしてやってあげないでね」ってお母さんに話しています。まず子どもが自ら気づいて自分の口で発して、そこに大人が応じていくことを基本にしたいと思っているからです。こうして実際にお母さんたちと運営していて気がついたのは、母親たちの営みも民主的な関わりなんだってこと。プレーパークせたがやが発

行している『気がつけば40年近くも続いちゃってる、住民活動の組織運営。』に紹介されていたゆるふわ会議を読むと、子育ちや保育で大切にしているポイントともすごくリンクしていて、驚きとともにその面白さにハマっていきました。

『市民の日本語』（ひつじ書房）の著者である加藤哲夫さんが、あるインタビューの中で「日本は民主主義じゃない」っておっしゃっていました。代表が何かやってくれるという上意下達、武士の頃の時代がそのまま残っていると。民主主義といっても、その基本はそれほど難しいことではないんです。住民が選んだ代表者を通じて間接的に政治に参加する間接民主制や、住民に選ばれた代表者が議員となり、議会で話し合って政治を行う議会制民主主義が、日本社会で主流になっているから、民主主義が遠い存在になりがちです。本来はまず「民」がやりたいことを自身で自覚して口に出すことで、周囲が変わっていくことが民主主義の基本だと思うんです。ただ、民が主になって意見を出し合ってもやっぱり主張と主張が合わないことが多くて、話し合って折り合いをつけながら、お互いのハッピーを探っていく必要がある。あえて言うなら「足元の民主主義」ですね。

野村：お互いの意見がぶつかると、どうしても時間がかかりますね。以前にお2人が〝大切なことって面倒くさい〟とおっしゃっていた言葉が印象的でした。その過程って、多くの人が「やりたくない」って思うのかもしれないと。

菅野：はい。でも上の世代では、当たり前だったんですよね。加藤さんの本にあったのは、「日本では、どうしても『公共』が理解されにくかった」ということ。というのも、「昔、共同社会の時代は、社会の中でお互いに迷惑をかけないように交渉しながら、みんなが納得する形を見出してやってきたのに、いきなり『公共』が入ってきちゃったから」という話だったと思います。昔からの営みを、今の時代に合う形でやろうとしているのが、青空保育ぺんぺんぐさをはじめ、本書で紹介した実践なのでないでしょうか。

土井：青空保育ぺんぺんぐさは、保育スタッフや運営スタッフが中心になって運営している「森のようちえん」です。晴れても、雨が降っても、風が吹いていても基本野外活動で、外で集合して外で遊んで、外でお弁当を食べて、眠くなったら時には外で寝て、そして外でお迎え。最近は園舎のある森のようちえんも増えてきたんですけれど、たいていそんな感じで、長時間外にいます。そうすると自然という存在が、体験するところや遊びに行くところや、イベント型の自然体験ではなくて、日常の中にあるようになるんですよね。そこで過ごすことになると、四季折々の変化を感じながら、感性豊かに育っていく様子が見られます。あえて、かっちりとしたカリキュラムを持たずに、自然の偶発性を生かしながら臨機応変に対処したり、観察したり、時には助け合ったり。人工物が少ないので、友だちとのかかわりと言葉を頼りに、イメージを広げて遊んでいくという特徴があります。

また、子どもを預けっぱなしじゃもったいないので、お母さんたちを「お客様」にはしません。子育てを保育サービスに助けてもらうことで楽になるんじゃなくて「少しの手間をかけて仲間ができれば、子育てはこんなにうんと楽になるよ、楽しめるんだよ」ってことを提案する、逆転の発想でここまで来ました。自分たちで育て合い、育ち合い、預け合おう！っていうような自主保育は、私個人はとても好きです。ぺんぺんぐさは、そんな自主保育と、預かってもらえる幼稚園のちょうど中間点になります。塩梅が難しくて苦労することもありますが、このグレーの中に大人も子どもも育ち合える学びがいっぱいあって。自主保育ができるパワーがある人たちじゃなくても、手作り保育や手作り子育てを味わってもらえたら、社会はどんどん元気になると思うんです。

菅野：ぺんぺんぐさの卒会式の場で、卒会するお母さんたちが一言ずつ話すときに、みなさん「楽しいことばっかりじゃなかったけど、すごく良かった」って、涙を流しながら言ってました。〝大切なことは面倒くさい〟というのは、映画監督の宮崎駿さんの言葉ですが、卒会式でのお母さんの言葉はまさに〝面倒くさい〟を経験したから出てくる言葉なんですよね。自分の意見を言えって言われるし、大人同士はもちろん、子ども同士にもいろんな面倒くさいことが起こります。それを介入しないで、見ていなきゃいけないこともある。続けられるのかなと、葛藤もあったでしょう。それでも、最後の日に「良かった」という言葉が絞り出されてくる。

民主的に育っていない私たち

土井：みなさん「ひとりで子育てしないでね」ってキャッチフレーズを見てぺんぺんぐさに入ってくるから、お母さんは最初安心して、実家に帰ってドッと疲れが出たような状態になるんです。手作り保育の良さを感じているポテンシャルのある人たちなんだけど、入園した後は気が抜けちゃうんですよね。だから少しずつ、共同の子育てがあるんだっていうことを知ってもらい、リラックスして自分を取り戻していただいた後に、自ら発言したり考えたりして、だんだんと行動していくようになる。その過程の尊さを改めて感じます。自主保育との違いは「運営参加度の度合い」だけでなく、このことも大きな違いかな。まずは月1回のミーティングで、集団の中で自分を語るってところから出発します。ときには弱みを見せながら自分を理解して、他者を理解して、自己紹介をし合っていくことで、信頼関係ができていきます。これはスタッフもそうです。指名されないとね、やっぱりしゃべられない人が多いんで、自分から意見が言えるようになっていくところから、運営にかかわり行動し始めて、面白さに気がついていく、っていう感じかな。だから育ちの場をともに作る者たちとして、「意見を言おう」「考えよう」「違和感に気づいて言葉にしよう」ってことを繰り返し伝えていきます。この当たり前の過程こそが、民が主になるための民主主義の第一歩なんじゃないかな。

菅野：土井さんから、民主主義ってワードが出てきたとき、「これだ！」と思って、すぐに対談のテーマにしようと思いました。やっぱり民主主義っていう言葉が入ると、この本で紹介している、マニアックですごく小さな活動たちが、もっと外に広くつながって、別の観点から見ることができると思ったんです。

野村：お母さんたちが「まず安心してから」って、すごく分かりますよ。私も子育て中はすごく不安だったし、ひとりでやるものじゃないって感じました。安心して自分の意見が持てて、そこから担い手になっていくまでの民主主義の過程って、やはり時間がかかるのかもしれませんね。

土井：民主的に育ってないですから、私たち。通っていた学校や、働いていた会社が全体平等主義だったり、点数化されたり、成果主義だったり、効率主義だったりしたと思うんです。じゃあこの教育をぺんぺんぐさで目指しているのはなぜかって言うと、私がそういう風に育ってないから、興味があってたまらないんですよ。保育の仕事を始めたばかりの数年間は、私自身の育ちによる変な癖がいっぱい出ちゃって、自己嫌悪に陥ったり「あ、違った！」とか思ったり、試行錯誤しながらやっていました。まだまだ私も課題がいっぱいだから、お母さんたちも時間がかかるのは当然ですよね。

冒頭に紹介した『ゆるふわ会議』のエッセンスはというと、157頁以下でも

土井三恵子

触れたように、たとえば…

一人ひとりを大切に、比べない、競争じゃない、効率じゃない、対等である、信頼関係、自発性、お互い様、聞く、凸凹でいい、私語もりもり、相互理解、正しさはひとつじゃない、結論は出なくてもいい、楽しさ、遊び、脱線、失敗におおらか…

こういう結論の出ない、不確かなことをやり続けているんですよ。これって、民主的な子どもの育ち＝保育にすごく似ているなって思ったんです。しかも、私たちが子どもたちの様子をお母さんにフィードバックすると、お母さんたち自身にも重なったり、リンクしたりする部分があって。ケンカひとつ取っても、子どもって本当に解決上手。大人ってね、解決するまでに半年とか1年とか時間がかかるんですよ。スタッフが見守りながら、解決したように見えても気まずさが残ることもある。だけど、解決上手な子どもたちに教わるんですよね。そうやって親が自身の事情ともリンクさせるから、あとからお話するように、感動と納得感が倍増するんです。

プレーパークせたがやの理事、天野秀昭さんがよく「情動[iii]が動くと人は記憶し、成長する」とおっしゃるように、情動が動くからこそ、これらの大人の体験もかけがえのないものとして刻印されていく感じがあって。私たち保育者が子どもに関われる期間はたった5〜6年です。もちろん、その後も遊びに来てもらいたいし、いつまでも人生相談には乗りますけれど、子どもと伴走し続けるのはやっぱりお父さんお母さん、おじいちゃん、おばあちゃんなんです。そのお母さんたちが子どもの傍らで過ごしていける自信と覚悟を持って、育ててもらいたい。巣立ってもらいたいんです。

野村：いいですね、卒会式の場にいるような気持ちになってきました（笑）。

覚悟は徐々にできていく

土井：母たちが母としてやっぱり自分の足で立っていくことを支えるのが、保育者の役割だと思うんです。思春期になったら、一筋縄ではいかないことだらけですよ。でも、あんこに入れるお砂糖は、雑味のある粗糖のほうが味わい深くなるように、煩わしさなどの雑味が子育てを奥深くするかなって。今までぺんぺんぐさは年小児から年中児に進級継続する人は6～7割くらいだったのですが、昨年8人全員が進級したんです。その際に「あなたたち、本当に覚悟はあるの？」って聞いたお母さんがいて。ぺんぺんぐさは今はスタッフ制だから私は「まあいいんじゃない、覚悟はある程度で」って答えました。でも「もしかしたら、いいテーマをいただいたかも」と思って、年中年長を1年終える頃の母たちとミーティングをしたことがあるんです。「1年間、年中年長母をやってきて、傍から見ているとすごく顔つきが変わった。初めから覚悟を求められなかったけれど、結果として何かしら覚悟が生まれたんじゃないか。変わったことを教えてほしい」と伝えて開いたミーティングでした。すると、まず出てきたキーワードが、

話し合える、強さ、役に立ちたい、変われる、バランスがとれる、ここを居場所にしよう……、失敗しても粘り強くやっていける、話し合えば何とかなるっていう覚悟、何が起きてもみんなと向き合えるという自信……

でした。そして助け合いとは、頼りっぱなしでも助けっぱなしでもいいと知った、と言うんです。見返りがなくてもいい、別のところで誰かを助ければいい。そして豊かで楽しくて、考える生活になっていく。お客様的ではなくなるし、

やることや役割は増えるけれど、好きにやっていいのかなと思えて、それが楽しくて、気が楽になったそうです。最後には、「自分ごとを自分で考えていくと楽しいし、生きている実感がある」という言葉が出てきて、すごく感動した記憶があります。なんと「楽しい」という言葉が何回も出てきたんです。

菅野：ほんとすごいですよね！大人も子どもも、それぞれ凸凹していて、個性がある人たちが集まるから簡単ではない。でも、お母さんからそんな言葉が出てくるのって「そのままでいいんだよ」って思える安心感がまずあるからですよね。この本で紹介した自主保育も森のようちえんも、プレーパークも、みんなそういう場所だなと思っています。私たち大人が民主的に育ってないから「こうしなければならない」「みんなと合わせなきゃ」って思っているところがある。でも、そのままでいいって言われて、無条件に肯定してもらえる機会があって。自分を好きになったり、相手を認められたりできるのは、きっと最初の安心感があるからですね。「覚悟があるか？」って問われたらビビっちゃうけれど。

土井：覚悟があるのが自主保育ですよ、素晴らしい！本当に自分たちで手作りしているから、卒会後の絆も強く、一生続くものになります。

菅野：自主保育でも、最初から覚悟があるお母さんはいないんですよね。だんだんとできていくもので、自主保育には、いろんなことを乗り越えて覚悟ができた人たちがいっぱいいるから、「ああいう風になりたいな」と憧れに近づいていく感じなんじゃないかな。ぺんぺんぐさの話に戻ると、安心感が子どもにも大人にもあるから、自分ごとにできたり、感じたことを言葉にできたり。それらが楽しいって思えたりするのは、まさに生きている実感ですよ。泣けますねー。

野村：ほんと泣けますよね。今って、大人も子どもも生きている実感が持ちにくい。

土井：だから、生きている実感を持って喜怒哀楽を輝かせている子どものそばにいるからこそ、その振動が大人にうつって、内側からこみ上げてくるんです。葛藤があっても「それでいいんだ」って思えてくるのかも。

野村夏子

子どもがまんなかだからこそ

菅野：さっき、子どものケンカはすぐに仲直りできるって言いましたけれど、大きくなるとそんなに単純ではなくなるから、半年以上かかったりもしますよね。その間を耐えるのが面倒くさくなっちゃうお母さんもいるかもしれません。

土井：ケンカの交渉に大人が入る必要がある時は、何が嫌だったか聞くんですが、正解はないんです。強いて言うなら、お互いが嫌な気持ちだということが正解。だから「○○ちゃんはこれが嫌だったね」「△△ちゃんはこれが嫌だったね」「2人とも嫌だったんだね、嫌なことが2人ともちがったね。○○ちゃんはこういうの嫌なんだって」というような自己紹介の〝し合い〟をくり返しながら、時間をかけて関係性がつくられますからね。

菅野：子どもが自分で感じていることが正解。ただ、幼児期に大切なこととして「私はこれが好き」を知ること、と私はよく話すんですが、それらを固定化してしまうと、また違ってきちゃうのかなという気もしています。「こういう人ですよね」って、カテゴリー化したりラベリングしたりするのも違う。子どもは「あんなに○○が好きだったのに、そういえば、しなくなったね」って変わっていくから。

土井：そうですね。そこも、たしかに不確かで面倒かもしれませんね。さっきの年中長母のミーティングでもあったように、いろいろなことが起きるけれど、「続けていくこと」で楽しさと自信を見出している。子どもがまんなかにいるから、私たちは手を取り合い続けるしかないんですよ。子どもがいるという尊さが、仲良しグループとは違う醍醐味を味わわせてくれるんです。もうひとつ言うなら「自由」ほど難しいものはない。自由は放任だったらいいわけでもないし、野放しや勝手気ままとも違う。子どもを尊重しましょうって言っても、子どもの言いなりになるわけでもない。そのグレーの塩梅に向き合えるのは、子どもがまんなかにいるからです。

野村：「白黒はっきりつけなきゃいけない」という価値観の中で育ってきた大人がすごく多いじゃないですか。いい子育てをしなきゃいけない、悪い子を育てちゃいけない、みたいなプレッシャーを感じて、わけがわからなくなって怒鳴ってしまうとか。私もあったんですけど。だからそういうグレーで曖昧な保育の世界で、子どもたちを見守っている親ってなかなかすごい。親もお互いに学び、育ち合う感じがします。

代わりが利かないつながりができる

土井：地方にある森のようちえんだと、最初に面接で「覚悟はありますか？」って聞かれるところもあるそうです。ぺんぺんぐさはなぜそうできないのかと悩んだことがありましたが、本書にも出てくる「地方よりも都会のお母さんのほうが不安を抱えやすい」という菅野さんのお話を読んで納得しました。森のようちえんでも強弱がいろいろありますし、ほかにも幼稚園・保育所・自主保育・プレーパーク等、さまざまな場があるっていうことが豊かな社会ですよね。その中で、地域性や構成しているメンバーやスタッフに合わせて最適解を探っていくことが大切な気がするんです。組織って本来は「生き物」であるはず。だけど、ちょっと膠着化しやすいじゃないですか。そうすると利用者はお客様になりがちですし、サービス化されやすくなってしまいます。固定化された組織のほうが、安定していると勘違いされやすいのですが、人の集まりは不確かであることが本来は当たり前。民が主であるということは、構成される民に合わせて、変えていくということなんだと思います。

野村：今いるメンバーに合わせて、というところがポイントですよね。唯一無二のかけがえのない存在、代替不可能性っていうんでしょうか。これについては菅野さん、解説していただけますか。

菅野：制度やマニュアルがあって、誰でもできるのがシステム社会です。そうじゃなければ大きな社会では回らないから必要な面もあるんですけれど、この本で紹介している実践って、制度外なんですよね。加藤さんの本でも書かれていましたが、私たちの生きる世界は、行政や企業の世界である「システム世界」と個人や家族の世界である「生活世界」に分かれます。ここで話しているのは生活世界で、代わりが利かない、この人やこの集団じゃなきゃだめっていうところなんですよね。代替不可能っていろんなとらえ方ができるのですが、違う角度から見ると、まさにワンオペ育児の話もそう。こちらは自分だけが、ひとりでやらなきゃみたいなところで苦しくなっている人がいる。やっぱりお母さんとお父さんは代替不可能な存在ですが、それらが強調されすぎて苦しくなっているところが問題なのだと思います。そこに、ぺんぺんぐさが「ひとりで子育てしないで」って言ってくれると、自分だけでやらなくてもいいんだという安心感

につながります。人とつながれるから、安心して手放していける部分もあるのかな。でも、この人たちになら預けられるなという、別の代替不可能な存在に支えられるわけです。ぺんぺんぐさや自主保育などのような実践を外から見ていると、誰がこの子のお母さんか分からない、いろんな人で代わりが利くような信頼関係ができていくのは、いろいろと面倒くさいことを経験しているからこそでしょう。

子どもたちの民主主義

土井：子どもの民主主義についてもお話しますね。私たちが学校教育や、親からのしつけなどから受けた生きづらさを6個考えました。私が子育ての中で感じた持論ですが、最近の学生さんにも確認しています。これらの生きづらさを引きずると、子どもも育ちにくいし、大人も子育てしにくくて仕方がないのではと思っています。

1．みんなと一緒に平等に

これ、本当は一人ひとりが違っていいわけです。「育ちどき」も違うから、注目される子がいてもいい。平等じゃなくてもいいんです。「今ね、○○ちゃんがこんなに育ってるんだよ」ってみんなの話題の中心にしてもいいんです。うちの子の名前が上がらないなんてクレームする必要もなく、必ず全員「育ちどき」がやってくる。一人が育てばみんなが育ち、みんなが育てば必ずわが子にも還ってくる。だからよその子の育ちを喜び合い、わが子の番になったら喜んでもらえばいい。全体平等に説明しすぎたら、ストーリーが伝わりません。心に残るストーリーが、明日の子育てへの活力になるんです。それから、もし難しさを抱えている子がいたら、保育者が真正面から1対1で向き合い、特別扱いすることもあります。本来は一人ひとり全員が特別扱いだからです。あと、一人ひとりの意見は数では表せないから、多数決にはならないわけですね。しっかり話し合うことが必要です。

2．わがまま言うな、人に迷惑かけるな

これも本当は、「上手に甘える」ことが大切だと思うんです。上手に自己主張しながら折り合いをつけて、多少は迷惑をかけながらもコミュニケーションが生まれる。そのくり返しです。こうして初めて「真の自立」が促されるんじゃないかなと思うわけです。

3．人に負けるな

本来は、支え合おう、共存し合おう、比べるのは止めようってことです。私たちは人に負けるなって、いつの間にか思わされちゃっているんですね。比べるなら、昨日の自分と比べよう。

4．何ができて、何ができないか

私たちがつい、囚われがちなキーワードです。そんなことよりも、今その子が幸せでいるかどうかのほうが、なによりも大切。幸せでなければ、自らの成長していく力を妨げてしまうからです。

5．できないことをできるように頑張れ

塾や習い事など、どんな場所でも言われることですが、本当は凸凹でいい。それぞれの強みを活かし合うからこそ、凸凹が作用し合って素敵なことが起こるわけです。強みを活かすのは当たり前のように思えても、実際は80％の人が長所を活かした仕事に就けていないという世界的なデータ[iv]もあるとか。つまり、20％の人しか長所を活かせていないん

ですよ。しかも、世界先進国の中でも日本は母子ともに自尊感情がとても低いという見方もあります。欠点を正すより、興味あることをとことんやって、この世界への信頼感、自分への信頼感が生まれると、みずから育つ力が最大限に発揮されます。その遊び込む姿が、周りの子たちにもとても影響を与えるんです。これも育ち合いです。

6. 先生と先輩の縦の関係

大人も子どもも対等で、個として尊重されて、でも言いなりじゃなく、自由と責任がある。「責任を取らせる」ではなく、「結果を引き受ける権利」という意味での責任があることで、生活の主人公になっていく。

これらの6つは、全体平等主義的な一斉指導型授業だったり、答えが用意されがちだったり、偏差値に偏重しがちだったり、同調圧力が強くなりがちな、そんな根強い文化が引き起こしている気がします。「本当は」とお話した部分が、民主的な育ちの場に共通の感覚なのではと思います。自主保育やプレーパークも含めて。

菅野：序章でも書きましたが、私、乳幼児期って人間の根っこが育つすごく大事な時期だと思っていて。その中で、「自分のことが好き」ってことと「自分は何が好きなのか」という感覚の両方が大事だと思っているんです。ぺんぺんぐさの卒会式でも、お母さんがみんな子どもについて「土が好きで」とか「虫が好きで」ってみんな「好きなもの」を言っていました。自分で見つけられたものなんですよね。それってすごく大事で、自分の好きなことを見つけるのって時間がかかるんですよ。保育が細切れにされていたら、絶対に見つけられない。

菅野幸恵

土井：なるほど、そうですね。

菅野：だからやっぱり自由な保育って大事だなと思っています。「自分が好き」と思えるものが見つかると、後々の自分のものさしになっていくんじゃないかなと。先ほども「とことん好きなことをやっていていいじゃん」みたいな話がありましたが、そういうことをやっていられる。土をずっといじっていたら大きな穴になっていたとかね。「好きなことをずっとやってていいよ」って言われることで、自分の行動の基準ができると思っているのですが、それが今は育ちにくいなと。だから指示待ち、許可待ちになる。自分のものさしができると、自分の人生を生きられるようになっていくと思うんです。もし小学校に上がって「このものさしを使いなさい」って言われても、自分のものさしがあれば相対化できるから、大丈夫なんだと思うんです。こういうところで育った子どもが、誰とでも仲良くなれて、ものごとへの柔軟性が高いと言われるのは、自分のものさしができているからでしょうね。

土井：最近知られてきた「フローやゾーンに入る[v]」という状態は、自分の軸を育てる、という意味合いもあるかもしれませんが、情動を動かして遊び込むと情緒[vi]もすごく安定していくんですよね。自分の好きが分かる、自分を信頼できるうえに、遊び込むことを許してくれる周囲への信頼感も生まれる。情緒が安定すると、いわゆる不適応行動といわれるものも減ります。ワンオペで子育てのしにくさによるお母さんのストレスを間近に感じた子どもが、年々増えていますが、友だちを叩きすぎちゃうとか、ギャーギャー叫ぶとか、ふざけすぎるとか、そういった行動は〝遊び込む〟と、どんどん減っていくんですよ。ギャーギャー叫ぶということは、エネルギーが高くて好奇心が強いわけだから、遊び込むことで元々持っている宝物が光ってきます。自分をみずから育てていくための邪魔がなくなる感じがあります。

野村　やっぱり許されている環境があってこそなんですね。私は「みんなと一緒に」とか「人に迷惑をかけるな」って言われて育った感覚があるんですが、そうじゃなくて個々にフローやゾーンに入り込むことが、周りの大人からも許されている。すると、その子どもが落ち着いていく、そういう成長や教育というのもある。

自分の軸と調和していく力の両輪が育つ

土井：ただ、フローやゾーンの「遊び込む」だけでは違うかなと思っていて。少人数異年齢で、電車ごっこが好きな子と、じっくり遊ぶのが好きな子が遊ぼうとすると、合わないわけですよ。で、お互いが言いたい放題になるからケンカも起きる。遊ぶ前にひと悶着あったり、途中でうまくいかなかったり、合わせたり、日々折り合いをつけることがあるんですよね。とくに人工物も少ないから言葉やイメージを頼りに遊ぶので、もめごとは頻繁です。それと、外にいると寒かったり暑かったり、風が吹いたり雨が降ったりするから、そういうもので適応力や協調性を身につけ、角が削られていくというか。やっぱり自分の軸だけでなく、調和していく力の両輪が必要かなとは思っているんです。

菅野：少人数だからこそ、できることがあって嬉しい一方で、そうせざるを得ないことがある。大きな集団だったら別の子と遊べるけれど、この子と遊ばなきゃいけない。でもお互いにやりたいことが違う、だけど楽しみたい。

土井：少人数ゆえの「逃れられない人間関係」の良さですね。一緒に遊びたいんだけど、こうくんはすぐに他のところへ日が移っちゃって、ゆい子ちゃんはお店でひとりで残っちゃうとかね。でも、こうくんぐらいしか遊ぶ人がいないから、生懸命追いかけるとか。ぺんぺんぐさの年長さんは2022年度は3名だったんです。

好きなことをやって、自分の軸をみんな知っているから、その子のいいところだけでなく、悪いところもおおらかに受けとめていて、みんな丸ごと知って認め合う姿が見られます。さらに最近は、トラブルもいざこざも、出来事すべてを丸ごと受け止めることの大切さについても、考えるようになりました。こっちゃんという女の子が、年長になった時、一番誕生日が早いから、ちょっと威張っちゃったことがあったんですね。そしたら、遊び方が違ったこともあると思いますが、6人の年中年長集団につまはじかれちゃったんですよ。そういう時、大人は「それでいいよ」「そのままでいいよ」とは言いません。ダメ元でも「ひとりとたくさんの喧嘩はやめてほしい」などと、折あるごとに言い続けます。ある時は遊びを中断して、1時間ぐらい話し合ったこともありました。でも、そんなに簡単には解決しないわけです。保育者はタブーにはせず、お母さんたちにも正直にフィードバックします。このグレーな状態をみんなで耐えて、こっちゃんのお母さんにも理解してもらいながら、これはぜったい成長の過程だからという話をしてきました。それで、1年間の最後、そろそろ進級という時にまた派手なつまはじきが起きたんです。私は、子どもたちがくり返し囃し立てているまんなかに向かって行って、「ちょっとちょっとちょっとあなたたち、いつまでそんなことやってんの！」って。そして遊びを中断して、みんなに集まってもらってこう伝えました。

「そうやってふざけて心にブレーキをかけなかったら、危ないわけさ。ブレーキかけないで山に行ったらね、崖から落ちちゃったり、走ったまま神社の急な階段から落ちちゃったりするんだから、心にブレーキをかけないとね。これじゃ、私は大好きなあなたたちを山には連れていけないわ！」

そしたら、つまはじきの発端の男の子が、突然小さな声でつぶやいたんです。「知らなかった」って。「何が？」って聞いたら「心にブレーキかけるって、知らなかった」って。半年話し合ってきたのに、こんなふうにストンと腑に落ち

る瞬間ってあるんだなあって思いました。「信じて待つ」とは森のようちえんでよく聞くフレーズですが、森のわらべの浅井智子[vii]さんの言葉のように「信じると待つの間に、大人は何もしないわけではない」。まさに私もそう思います。

グレーな出来事で身につく〝生きる原動力〟

土井：さまざまなアクシデントや、迷惑をかけるような出来事をすべてまるごと受け止めて、グレーな状態さえも受け止めていくと、先ほどのエピソード以外にももっともっとミラクルな「子どもにはかなわないな」と思うような出来事がたくさん起きるんです。そこに、大人たちは自身の事情とリンクさせながら間近で見聞きするから、感動と納得が倍増するんだと思います。だから私たちの営みって、たぶん「グレーのレッスン」なんだって感じます。

菅野：そのグレーのレッスンが、なかなかできないですもんね。させてくれないっていうか。

土井：唯一無二の代替不可能な私たちは、それらを面白がるからやれる。で、市民活動的な試みが社会の見本やヒントになっていくこともあるじゃないですか。たとえば、介護の宅老所が小規模多機能施設に発展したように、子育てひろばが子育て支援施設に発展したように、注目されれば国が変わっていく原動力にもなるかもしれないという希望があると思います。

菅野：グレーのレッスンって、これからますます必要なものだから、それができる場が小さい頃にあって、大人も子どもも育っていくことがすごく大事だなって感じがしますね。

土井：人間としての根っこが育って、今後いろんなことがあっても大丈夫っていうのは、グレーをいっぱい知ってる子どもなのかもしれませんね。何が起きても、何かしら自分を見失わなかったり、見失いかけてもまた見つけられたりするのかもしれないですね。

ＡＩに取って代わられて、今まであった仕事が失われていくって、よく言われる常套句ですが、この不確実な時代を生きるには、おおたとしまささんがご著書[viii]で「非認知能力爆上がり」って書いていたように、能力獲得を目的にしちゃいけないけれど、もしかしたらそれなんでしょうね。

菅野：だからまあ、グレーのレッスンというのがしっくりくる感じがします。練習ですもんね、間違ってもいい。

野村：失敗に対しておおらかですよね。そうなると、失敗は失敗でもなくなってきますね。

土井：ただちょっと残念なのが、グレーのレッスンででき上がった唯一無二な実践をヒントに、行政がシステム化した途端に面白くなくなっちゃうってところがね。やっぱり個性って、大切な役割なんでしょうね。困ってる人たちに対して、汎用性の高い仕組みを作ることで、救われる人がたくさんいるのはいいのですが。システム化に溺れないで、それだけを安定だと思わないでほしい。

野村：ぺんぺんぐさがやっていることが良いから、違う人たちでただ再現しようって言っても、本当は再現不可能ですよね。でも、なんとか再現しようとしてやっぱりまたシステム化になっていっちゃって「あれ？」となってしまう。

土井：個性が光るような活動であることが、その団体の唯一無二の魅力につながるのだから、スタッフも「自分を深く知る」ことが必要であり、それが醍醐味でもあります。また行政の町おこしとか、最近はいろんな取り組みにＮＰＯ関係者が指南役になり始めていますから、そこも希望ですよね。

菅野　そう、移住がうまく促進されてるところとかは、多分行政がグレーに耐えられるようになった地域なのかも知れないなと思います。

土井：最後にひとつ、学生さんから授業の感想で「ぺんぺんぐさって、すごく良いと思う。でも、働いていないお母さん中心でやるってことは、当てはまる人が少ないので現実的じゃないと思います」と言われることがあるんです。でも制度をしっかりすればするほど、そこから漏れて困ってしまう人が必ず出てきます。そこをまた生きやすくするのが市民活動であって。実際のぺんぺんぐさは、短時間働きながら通う人もいますが、現実として「まだもうしばらく子どものそばにいたい」と願う人はいるんです。マイノリティに不安感や心もとなさを感じるのではなくて、社会を変えていく立場って言ったらおこがましいですが、希望を与えるひとつの原動力になりうる、と言いたいです。本書も、あえて「つながり」という使い古されかけた言葉を使ったタイトルにしましたが、今日の対談もやっぱりたくさんの支えで実現しました。応援に来てくれているママも、他のお母さんが畑で子どもを預かってここに送り込んでくれたり。こういった見えないつながり、見えるつながり、たくさんの人たちに支えられてね。子どもたちも、そうやって育っていってほしいなって思います。

菅野　なかなか中身の濃い対談でしたね。ぺんぺんぐさのような草の根の民主主義のなかで、子どもも大人も白黒はっきりつかない世界をくぐり抜ける、つまり〝グレーのレッスン〟を受けることで、それぞれが自分の人生の主人公になれるのだと思います。

i　対談は2023年3月22日にぺんぺんのおうちにて行い、対談の模様はインスタライブで配信しました。その後YouTubeでもアーカイブ配信。たくさんの方に視聴いただきました。

ii　コーチ／ファシリテーター／東日本大震災を機に、法人勤務の傍ら、子どもの人身売買問題に取り組むNPO法人で4年間勤務。その後子育ての悩みがきっかけでコーチングに出会いプロコーチに。誰もが本来の自分を取り戻し、お互いに認め合い活かしあえることを願って活動中。ぺんぺんぐさに保育ボランティアとして参加もしています。

iii　情動とは、一時的で急激に湧き上がってくる激しい感情の動き。人間でいえば、五感への刺激から生まれる「快・不快」であり、喜び、悲しみ、怒り、恐怖、不安、恋愛感情などを言います。「おもしろそう」「楽しそう」も情動のひとつで、みずから湧き上がる「やってみたい」を存分に遊び込むことの大切さを本書ではお伝えしています。

iv　『さあ、才能に目覚めよう』マーカス・バッキンガム&ドナルド・O・クリフトン　13頁　日本経済新聞出版社より　少し前のデータになりますが、驚く数字です。

v　時間を忘れるくらい、完全に集中してものごとに入り込んでいる心理的な状態のこと。「フロー理論」はポジティブ心理学を研究するアメリカの心理学者ミハイ・チクセントミハイが提唱したものです。

vi　情緒とは、前述の「情動」よりもっと持続的な心の状態や感情の起伏の状態という意味で使っています。

vii　「自然育児　森のわらべ　多治見園」園長（岐阜県）

viii　『ルポ　森のようちえん』（集英社新書）の帯の言葉

おわりに

本書では、現代の子育ちや子育てをめぐる課題の根本には、子育ちや子育てが「自然」や「地域」から離れてしまったことがあるのではないかと考え、自主保育、冒険遊び場、青空保育、森のようちえん、といった実践を通して、課題解決のための糸口を見出そうとしてきました。これらの実践は、本当に小さな、少数派のものです。このマイノリティ性に学生は敏感で、いい実践だけど、マイノリティであるゆえに、評価に困ると感じるようです。しかし、これらの小さな実践は今の社会に大きな問いを投げかけているのではないでしょうか。最後に、これらの実践に共通することを確認していきましょう。

子育てする人はアナキストだった

まず、他人任せにするのではなく、自分たちの問題は自分たちでなんとかしようとする姿勢です。誰かに任せっぱなしにするのではなく、自分たちのことは自分たちで考えようという知恵のひとつとして「アナキズム」という言葉があります。ここではアナキズムを、直訳したときの「無政府主義」という意味では使っていません。本来は「権力による強制なしに、人間が互いに助け合って生きていくことを理想とする思想」[1]だと思います。文化人類学者の松村圭一郎さんは、『くらしのアナキズム』（ミシマ社）のなかで名もなきアナキストたちの営みを紹

1『身振りとしての抵抗』黒川創編（河出文庫）17頁

介しています。

たとえば、何か問題が起こったときに、多数決で白黒はっきりつけようとするのではなく、話し合いの中でお互いの考えや意見を合わせていく「寄り合い」の場を設ける。そこでは結論を急ぐのではなく、時間をかけて誰かが不満を持ったり、対立したりしないような妥協点を探っていきます。そのなかで大事にされているのは「ともに楽しく生きていくこと」。とある全会一致が原則の部落会議が代表的な例です。もし賛成派と反対派に分かれたとき、一般的には少数派が折れることで一致します。しかし、彼らはまず少数派に説得を試み、彼らの理解を得てから多数決をとるのだそうです。なぜそうするのかというと、「お茶を飲みに行く場がなくなってしまうから」なのだとか。お茶の場は「理解を得るために説得する時間」にもなることが想像できます。そのような意見のすり合わせ方は、序章で紹介した、かつての日本のコミュニティの自治力の高さを支えていたと理解できるでしょう。

アナキズムが目指す支配権力のない状態は「人類にとって初期設定であり、現代にも息づいている」[2]。松村さんが紹介した営みは本書で取り上げた実践とも重なります。自主保育の終わりなきミーティング、土井さんの言うワタシ語りと生活者のことば、冒険遊び場のゆるふわ会議、時間はかかるかもしれないけれど、互いの違いを知り理解していくなかで着地点をみつけています。

暮らしのアナキズムは「目の前の苦しい現実を改善していく力は、政治家や裁判官、専門家や企業の幹部といった選ばれた人たちだけではなく生活者である自分たちの中にあるという自覚」[3]に根差したものです。このような生活者の視点を大事にする営みが、各実践に反映され

2『くらしのアナキズム』松村圭一郎（ミシマ社）11頁
3 松村前掲書151頁

ているのではないでしょうか。本来、子育てや子育ちに関わる問題は日々の暮らしのなかで生じるものです。その答えは子育てする人たちの間に、すでにあるのではないかと思います[4]。

愉快な大人たち

ふたつ目は、遊び心です。現場で出会う大人たちは、愉快で、ユーモアがありました。心の余裕、別の言葉でいうなら遊び心にあふれていました。現場では、いろいろな困難が立ちはだかります。そんなとき、正論振りかざすだけでは解決できません。時にはしょうがないと現実を受け止め、でも簡単にあきらめるのではなく、仲間と知恵を出し合いながらくぐり抜けようとする、そんな現場の対応力には、心の余裕が必要なのだと思います。

ゆるやかにしなやかにつながる

心の余裕をつくるのは、ひとびとのつながりです。土井さんから「つながりの子育て」というタイトルを提案されたとき、正直に言うと、ちょっとナイーブすぎるような気がしていました。それが、本文を書きすすめていくうちに、本書の内容にぴったりだと感じるようになり、今は最初からこのタイトルだったのではないかと思うくらい、しっくりなじんでいます。

つながることを考える際に大事なのは、どの実践も、つながることを大きな目的にしているわけではないということです。遊びが結果的に子どもを育てているように、活動に参加するこ

4 このような考えは、研究者としての人生を歩み始めたときから変わっていません。詳しくは拙著『あたりまえの親子関係に気づくエピソード65』（新曜社）をお読みいただけると幸いです。

とで結果的に、深く濃くつながっているのです。もちろん、つながり方は活動によって異なります。メンバーの固定度が比較的高い自主保育や森のようちえんと、運営メンバーは固定的だけれど、いろんな子どもや大人がやってくる冒険遊び場で築かれる関係は当然違ってくるでしょう。さらに、自主保育や森のようちえんに関わった親が地域活動に関わるなど、つながった人たちが、新しいつながりをつくる側になっていく点もおさえておきたいです。

家族に、母親に子育てをおしつけない

「ひとりで子育てしないで」。土井さんが大事にされている言葉です。ひとりで子育てできないのに、そうせざるを得ない現状。そして、何か問題が生じると、その批判は、家族に、母親におしつけられます。食を歴史学の立場から研究する藤原辰史さんは、「家族絶対主義[5]によって、個人の批判に落ち着いてしまう社会こそ、問われなくてはならない」[6]と指摘します。ゆるやかにしなやかにつながる実践は、家族に、母親ひとりに子育てをおしつけないありかたです。それが子どもの育ちを支え、子どもをまんなかにしたコミュニティがつくられていくと思うのです。

さまざまなつながりによって生まれた

本書ができるきっかけは理工図書の原牧子さんからの提案でした。原さんは3人のお子さん

5 藤原さんの造語で、世の中の崩壊の最大の原因は家族の崩壊である、家族の幸福が世の中の幸福の中心にあるという考え。

6『縁食論 孤食と共食のあいだ』(ミシマ社) 15頁
藤原さんが指摘する「食をめぐる関係性の貧困」は、「食」を「子育て」に置き換えてもいいと思うほど、問題の構造がよく似ています。

を13年間自主保育で育て上げてこられた方で、便利すぎる社会や、あふれる子育て支援サービスのため、自主保育がちょっと関心を持たれにくくなっていることを危惧されて、自主保育を広く発信したいという熱い思いをお持ちいただきました。本としてまとめるのであれば、自主保育のことだけではなく、授業で取り上げている、プレーパークや森のようちえん、移住についても入れたいと考えました。森のようちえんについて書くなら、ぜひ土井さんにも入ってもらいたいと思って声をかけたところ快諾いただきました。土井さんとは、本書にも登場した鎌倉の青空自主保育なかよし会の主催する講座で隣の席に座らせていただいて、帰りの電車もご一緒して、なんと最寄り駅が3つ隣というご縁でした。お話していくと、面白いくらいに話が噛み合いました。それから授業にも来ていただいています。

私の主なフィールドワーク先である原宿おひさまの会のみなさんには、写真の提供などお世話になりました。とくに岡田教子さんには、アンケートの収集などでも大変ご尽力いただきました。青空自主保育でんでんむしOBの吉田奈々さんには、コラム執筆だけではなく、自主保育含めた鎌倉での子育て事情を教えていただきました。現役でんでんむしで、写真家でもある加治枝里子さんには、表紙を含め、たくさんの写真を提供していただきました。渋谷の遊び場を考える会のみなさんにも写真の提供や本文の確認などでお力添えいただきました。保育アドバイザーの野村直子さんには主に6章の記述に関して、専門的な観点から見ていただきました。本書はぺんぺんぐさのみなさんの力なしにはできなかったと思います。お母さんや保育者さんの撮った写真の提供のみならず、草稿段階からコメントいただいたり、対談会場のセッティング、配信の準備、対談当日の応援など、素晴らしいチームワークで支えてくださいました。対談会場に掲げられた横断幕や登壇者のネームプレートは、現役ぺんぺんの朝川姿帆さんによるものです。本書にやさしさを加えてくれているイラストは、ぺんぺんぐさの保育者でもある川島麻衣さんにお願いしました。対談の写真は自主保育育ちの原銀河さんの撮影です。合同会社縁筆の大場敬子さんには、入稿前の原稿のチェックと対談の構成をお願いしました。どうしても硬くなりがちな文章をわかりやすく、読みやすくしていただけて心から感謝しています。対談は野村夏子さんの包容力に助けられ、笑顔あふれる場で行うことができました。表紙デザインをお願いした株式会社デジカルの岡部さん、組版作業をしてくださった理工図書の中川さんには、私たちの細かい注文に根気よく付き合っていただきました。各コラムを執筆していただいた方々にも感謝の気持ちを改めて伝えたいです。おひとりおひとりの名前は挙げられませんが、現場や当事者からの声、これからも大切にします。

土井さんとの共同作業は、山あり谷ありのプロセスで、喜怒哀楽を共有する濃い時間でした。土井さんの保育者になる前のさまざまな経験から繰り出される知恵には本当に助けられました。土井さんと話し合うなかで、「つながりの子育て」についてより深く考えることができたと思います。いろいろな人とのつながりで生まれた本書が多くの方に届くことを願います。

2023年9月　菅野幸恵

付録　各実施団体紹介　団体 QR コード

○自主保育

自主保育原宿おひさまの会Instagram

OHISAMA_NO_KAI

自主保育B.B.だんInstagram

BB.DAN.MIYAMAE

ちいくれんInstagram

CHIIKUREN

しんぽれんInstagram

SHINPOREN

青空自主保育でんでんむしInstagram

DENDENMUSHI_KAMAKURA

鎌倉自主保育マップHP

○プレーパーク

はるのおがわプレーパーク
（一般社団法人渋谷の遊び場を考える会）

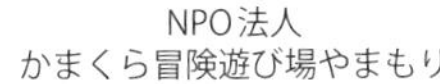

NPO法人
かまくら冒険遊び場やまもり

NPO法人
日本冒険遊び場づくり協会

○森のようちえん

NPO法人
青空保育ぺんぺんぐさHP

一般社団法人
モリノネ

MO.RI.NO.NE

NPO法人
森のようちえん全国ネットワーク

＊本書でとり上げた各実践の状況は2022年のものです。自主保育など小さな団体はメンバー構成によって活動内容が大きく変わることもあります。現在の状況は各団体に問い合わせてください。

菅野 幸恵
青山学院大学コミュニティ人間科学部教授
子どもや親の育ちの場としての自主保育、森のようちえん、プレーパークに関心をもち、フィールドワークを 10 年以上続ける。専門分野は発達心理学。前職の青山学院女子短期大学では保育者養成に携わる。著書に、『甘えれば甘えるほど「ひとりでできる子」に育つ』（PHP 研究所）『あたりまえの親子関係に気づくエピソード 65』（新曜社）共著に、『エピソードで学ぶ保育のための心理学ー子ども理解のまなざし』『親と子の発達心理学—縦断研究法のエッセンス』（ともに新曜社）などがある。

土井 三恵子
NPO法人青空保育ぺんぺんぐさ　理事・共同代表・保育士
保育士、幼稚園教諭免許、小学校教員免許、中学・高等学校理科教員免許を持つ、里山保育に熟練した保育士。都心で企業広告制作に携わった後、10 年の北海道での農的暮らしの中で２人を出産。約９年間の療育や保育所等の経験をした後に、2012 年横浜市青葉区に青空保育ぺんぺんぐさを設立。合言葉は「ひとりで子育てしないで」。植物や生きものに詳しく、とくにザリガニ探しにおいては子どもたちの尊敬の的。子どもたちはもちろん、大人たちも頼りにする存在。近著に『大きな空の下の、ちいさな なかまたち～自然と子どもに学ぶ、自由教育～』（理工図書）がある。

つながりの子育て
～子どもをまんなかにしたコミュニティづくりを、問いなおそう～

2023 年 12 月 2 日　　初版第1刷発行

著　者　菅野 幸恵
　　　　土井 三恵子
発行者　柴山 斐呂子

発行所　理工図書株式会社
〒102-0082　東京都千代田区一番町 27-2
電話 03（3230）0221（代表）
FAX 03（3262）8247
振替口座　00180-3-36087 番
http://www.rikohtosho.co.jp
お問合せ info@rikohtosho.co.jp

ISBN978-4-8446-0932-2
印刷・製本　丸井工文社